2024

# 中国餐饮年度观察和大数据

中国商业联合会 | 美团 ◎ 著

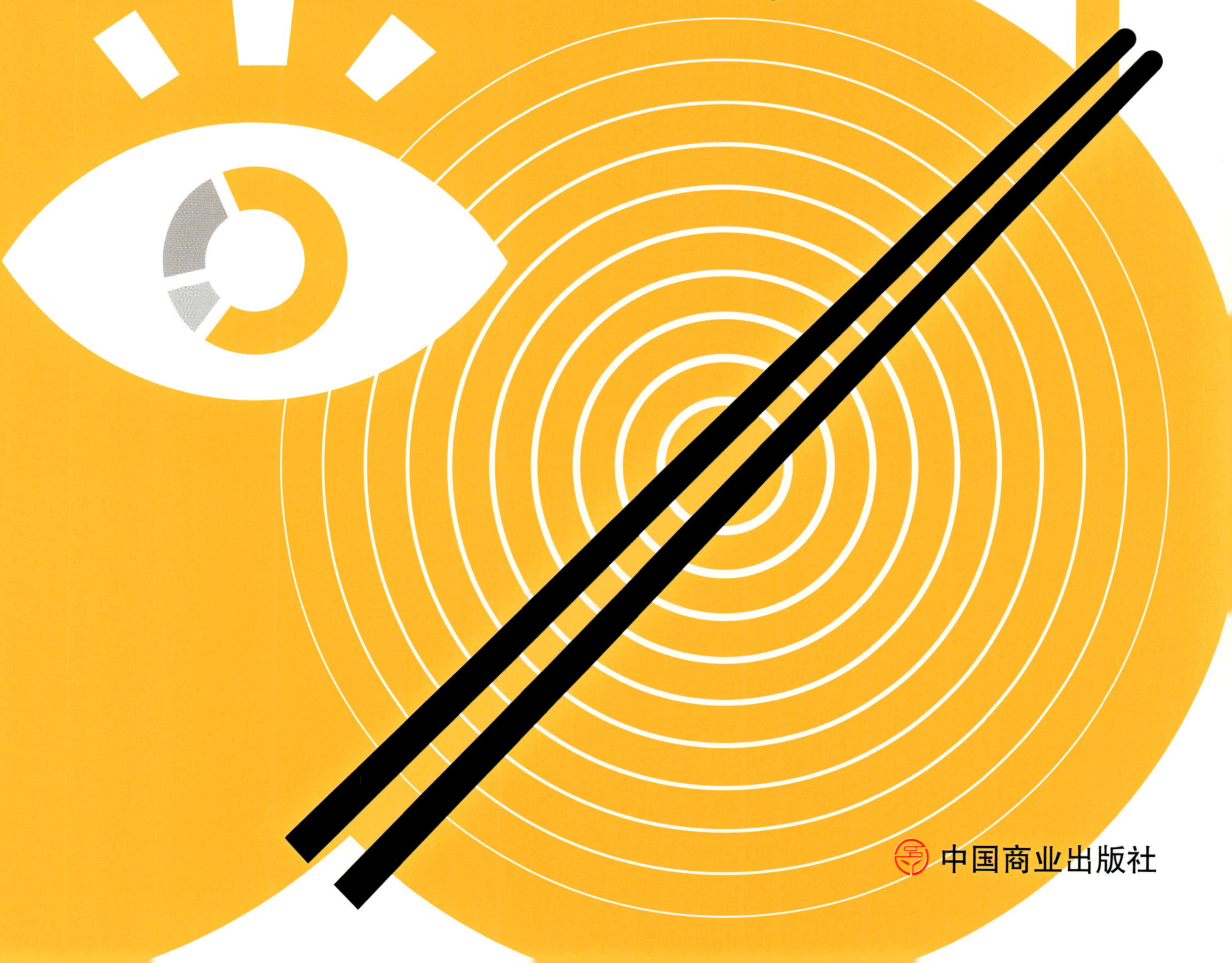

中国商业出版社

**图书在版编目（CIP）数据**

中国餐饮年度观察和大数据 . 2024 / 中国商业联合会，美团著 . -- 北京：中国商业出版社，2024.6
ISBN 978-7-5208-2940-3

Ⅰ . ①中… Ⅱ . ①中… ②美… Ⅲ . ①饮食业—统计数据—中国— 2024 Ⅳ . ① F726.93

中国国家版本馆 CIP 数据核字 (2024) 第 110269 号

责任编辑：葛　伟

中国商业出版社出版发行
（www.zgsycb.com　100053　北京广安门内报国寺 1 号）
总编室：010-63180647　编辑室：010-83128926
发行部：010-83120835/8286
新华书店经销
北京盛通印刷股份有限公司印刷

*

889 毫米 ×1194 毫米　16 开　17.5 印张　320 千字
2024 年 6 月第 1 版　2024 年 6 月第 1 次印刷
定价：568.00 元

****

（如有印装质量问题可更换）

**出品单位**

中国商业联合会　美团

**支持单位**

中国烹饪协会　中国饭店协会　世界中餐业联合会

**执行主编**

柴　锐

**编委成员**

张　琳　厉基巍　黄志勇　唐　菲　张　迪

## 行业观察特邀专家

| | |
|---|---|
| 王京红 | 中国商业联合会常务副秘书长 |
| 张晓文 | 中国烹饪协会副会长 |
| 宋小溪 | 中国饭店协会副会长兼秘书长 |
| 赵文珂 | 世界中餐业联合会副会长 |
| 史兰菊 | 中国商业出版社副总编辑 |

## 行业观察特邀企业家（按姓氏音序排列）

| | |
|---|---|
| 安华栋 | 安三胖韩国烤肉创始人 |
| 柴　标 | 肥肥虾庄创始人 |
| 陈　波 | 兰湘子联合创始人 |
| 陈昌胜 | 东榕集团总经理 |
| 陈　伟 | 小小集渔泰式大排档董事长 |
| 陈斯琦 | THE WOODS CEO |
| 邓　清 | 煲仔正创始人 |
| 额尔敦木图 | 内蒙古额尔敦实业（集团）股份有限公司董事长 |
| 樊昌勇 | 蜜城之恋品牌创始人 |
| 樊海涛 | 遇苋烧仙草创始人 |
| 范天阳 | 美团外卖连锁经营负责人 |
| 冯鼎大 | 稻古捞面董事长 |

| | |
|---|---|
| 冯明强 | 冯校长老火锅创始人 |
| 歌　子 | 红公馆创始人 |
| 龚　力 | 蜀海总经理 |
| 何永智 | 重庆小天鹅集团创始人、总裁 |
| 洪明基 | 香港洪氏集团副主席、合兴集团控股有限公司执行董事兼行政总裁 |
| 胡艳萍 | 冰火楼董事长 |
| 黄靖松 | 茶话弄创始人 |
| 黄　毅 | 霸碗高级副总裁 |
| 贾飞跃 | 北京华天饮食控股集团有限公司党委书记、董事长 |
| 靳文平 | 西安饮食股份有限公司党委书记、董事长 |
| 靳小伟 | 克茗冰室总经理 |
| 景小凯 | 湘下佬老长沙吃货铺总经理 |
| 李　坤 | 熊家无二韩式炸鸡创始人 |
| 李伟波 | 黄大妈超级木桶饭董事长 |
| 李雪柏 | SUSU 创始人 |
| 李展春 | 潮界创始人 |
| 练　坚 | 原味主张创始人 |
| 梁　棣 | 眉州东坡总裁 |
| 梁熙桐 | 朱光玉火锅首席创始人 |
| 刘　冲 | 回水镇·江湖川菜创始人 |
| 刘茂阳 | 淮扬府总经理 |
| 刘小芽 | 汉阳廷自助烤肉品牌创始人 |
| 刘　政 | 紫光园总裁 |
| 鹿　鸣 | 鸣记烤鱼创始人 |

| | |
|---|---|
| 罗秋明 | 堂瓦里总经理 |
| 马　华 | 西部马华创始人 |
| 孟　楠 | WD GROUP CEO 执行董事、拉蒂娜·南美牛排馆品牌联合创始人 |
| 马俊杰 | 方砖厂 69 号炸酱面董事长 |
| 马　帅 | 楼兰秘烤董事长 |
| 毛柯鲁 | 阿毛饭店创始人 |
| 毛晓佩 | 巴蜀大将创始人 |
| 牟春霖 | 五里关火锅创始人 |
| 牟　建 | 后火锅创始人 |
| 欧伟鹏 | 沙胆彪董事长 |
| 秦尉纯 | 仙隐小鹿中华料理董事长 |
| 邵虹飞 | 太食兽泰式茶餐厅董事长 |
| 盛文明 | 柒小螺螺蛳粉联合创始人 |
| 司　可 | 北京便宜坊烤鸭集团有限公司党委书记、董事长 |
| 司武卓 | 蒸小皖董事长、合肥市餐饮行业协会会长 |
| 孙志超 | 常平竹升云吞面联合创始人 |
| 唐　燕 | 黑珍珠餐厅指南负责人 |
| 田　瑾 | 美团青山计划负责人 |
| 汪　洁 | 柠季创始合伙人 |
| 王力加 | 探鱼创始人、蔡澜港式点心创始人 |
| 王一涵 | 萍姐火锅联合创始人 |
| 汪峥嵘 | 长沙五十七度湘餐饮管理有限公司创始人 |
| 奚伟中 | 上海大富贵酒楼有限公司总经理、中国注册烹饪大师 |
| 徐　虎 | 美团餐饮 SaaS 客户发展部负责人 |

| | |
|---|---|
| 徐伟兵 | 广州酒家集团股份有限公司党委书记、董事长 |
| 颜冬生 | 珮姐老火锅董事长 |
| 杨晓龙 | 汤伯府·骨汤猪肚鸡创始人 |
| 杨　勇 | 罗妈砂锅创始人 |
| 叶定威 | 广窑记·客家窑鸡创始人 |
| 余震彦 | 艳阳天创始人 |
| 张　彪 | 吉祥馄饨董事长 |
| 张城鑫 | 黑眼熊寿司总经理 |
| 张剑炜 | 粤·向群饭店主理人 |
| 张　琪 | 一粉一城新疆炒米粉创始人 |
| 张雪娇 | 大众点评必吃榜负责人 |
| 赵　京 | 和合谷总经理 |
| 郑　剑 | 去茶去品牌创始人 |
| 周　晟 | 老阿爸浙江土菜集团负责人 |
| 周延龙 | 中国全聚德（集团）股份有限公司党委书记、董事、总经理 |
| 朱宝钧 | 天津宝轩饮食集团董事长 |
| 北　北 | 羽生餐饮策划创始人 |

额尔敦草原红哈达
献丨给丨最丨重丨要丨的丨人

# 人间烟火气 涌现新活力

中国商业联合会副会长 张丽君
中国烹饪协会会长 杨柳
中国饭店协会会长 陈新华
世界中餐业联合会会长 邢颖

对中国餐饮行业来说，2023 年是既迎来广阔发展机遇又面临复杂挑战的一年。对于中国餐饮人来说，2023 年是踔厉奋发、勇毅前行的一年。这一年，中国餐饮行业强势复苏，并展现出全新活力。

2023 年是全面贯彻党的二十大精神的开局之年，在各地各部门深入实施扩大内需战略，积极出台一系列提振消费政策的推动下，全国消费市场回升向好，市场规模稳步扩大，餐饮行业得到快速增长。国家统计局数据显示，2023 年，社会消费品零售总额 471495 亿元，比上年增长 7.2%，规模再创历史新高；餐饮业全年总收入 52890 亿元，较上年同比增长 20.4%，首次突破 5 万亿元大关。在线餐饮的市场活力尤其强劲。美团数据显示，2023 年全国在线餐饮销售额比上年增长约 30%，高于全国餐饮销售额的增速。

2023 年，餐饮竞争日趋激烈，消费者开始转向，营销新业态涌现，管理运营、数字技术、产品服务等不断升级，这些因素为餐饮行业带来新赛道的同时，也极大地增强了经营的不确定性，开店潮和闭店潮同时上演。面对新形势、新问题，中国餐饮开启了前所未有的变革和升级。餐饮人不惧艰险、奋楫扬帆、苦修内功，积极拥抱新变革，勇做创新先行者，与时代共振，砥砺前行，努力推动产业提质升级，将餐饮行业高质量发展扎实推进，连锁化率达到 21%，部分餐饮品牌门店数量呈倍数增长。

2023 年，中国餐饮行业“新活力”不断涌现，人间烟火气越来越旺，并呈现出以下特点。

一是餐饮消费市场更加细分化。面对这一新变化，餐饮业坚持高质量发展，做优品质，做厚价值。2023 年，消费者变得越来越理性，越来越精打细算，在餐饮消费中更加注重质价比和个性化的选择。面对这种情况，诸多餐饮企业并没有盲目跟风，而是通过产品、服务的创新，坚持为消费者创造价值，依靠“价值感”凝聚起了忠实用户。

二是反食品浪费持续深入。2023 年，餐饮业深入贯彻习近平总书记关于制止餐饮浪费行为的重要指示精神，落实《中华人民共和国反食品浪费法》有关规定，在菜品研发、后厨管理等各个环节创新实践，让反食品浪费从前厅走向后厨，让“小份菜”不再是简单的规格减半，而是变得更有技术含量，也更有“火候”。

三是数字化、智能化技术应用持续强化。餐饮品牌借此打造“极致效率”。2023 年，诸多餐饮品牌从“餐饮 + 互联网思维”转为“互联网 + 餐饮思维”，将自己定位为数字餐饮公司，建设符合自身发展的数字化系统，并将数字化运营能力融入从职能支撑到生产运营再到战略决策的方方面面，实现了从经验驱动到数字驱动的升级。此外，餐饮品牌还从人才、产品、运营、组织等方面提升效率，让“极致效率”成为自身品牌的护城河。

四是餐饮连锁化持续提升。2023 年，餐饮生态日益成熟，很多新老连锁餐饮品牌尤其是正餐品牌依托品牌溢价、规模优势、组织管理能力，实现了速度与质量的均衡发展。相比以前，餐饮品牌门店规模从 50 家增长到 200 家以及上千家比以前变得更快。

五是门店小型化成为行业趋势。2023 年，餐饮行业逐渐回归理性，诸多餐饮品牌积极求变，开启了店铺小型化、投资轻量化、装修简约化、产品特色化的“小店时代”，“大店打品牌 + 小店做销量”成为新的组合拳。

六是三产协同能力提升，供应链深入源头。2023 年，餐饮企业上下游协同变得更加紧密。此前，餐饮行业普遍存在上下游信息交互不畅，一、二、三产业联动能力弱，原料、加工、需求信息不对称，相关企业“各自为政”等问题。伴随着三产加速融合、数字化建设进一步推进，越来越多的餐饮品牌将供应链延伸到田间地头，加强对供应链的掌控，筑实品牌护城河。在此背景下，餐饮行业表面上看拼的是产品，是爆品，但实质上拼的是供应链。诸多餐饮品牌也正是靠着供应链与大单品形成的飞轮效应，实现了增长正循环。

七是中国餐饮全球化步伐进一步加快。随着我国对外开放持续扩大和共建“一带一路”的深入推进，中国与世界的联系也越来越密切，这为餐饮行业的发展拓展了新的空间。一方面，中国餐饮企业可以更便捷、更低成本地获取海外的特色原料；另一方面，海外对中国餐饮的认知越来越强，对中国文化的接受度越来越高，更多的中国餐饮企业借此加快全球化的步伐，进入新航海时代。

八是餐饮企业从营销、场景、产品等各维度增强内生动力。“夜间餐饮”“休闲餐饮”“文旅主题餐饮”蓬勃发展，“饮食 +”“直播”进一步释放餐饮消费潜力；“跨界联名”“中外美食融合”“菜系融合”争相辉映，餐饮发展动能持续增强，充分展示了中国餐饮企业的韧性。

展望 2024 年及未来几年，我们认为“提质增量”将会成为中国餐饮未来发展的主旋律，并呈现以下趋势。

一是餐饮行业将迎来新的政策红利期，市场规模将持续扩大。2023 年，受益于积极的政策引导，国内经济逐步复苏，餐饮消费尽显活力。2024 年，中央及各地政府陆续出台了一系列有利于餐饮行业发展的政策，落实“增加城乡居民收入，扩大中等收入群体规模，优化消费环境”等一系列政策方向。其中，《商务部等 9 部门关于促进餐饮业高质量发展的指导意见》从提升餐饮服务品质、创新餐饮消费场景、促进绿色发展等方面加大对餐饮行业的支持力度，为餐饮行业创造良好的发展环境。受益于次，中国餐饮市场规模将继续扩大，对国内生产总值的贡献率也将进一步提高。

二是餐饮行业进入品质时代，营养、绿色、健康的餐饮产品将受到更多青睐。“没有全民健康，就没有全面小康”——习近平总书记关于健康中国建设的这一重要论断，赢得全社会强烈共鸣。映射到餐饮行业，“全民健康”毫无疑问表现为消费者对餐饮品质、口味、健康、环境等方面的要求将更高。

三是数字化转型步伐继续加快。2024 年年初，国家数据局会同 16 个部门联合印发《“数据要素 ×”三年行动计划（2024—2026 年）》，这将对各行各业产生深刻影响。作为重要的民生保障类行业，餐饮业也会更加积极地拥抱数字化转型和升级，数据将在提高运营效率和客户体验的过程中发挥更大的作用。在此背景下，能否培养出一大批有餐饮专业知识和数字化经验、有新质生产力特质的人才将变得至关重要，这不仅关系到产业结构和服务能力，更关系到餐饮行业长治久安和内生动力问题。

四是专业化竞争将成为餐饮行业的主旋律，连锁化程度进一步提升。2024 年，消费分层的趋势将进一步加剧，吃出价值感将成为更多消费者的追求。对于餐饮行业而言，这一方面意味着更加精细化地运营和管理，另一方面意味着微利时代的到来。在此背景下，餐饮品牌只有构筑起规模优势，才能掌握原材料的议价能力，从而控制成本，形成竞争力。

五是餐饮出海继续加速。对于中国餐饮而言，出海并不是一个新鲜的话题。过去，因为文化差异、政策不同、管理半径过大、食材供应链准入等种种原因，中国餐饮出海心有余而力不足。现在，随着中外交流的日益频繁以及科技的进步，政策不同、管理半径、食材供应链等难题逐步被破解。对于饱受“价格内卷”之苦的中国餐饮品牌而言，出海正在成为他们 2024 年的一种新选择。

2024 年全国“两会”期间，“加快发展新质生产力”被写入 2024 年的政府工作报告，并被列为 2024 年十大工作任务之一。这是中国经济巨轮乘风破浪的新动能，也是中国餐饮业高质量发展的新方向。在这一新的征程中，餐饮业应以“新质人才培养”为前进的底气，以“创新”为前进的潜力。唯有如此，才能走向新辉煌。

# 目录

## 第一部分　年度观察 2024

# 第一部分

中国餐饮年度观察和大数据 2024

# 年度观察 2024

# 一、消费分层加剧，品质成为餐饮品牌关键词

当下，中国餐饮行业的“内卷”有目共睹，几乎每一个餐饮品牌都感受到了消费者的“理性”，也见证了一波又一波的“价格战”。消费者越来越理性，对于餐饮品牌而言意味着什么？面对更加理性的消费者，餐饮品牌应该何去何从？在降低价格和提升价值之间，中国餐饮品牌又该如何迈出正确的下一步？

以下内容为访谈实录。

## 1. 消费者转向：更理性、更个性化

**Q:** 2023 年餐饮业有一个重要现象是消费者越来越理性，越来越精打细算。有人说这是消费降级，也有人认为这是消费分层。您如何看待这一现象？这背后的驱动因素有哪些？

北京华天饮食控股集团有限公司党委书记、董事长贾飞跃：消费者越来越理性，越来越精打细算，在我们看来这恰恰是人们生活水平日益提高、物质生活极大丰富的体现。在生活水平不高时，更高价的产品是不少人炫耀的资本，但当人们消费水平普遍提高，物质生活日益丰富时，越来越多的人不再盲目追求高价位，而更注重产品的实际价值和性能，越来越理性，更加注重个性化消费和体验等文化消费。

西部马华创始人马华

西部马华创始人马华：过去的餐饮业一直在高速地奔跑，市场也曾经非常火热。如今，大众的“理性消费”心理更加凸显了。这是正常的消费理念的回归，我认为这也

恰恰是我们餐饮行业要高质量发展的契机，要以高质量的服务和优质的菜品服务大众。

北京便宜坊烤鸭集团有限公司党委书记、董事长司可：这一现象并非简单的消费降级，而是消费者在餐饮消费中更加注重性价比和个性化的选择。这背后的驱动因素大致有以下几个方面：一是数字化发展和信息透明化使消费者可以作出更加理性的选择；二是消费观念的转变，“90后”“00后”更注重个性和品质；三是餐饮行业的竞争加剧，餐饮企业纷纷寻求创新，以满足消费者多样化的需求；四是政府对餐饮行业的支持和鼓励，如减税降费、优化营商环境等举措，使餐饮企业能够更好地发展壮大，为消费者提供更多的选择。

长沙五十七度湘餐饮管理有限公司创始人汪峥嵘：消费分层一直都存在，因为市场需求的分层一直都客观存在。消费分层只不过是这些市场分层在消费领域的延伸和体现。针对餐饮的消费，不同市场层级的

北京便宜坊烤鸭集团有限公司党委书记、董事长司可

长沙五十七度湘餐饮管理有限公司创始人汪峥嵘

人肯定会有不同的消费需求。就算是同一市场层级的人，在不同的时间、场合和背景下，对餐饮消费的需求层次也不一样。说得直白一点，餐饮解决的是人的“肚皮（温饱）、嘴皮（口味）和脸皮（社交）”的问题，但同一个餐厅不能取悦所有需求的顾客，能在其中一个方面做到极致就能凝聚到自己的忠实用户了。

艳阳天创始人余震彦：眼下不少消费者到餐馆吃饭，既追求品质，又更趋理性，多的是“省小钱也不耽误花大钱”的精致省钱人。他们不是不消费，而是不再单纯地为高端品牌和浮夸的营销宣传买单，消费更谨慎、更追求性价比。

中国全聚德（集团）股份有限公司党委书记、董事、总经理周延龙：我们现在处在一个消费增长相对比较低潮的阶段，消费者越来越理性是市场环境的真实反应。这一背景下，餐饮消费会出现分化：一是大众餐饮消费增加；二是在中高端餐饮消费中，由于消费频次的下降，消费者反而会更加追求品质。

淮扬府总经理刘茂阳：首先，消费者变得更加理性和精打细算，这可能确实反映了一种消费观念的转变。这并不意味着消费者总消费能力降低，而是他们更加注重性价比和质量，更愿意花时间和精力去比较和选择。其次，将这种现象简单归类为消费降级或消费分层并不准确。更准确的说法应该是消费更加精细化和个性化。消费者根据自己的需求和喜好，选择最适合自己的产品和服务，而不是盲目追求品牌或价格。

汉阳廷自助烤肉品牌创始人刘小芽：现在顾客越来越理性消费，主要是消费分层：一方面，餐饮品牌越来越多，大家的选择也越来越多；另一方面，人民生活水平越来越高，顾客个性和品位越来越高，对生活品质的追求也越来越高。

广窑记 · 客家窑鸡创始人叶定威：理性消费是消费者"追求好质量及性价比"的体现。顾客仍然愿意为高品质的产品、优质的体验买单，只是衡量"是否值得"的维度变了。放在餐饮市场的场景下看，消费者的理性消费，是在饮食上追求更好的食材、更新鲜的烹饪方式、更好的消费场景、更好的服务。

粤 · 向群饭店主理人张剑炜：这种现象既可以被视为消费降级，也可以看作是消费分层，背后驱动的因素有很多。首先，经济大环境下，消费者更加谨慎对待消费，更加注重物有所值。其次，餐饮行业竞争激烈，消费者通过互联网等渠道获取的信息更加丰富和透明，从而作出更加理性的消费决策。最后，随着生活水平的提高，一部分消费者对餐饮产品的品质和服务提出了更高的要求。

汉阳廷自助烤肉品牌创始人刘小芽

潮界创始人李展春：理性消费，精打细算，我们认为是促进市场良性发展的必要条件。2023 年四季度的市场遇冷，和现在的经济环境有一定的关系。经济增长、回落是正常现象，起起落落，才会循环向上。

对于企业来说，危机来了，如何看待危机是关键。所以，我们更喜欢把问题说成机会点。有了对危机从上至下的正确认知，对于机会的驱动力就来了。

黑珍珠餐厅指南负责人唐燕：黑珍珠观察到，中国精致餐饮客单价在 2023 年有所下降，消费者追求仪式感与质价比兼顾，逐步从吃得豪华和富足转向吃得精致、营养和健康，这也让更加亲民的精致餐厅脱颖而出。未来，黑珍珠将坚持长期主义，鼓励餐厅回归本质、回归味道、回归本地食材、回归经营，倡导更多黑珍珠餐厅通过“回归”塑造质价比更高的美食，服务更多消费者。

汤伯府·骨汤猪肚鸡创始人杨晓龙：这并不是消费降级，只是由于当下经济形势，人们的消费频次会减少，也会更加精打细算。但并不意味着消费者会降低生活品质，而是更加注重自己真正需要的东西，想用更少的钱，购买更实用、更符合个性需求的东西。

大众点评必吃榜负责人张雪娇：近年来，消费分层加剧，消费者变得更理性、更个性化。特别是年轻人，无论是在舆论热点还是实际生活中，他们外出就餐更追求烟火气，对质朴小店表现出更高的热情。可以看到，随着物质基础逐步完善，当下社会的餐饮消费需求也开始呈现出多样化。人们不再只专注于服务、环境、口味都稳定的高分餐厅，也开始探求餐饮消费的差异化、惊喜感。

顺应上述社会趋势，2023 年大众点评“必吃榜”进一步提升了榜单“发现感”，区域连锁品牌商户占比近 60%，非连锁烟火小店占比近 40%。在汕头、烟台、惠州、乌鲁木齐、台州、镇江等地，上榜商户数相比上年增幅均在 100% 左右，“必吃榜”进一步成为消费者心中的“小城美食风向标”。

此外，平台也多措并举，让更多“真的好”的宝藏小店被看到，满足消费者日益分层的消费需求。例如，大众点评作为平台，推出了“免费铺设评价码”“线上用户运营促评”等一系列官方举措，帮助不善于线上经营的餐饮小店自然累积线上评价。

一方面，足够的线上评价能让一批真“高质价比”的宝藏小店，在评分体系下真实反映经营水平的高分，进而被更多消费者看到，满足消费者“更理性、更个性化”的消费需求。另一方面，也帮助一批小店有机会通过线上评价获得来自消费者的真实反馈，一些愿意根据反馈进一步改善经营的小店，也能够最终获得高分。

此外，在上述消费趋势变化，叠加“内容种草”找店模式成为年轻人新潮流的背景下，大众点评笔记频道也通过发起“寻找宝藏小店”等线上社区话题，在现有评分体系的基础上，通过“内容种草”的方式，为年轻人提供更多样化、个性化的择店途径。

天津宝轩饮食集团董事长朱宝钧：与其说是“消费降级”，我们更愿意称为这是一种“结构升级”。结构升级可以理解为“向上趋优，向下好省”。在向上趋优方面，消费者更加重视产品或服务的体验和功能，他们希望能够得到更好的享受和满足。在向下好省方面，消费者关注的是在相同的体验和功能下，能够以更低的价格得到性价比更高的商品或服务。这种现象的产生，一部分原因是新生代的崛起，他们更加注重物质与精神的平衡；另一部分原因是随着互联网的迅猛发展，人们逐渐出现“疲态”，开始回归理性消费。

## 2. 餐饮进入品质化新阶段：品牌分层、服务分层

**Q:** 面对消费需求的分层和更加理性的消费者，餐饮企业应该如何应对？有哪些经验可以分享？

北京华天饮食控股集团有限公司党委书记、董事长贾飞跃：消费分层现在是以价格分层，这是当下经济状态的一种反应，未来还是会以服务特点分层。随着经济不断发展和人民消费水平的逐渐提高，消费分层将是一种新的形态：健康养生、国潮文化、互动体验等不同服务特点的餐饮品牌会呈现出百花齐放的局面。北京华天也在制订实施“彩虹计划”，聚焦高品质餐饮消费需求，打响“集荟华天”“京宴华天”“寻味华天”三大

北京华天饮食控股集团有限公司党委书记、董事长贾飞跃

名片，全面推动餐饮业品牌提升、质量提升、环境提升和服务提升。

**北京便宜坊烤鸭集团有限公司党委书记、董事长司可：**面对市场不断变化，便宜坊集团的经验可以总结为四个方面。一是坚守传统，挖掘文化底蕴：从食材、烹饪技法到店内装潢，都注重体现传统京味文化的精髓。二是创新发展，满足消费者需求：比如，我们在保持传统菜肴的基础上，结合现代口味和消费者需求，推出适合年轻人口味、理念的创意菜品。三是提升服务质量，优化消费体验：将品牌历史文化融入餐厅环境，为消费者营造独特的用餐氛围；创新菜品介绍的模式，让消费者体验到仪式感等。四是培养人才，传承技艺：比如，我们打造“金色名片”工程，通过师徒传承、内部培训等方式，不断提高员工的烹饪技艺和服务水平。

**长沙五十七度湘餐饮管理有限公司创始人汪峥嵘：**消费分层是客观存在的，那么就要迎合这个事实去制定企业的战略。我们自 2004 年成立以来一直在走多品牌战略，其目的就是满足这个更多元、更细化的市场。20 年来，我们创立的新品牌不少于 20 个，有成功也有失败。成功的经验无非就是：是否抓住了主流的市场需求？是否处于需求的风口？是否有足够的技术背景和供应链来支持？是否有成熟的运营

五十七度湘旗下餐饮品牌

艳阳天

团队来保障？当然，多品牌战略和单一品牌战略都是可行的，区别就是广种和深耕的区别，这都是企业依据自身的基因、能力以及愿景作出的战略选择，没有对错之分。如果不做多品牌，也可以选定一个主流的消费层级做深耕，把与之匹配的运营模式、团队能力、产品与技术支持、供应链建设做到极致，唯精唯一，也是非常不错的选择。

艳阳天创始人余震彦：消费分层考验企业的适应能力，必须精确地把握消费市场脉搏，以高性价比策略塑造竞争优势，扩大市场口碑，形成“优质优价餐饮供给，既满足消费需求，商家又能挣钱”的正循环。

艳阳天立足原有特色定位，建立和完善了品牌矩阵，满足消费者的多种选择。艳阳天酒家面向大正餐市场，艳阳天婚宴中心布局婚宴新赛道，玉锦麟是非遗文化的精致餐饮酒店。

“Z 世代”逐渐成为餐饮消费主力军，他们更加注重消费体验和悦己体验，更倾向于场景化氛围体验，到餐馆不仅要吃得好、吃得舒服，还要新奇感和互动感拉满。艳阳天以“餐饮 + 体验”为切入点，创新消费场景，满足年轻消费者的社交和精神需求。比如，艳阳天武汉客厅店营业面积达 2.2 万平方米，是武汉单体规模最大的餐饮店。我们坚持婚宴不预制，仅厨房就投资了 1000 多万元。宴会中心或是法式殿堂风或是新中式国潮风，智能光影更是达到演唱会级别水平。店内配备婚纱馆，根据不同宴会厅的风格进行私人定制换纱，让新娘享受明星出场的感觉。

中国全聚德（集团）股份有限公司党委书记、董事、总经理周延龙：面对消费分层，品牌也是分层的。比如，我们旗下的全聚德和丰泽园主要面向中高端客群，四川饭店面向的是大众客群。在我们看来，中高端餐饮和大众餐饮应该根据自己的品牌调性选择发展方向。中高端餐饮可以在合理的前提下，提高人均消费水平。以全聚德为例，从宏观市场发展看，我们的发展不会着眼于客流的快速增长；从微观企业经营看，我们很多门店的接待能力已经到了瓶颈。在此背景下，最好的办法就是在合理的前提下，通过产品、服务的创新以及场景的再造，为消费者提供更好的消费体验和附加价值，从而提高人均消费水平。举个例子，我们现在很多门店的包间正在恢复点鸭坯。点鸭坯是全聚德文化传承中的一个非常有特色的礼节性服务仪式，一方面可以让消费者放心，另一方面可以强化消费者的专属感，提升他们的文化体验感。很多消费者也愿意为此多支付一些费用。而大众餐饮也要通过运营、管理的创新，拉动客流，提高翻台率，从而提高总流水。

中国全聚德（集团）股份有限公司党委书记、董事、总经理周延龙

潮界创始人李展春：任何时候，餐饮的本质都不会改变，都是紧紧围绕着“品质、服务、环境、性价比”，我们也是紧紧围绕着这个本质给予顾客良好的用餐体验。我们相信，做好顾客体验是保证品牌力、保证营收的不二法则。

回水镇 · 江湖川菜创始人刘冲：我认为好的产品从来不缺消费者。餐饮企业的核心应该是始终如一地做好品质，把体验感留给顾客。这也是我们一直以来的方向。正是因为这种坚持，我们创新研发了“黑豆花水煮鱼”，并在 2023 年入选成都市非物质文化遗产名录，成为成都市地标美食。

淮扬府总经理刘茂阳：对于餐饮企业来说，提供稳定优质的产品和服务，提升消费者体验，将是赢得市场的关键。面对变化，

回水镇 · 江湖川菜创始人刘冲

淮扬府

首先要保持好心态，随时调整品牌经营的策略和方向。需要指出的是，变化常常源于市场和顾客需求的变化。因此，深入了解市场趋势和顾客需求，及时优化产品或服务，是非常重要的。最后，团队协作和持续学习能力也至关重要。

汉阳廷自助烤肉品牌创始人刘小芽：2023年我们主要是从精品质、铸人才、强服务三个方面对内提升基本功。线上我们实现了全品牌星级 4.5 及以上，门店持续占领各商圈核心榜单前三；线下我们不断迭代提升门店运营效能，运营团队战斗能力。因此，我认为，面对变化，餐饮人一是要坚持长期主义，要能预测并设计出年轻顾客喜欢的产品；二是企业自身要练内功，把品质、服务以及品牌营销做好；三是要对标全球最好的餐饮品牌打法以及吸引到更高质量的管理人才。

鸣记烤鱼创始人鹿鸣：消费分层考验企业的精细化运营能力。消费分层下，餐饮企业需要下更多功夫，像抹布拧水一样进行精细化的运营。以鸣记烤鱼为例，原来是在哪儿开都可以赚钱，但是现在要考虑到专业性，从选址到门店模型，从消费人群再到消费标准，每一个颗粒度都要细化。

堂瓦里总经理罗秋明：我们觉得餐饮归根结底还是要回归餐饮的本质；在 2023 年我们提出了一个口号：让我们的客人吃得更舒服！我们推出了很多有特色、有代表性、绿色健康、有吸引力的菜品，来提高消费者的消费热情，培养市场，吸引更多的消费者来店体验。另外，在到店套餐上我们更加多元化，给了客人更多的选择和优惠。

汤伯府 · 骨汤猪肚鸡创始人杨晓龙：2023 年，我们做了一些打折让利，对生意有短暂的提升，但打折让利只是权宜之计，我们的策略还是抓住顾客的核心需求，做好自己的特色：8 小时现熬的猪肚鸡火锅，坚持把 QSC（Quality，品质；Service，服务；Cleanliness，清洁）做好，加大 QSC 的创新力度；同时，节省和顾客体验非直接相关的各项成本，保持把高性价比给予顾客。

广窑记 · 客家窑鸡创始人叶定威：消费者本质上还是希望花最少的钱，享受不错的品质。对我们来说，比较幸运的一点是，广窑记是非常注重产品质量、消费体验和性价比的品牌。实际上，用客家菜为切入点，去保证出品和服务是很有难度的。比如，客家菜品类、餐品繁多，涉及焖蒸煎炒炸　多种做法、各种各样的烹饪方式，操作不一，让多店保证出品难上加难。为

广窑记 · 客家窑鸡创始人叶定威

了保证出品，我们不仅要抓食材，也要抓管理。尤其在物价上涨，人工成本、食材成本、运输和租金成本等都在提高的当下，继续抓好出品和管理，才是我们可以做的。阳明先生说“行有不得，反求诸己”，我觉得这是朴实的真理。以不变应万变，总比以万变应万变来得有效。

粤·向群饭店主理人张剑炜：在过去的 30 年里，粤·向群饭店通过坚持传统的烹饪技艺和提供优质的食材赢得了许多忠实用户。然而，随着消费趋势的变化和新一代顾客的涌现，我们需要不断进行新的布局和调整来适应市场的需求。为了保持竞争力，我们融合传统粤菜和现代烹饪技术，

粤·向群饭店

推出更多创新菜品，以迎合当代人的口味。同时，我们也注重提升服务质量，加强品牌形象和市场营销，以吸引更多年轻消费者的关注。此外，随着数字化时代的到来，我们加强了线上线下融合，通过提升线上订餐体验、推广社交媒体营销等措施，以扩大品牌的影响力和覆盖面。

天津宝轩饮食集团董事长朱宝钧：大众消费理念的改变对于老字号品牌来说利大于弊，越来越多的消费者认可了老字号品牌的价值。作为老字号品牌，耳朵眼也在不断地通过产品研发、包装设计、营销策略等方式来提升品牌调性。开设清真早茶系列就是一个品牌升级的例子，通过与清真餐饮文化的结合，扩大了消费群体，提升了品牌形象。此外，大力发展旅游经济已成为许多城市的重要战略之一。耳朵眼也在以此为契机，让消费者体验美食的碰撞和文化的交流，领略历史的传承。这不仅可以推动城市的文化发展，也有利于品牌的可持续发展。

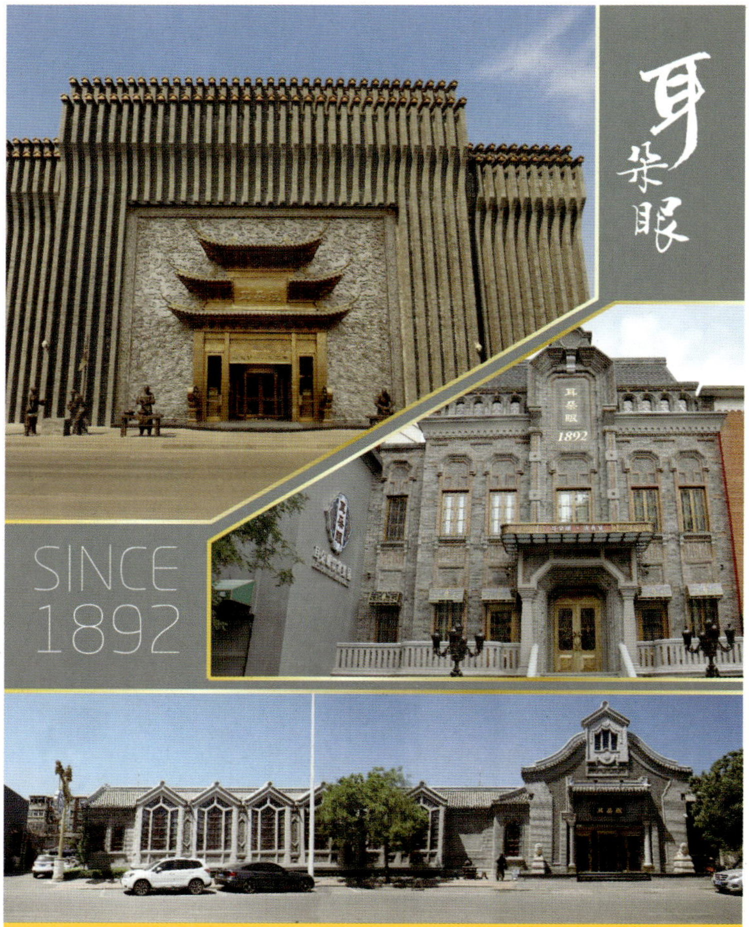

耳朵眼会馆

## 3. 定价定生死：降低价格不如提升价值

**Q:** 消费分层下，价格是一个绕不开的话题。对于餐饮品牌而言，价格在市场竞争中占的分量有多重？您如何理解价格与品质、体验、品牌等之间的关系？

冰火楼董事长胡艳萍：2023 年，餐饮行业的价格内卷就像一阵旋风。我非常反对打价格战。在我看来，当经济下行、消费者收紧钱包之时，餐饮企业努力的方向应该是让消费者看到性价比，性价比不是降价，而是提质。我相信，餐饮行业不管怎么卷，最终的法宝还是品牌和品质，盲目跟风只会把品牌打烂。因此，2023 年我们提得最多的就是性价比，做得最多的也是通过产品、服务、环境，让客户觉得在这里消费得值。

冰火楼董事长胡艳萍

紫光园总裁刘政：当下，餐饮市场的低价内卷是消费分层的一种表现。虽然市场对不同价位的餐饮品牌都有需求，但是这些需求都是围绕一个字：值。现在消费者最理性的思考是值与不值，人均 200 元的客单价如果吃出了 400 元的体验感，自然会赢得消费者的青睐。在我看来，餐饮企业就是为顾客创造价值的，价格内卷只是一种表象，让消费者吃出价值感才是核心点。近年来，紫光园一直都在升级，提升品质，让消费者吃得物有所值，从而获得他们的信任。

西部马华创始人马华：价格在市场竞争中并不是最重要的，重点是要做到物有所值和物超所值，才会被市场接受和认可。几者（品质、价格、体验、品牌）之间的关系，我认为应该是：品质决定体验，品牌决定价格，体验成就品牌。

北京便宜坊烤鸭集团有限公司党委书记、董事长司可：在新的消费环境下，价格在市场竞争中的影响是非常关键的。价格与品质、体验、品牌等因素之间的关系错综复杂，相互影响。首先，价格与品质密切相关。经营管理最大的挑战在于成本控制，

便宜坊

这也是便宜坊的优势。近几年，集团在菜品价格上，坚持不涨价、毛利率不增长的原则，通过优质实惠的产品和服务吸引更多消费者购买。其次，价格与消费体验相连。集团在产品定价方面，始终比较理性和谨慎，让消费者能够体验到质价比。最后，价格是品牌形象的重要组成部分。品牌的价格策略会直接影响其在消费者心中的地位。便宜坊集团始终以“便利人民宜室宜家”为经营理念，大家觉得在我们旗下的门店可以吃得安心、吃得舒心。

**长沙五十七度湘餐饮管理有限公司创始人汪峥嵘：**对餐饮品牌而言，我认为定价定生死。价格不仅决定你在市场上的竞争力，也决定了品牌在顾客心目中的认知。因为任何一个品牌在顾客心目中的定位，在你做深度沟通之前，价格是他们最开始、最直接的第一印象。另外，从我们餐饮企业的角度来说，定价就决定了我们会匹配什么样的运营模式、门店选址、门店布局、生产组织方式、供应链的建设，等等。

**艳阳天创始人余震彦：**价格是市场竞争的敏感神经，但不是唯一。理性消费不是低价消费，而是追求价值溢价。不能脱离产品、服务孤立地看价格，它们应该是相辅相成的。低价营销、恶性竞争的过度化倾向会令企业陷入“不打折影响生意，打折影响利润”的两难境地。餐饮消费并非越贵越好，也非越便宜越佳。刺激消费不等于透支市场。让消费者在满足口腹之欲的同时，实实在在感受到物有所值甚至物超所值，才是上策。做优品质、做厚价值、做佳体验，同时价格合理公道，才能做强做大品牌。

**鸣记烤鱼创始人鹿鸣：**餐饮的本质就是性价比。性价比包含两条线，上面是价值，下面是价格，中间是利润。消费者选择餐饮品牌的目的是解决问题，他们要的不是便宜，而是价值。因此，对于餐饮企业而言，到底给顾客提供多少性价比，让他们体验到什么，这是最关键的。餐饮品牌的生命线就在这两条线的中间。

**堂瓦里总经理罗秋明：**价格一直以来在市场竞争中产生着举足轻重的影响，但也不是唯一的或不可逆的；一件商品的价格，

堂瓦里

不是以其本身的价值作为唯一衡量标准，餐饮更是如此。首先每个餐饮品牌要有品牌自身的定位、特色；一道菜或一顿饭的价值，取决于菜品的食材、口味、硬件环境、服务质量等。大部分消费者追求的不一定是低价，我们给予一件商品更多的附加值，给消费者提供好的体验服务，客人也会觉得物有所值，愿意为此买单甚至是推介。商家有了合理的收益，才有可持续性的再投入，才能提供更好的产品、环境和服务，才会获得良好的口碑，赢得品牌高度以及属于自己的消费群体。

汤伯府 · 骨汤猪肚鸡创始人杨晓龙：新的消费环境下，顾客对性价比的追求会越来越高，而性价比 = 价值 / 价格，而价格如果没有 1.3 倍幅度降低的话，顾客几乎是无感的，而且在价格降低的情况下会影响品牌收益，进而品牌方会降低品质影响顾客体验，形成恶性循环，所以还不如在价格不变的情况下，多做提升价值的事！

广窑记 · 客家窑鸡创始人叶定威：定价就是定位。但是，价格只是表象，价值才是关键。价值是指顾客用这个价格买你的产品，在理性判断下是否觉得值。所以，价格与品质、体验、品牌的关系，并非单一的对应关系。就像我们希望客人有超出预期的体验，并非只有性价比就足够，还需要驱动内部去提高产品的品质。所以，我们更愿意把广窑记看成一个兼具“质价比”与“性价比”的品牌。

汤伯府 · 骨汤猪肚鸡

## 4. 蛋糕越来越大，品类越来越细

**Q:** 对于中国消费市场和餐饮行业，您有何展望和预测？有哪些趋势可能会继续影响消费者行为和行业格局？

北京华天饮食控股集团有限公司党委书记、董事长贾飞跃：未来中国的消费市场将继续保持稳定增长态势，消费升级和消费结构优化将继续推动整个消费市场蓬勃

北京华天旗下马凯餐厅

发展。一是随着消费者对品质、体验感、文化消费的重视，个性化消费、体验式消费将持续兴起；二是特色餐饮和健康餐饮会成为市场主流；三是随着人工成本的提升和技术的进步，智能化、无人化餐饮形式将得到进一步推广；四是环保和可持续发展已经成为全球共识，这也是餐饮业的一个重要发展趋势。

北京便宜坊烤鸭集团有限公司党委书记、董事长司可：一是随着经济的发展，消费能力和消费观念也在发生变化。这将推动餐饮行业市场规模持续扩大。二是消费者对美食的需求不断增加，餐饮种类将更加多样化、个性化；未来餐饮行业将更加多元化，满足不同消费场景的需求。快餐、休闲餐厅、主题餐厅、特色小吃等将共存并继续发展。三是餐饮行业将加速与互联网、大数据、人工智能等技术融合，推动餐饮智能化发展。我们也认识到线上线下融合发展的重要性，因此积极拓展线上业务，与美团、大众点评等平台合作，为消费者提供更便捷的服务。四是消费者对健康的重视程度不断提升，健康餐饮理念将进一步普及。绿色、有机、营养、健康的餐饮产品将受到消费者青睐，推动餐饮企业注重食材品质、提高营养价值。

长沙五十七度湘餐饮管理有限公司创始人汪峥嵘：餐饮行业未来的发展，会面临几大因素带来的巨大挑战与机遇。首先，就市场本身而言，随着“90 后”“00 后”乃至“10 后”一代的成长，外部餐饮服务在市场中的渗透率会越来越高，餐饮市场的蛋糕会越来越大。其次，这一代人的成长历程中，口味的包容性也越来越大，这也意味着传统意义上的菜系区域性阻碍会越来越小，菜系间的相互融合必将是未来的趋势。再次，人工智能、食品工业技术的飞速发展，为餐饮企业的去技术化提供了更多的可能，标准化发展的技术阻碍将会越来越小。最后，市场消费需求将会更多元化、更细化，但也会更具有迷惑性，餐饮品牌要把握真正的主流消费需求，沉下心来做建设。不管趋势怎么变，对餐饮企业而言，归根结底还是人的建设、技术的建设、供应链的建设，把单店的模式跑通，商业模式形成闭环，才能真正借助资本的力量实现高速发展。

艳阳天创始人余震彦：吃是人间大道。中国餐饮市场是一片大海，而不是一个小池塘。人口结构变化、消费习惯改变，将对餐饮业产生深刻影响。首先，餐饮消费进入品质时代，营养健康理念深入人心，餐饮细分领域势头更加强劲，具有更优就餐体验和社交属性的餐品更容易获得消费者青睐。其次，文化和旅游产业的推动，将为餐饮行业提供巨大的市场机遇，文餐旅融合将成新亮点。最后，餐饮线上线下“双主场”趋势进一步彰显，智慧餐饮前景无限。

面对新需求、新消费，餐饮企业要从品牌、产品、营销三方面发力，注重品牌

艳阳天创始人余震彦

人格化、产品故事化、营销情感化，着力提高向“新”力，创新消费场景，打造品牌消费，提速新型消费，寻求更多出圈的可能性，触达更多消费者，在存量市场上找到新增量。

中国全聚德（集团）股份有限公司党委书记、董事、总经理周延龙：首先，民以食为天，“吃”是人们的刚需，但吃的方式是多样化的。未来，餐饮的发展会变得更加多元化，零售化是其中的一个重要方向和趋势。其中，休闲食品的前景巨大，我们也孵化了“零研所”这个休闲零售的品牌。未来的全聚德集团会是一个多品牌、投资型餐饮和食品两翼齐飞的平台。

其次，餐饮已经进入了一个被选择的时代。这个时代，对于消费者来说是幸福的，但对于企业品牌而言是更具挑战的，餐饮品牌只有处在消费者手机上生活平台类 App 的首屏，生存的机会才会更大。2024 年是全聚德创建 160 周年，我们会

全聚德零售类产品

通过一系列的活动传递产品的好味道和浓浓的人情味，把全聚德做成老百姓心目中的样子，快速回到并站稳消费者的首屏。

回水镇·江湖川菜创始人刘冲：未来，年轻人理性消费意识将越来越强，对品质与体验感的要求也会越来越高。这也意味着，未来餐饮行业的格局将会更多元化、精细化。

潮界创始人李展春：在消费端，外卖会越来越成为各大餐饮门店的增长点，现在以及未来，不做外卖或者看轻外卖的门店都会受到巨大的冲击。在企业端，头部的连锁品牌通过对各大系统的认知、建设、优化，会越来越拉大和其他连锁餐饮企业的差异，强者恒强。但小企业机会也很多，在这个信息像病毒一样传播的时代，什么事都可能发生。

潮界创始人李展春

## 二、要降本也要增效，餐饮业如何作出“极致效率”

效率是餐饮的生命，是决定餐饮品牌生存的重中之重。尤其是在当下竞争激烈的市场环境中，打造极致效率的超级门店，已成为很多餐饮品牌的核心任务之一。用极致效率“抄底”餐饮赛道，真的会成为餐饮品牌的标配吗？打造极致效率的超级门店，应该从何处发力？在此过程中，数字化又将扮演什么样的角色？

以下内容为访谈实录。

## 1. 效率不是标配，解决用户痛点才是

**Q:** 餐饮企业想要打造极致效率的超级门店，重心应该放在哪些地方？需要规避哪些坑？

兰湘子联合创始人陈波：提到兰湘子，大家的第一印象是上菜快。但是大多数人不了解兰湘子为了更快出餐，满足顾客时间需求，在背后做了哪些取舍和努力。从组织结构到运营模式，从产品结构到人才培养，所有的环节都要围绕着效率进行设计和安排，任何一个环节没有效率，最后都达不到高效率出餐。

早期，为了满足“上菜快”这个顾客需求，我们做了很多的运营配称动作。首先在产品结构上，调整了SKU（库存量单位）数量。现在，我们全国的菜单，包含小吃在内，维持在28个产品左右。那些操作复杂、加工复杂的菜品一律不上菜单。

在运营端，一是优化了空间动线和座位配置，取消了包间配置。目前，兰湘子的门店基本在180~220平方米，以两人位和四人位为主。二是将“等位送菜、超时送菜、打包免费”等措施落到实处，提升顾客体验。单单在这些方面，兰湘子每年的支出就有几百万元，如果从内部经营思维来讲，这几百万元如果不给顾客，就是利润。但是我们之所以给顾客，就是要站在消费者的角度去思考。

在组织架构上，则是将餐饮＋互联网思维变成互联网＋餐饮的思维。我们一开始就学习美团等互联网企业的扁平化、高效、数据化和线上化的运营模式。

在人才储备上，我们建立内部商学

兰湘子招牌产品

院，并聘请外部智囊团专家，借助多种渠道帮助大家成长。在学习过程中，我们还做了一个创新：即 40% 的学费由公司报销，60% 的学费由自己承担。这是在支持员工学习的同时，也让大家明白所有东西都是有成本的，都是有结果导向的，都是有闭环的。

需要规避的坑有两个。一是并不是所有的餐饮品牌都需要快，选择快和慢要基于顾客的价值需求。也就是说，极致效率不是标配，解决用户痛点才是。兰湘子的顾客群体是白领阶层，他们的诉求是希望在 1 个小时内吃一餐舒服的工作餐。对于兰湘子而言，上菜快是解决了用户痛点，这是核心。二是一旦确立了用户需求和定位后，战略定力就变得至关重要。比如，当门店开始排队的时候，很多品牌会选择做一个大面积的店，这是一个误区。再如，当生意好的时候，品牌又会想着涨价。结果往往是，顾客忠诚度不断降低，品牌形象越来越弱。

**香港洪氏集团副主席、合兴集团控股有限公司执行董事兼行政总裁洪明基：**第一是产品和原材料要简洁标准化。提供给顾客的产品丰富但原材料不多，这似乎表面上

香港洪氏集团副主席、合兴集团控股有限公司执行董事兼行政总裁洪明基

是一种矛盾，其实是原材料的打通使用，店里管理的原材料越少，产品出得就会更简洁。以合兴为例，我们其中一个品牌主要使用原材料牛肉，然后延展出去。既做牛肉饭，又做牛肉咖喱，还做牛肉火锅等。只有这样，才能让产品出得更有效率。

第二是餐厅的流程跟运营体系的标准化，并借助自动化的赋能提高效率。我们餐厅的动线一直是比较清晰的，比如哪个工作站、哪个岗位的分布最科学。在这个基础上，我们新加入了自动化设备，比如自动分饭机的投入使用，在出餐质量没降低的前提下，还大幅提高了出餐效率和标准。

第三是数字化，它提高了整个管理效率。数字化通过建立运营中台和数据中台，用数据分析顾客的爱好和取向，分析门店工作效率的问题点，然后业务中台会处理这些信息，最后用系统来完成相关的作业，由此提高了效率。比如，我们自己搭建了门店管理系统（BOH），在运行过程中，店长可以随时查阅不同产品的保质期，临期产品会自动发出预警，而不像以前要人工检查保质期的时间条。未来的门店排班管理，也基本上都会实现自动化。

第四是使用预包装。随着餐饮市场规模的不断扩大，食品工厂在连锁餐饮里面发挥着越来越重要的作用。有很多准备工艺都可以在工厂生产，做成预包装产品，然后通过到达店铺里再完成两三道工艺后，做出成品。这样的做法，效率较高、成本较低，而且食材也因为标准化的处理步骤，反而比原来的品质更高。

煲仔正创始人邓清：做煲仔饭的缺点很明显，传统工艺制作都是现点现做，使用生米生肉，一份煲仔饭制作需要较长的时间，出餐效率并不高。所以，我们提升效率的重心主要放在了后厨，创新研发了既能保持传统制作工艺，又能提升出餐速度的全自动煲仔炉，并获得了国家专利技术认证。现在高峰期每小时可以出 216 个餐，而后厨人员依旧井然有序地工作。

煲仔正创始人邓清

霸碗高级副总裁黄毅：效率提升主要体现在人效和坪效两个方面。至于重心放在哪里，要视餐饮企业所提供的品类来综合考量。对“霸碗”来说，我们是“新鲜食材现场炒”的模式，不用预制菜，那就意味着我们要实现出餐快、提高翻台率，需要在高峰期增加人手，保证出品品质，保证服务到位。所以，我们提升效率的主要工作重心放在厨房动线优化、设备优化、系统优化上。

克茗冰室总经理靳小伟：打造极致效率的超级门店，重心应该放在产品效率、人员效率和工具效率三个方面。在产品效率上，从原材料采购到产品出品，每个环节都要实现标准化；在人员效率上，要提升员工技能的熟练度、出品速度，达到公司标准；在工具效率上，要对各岗位产品的工具、设备作出优化，减少手动操作，提升整体效率。

需要注意的是，在速度和时间提升的同时，要注重员工的培训和前期准备工作，要保持产品始终在最佳风味期，不能单纯地只看数据达到的结果，而应看数据背后存在的问题点来解决问题。如果只注重效率提升而忽略产品品质，不能满足顾客的基本需求，就不能提升顾客复购率，不利于品牌门店的发展。

克茗冰室

鸣记烤鱼创始人鹿鸣：一个拥有极致效率的超级门店，应该像一个风车，中心点是顾客体验。餐饮就像一座大厦，是由一块一块砖盖起来的，但如果没有顾客满意度，这座大厦肯定是一座危楼。

“三叶”分别是运营模式、产品结构和智能工具。通过“三叶”不断地去提升效率，从而提升顾客体验，形成良性循环。在运营模式上，我们会设定并验证最佳的理想收入模式，投资额、客单价、门店面积、翻台率、净利润等各项指标都有标准化的数值。在产品结构上，提供顾客真正需要的菜品。比如，鸣记烤鱼之前的SKU有60多个，后来我们发现消费者根本就点不了那么多菜。如果几道菜就已经解决顾客的问题，那剩下的菜就是画蛇添足。所以，我们还是从顾客的角度去不断拆解颗粒度，把所有的都拆解掉。在智能工具上，要相信技控大于人控，所有的产品还是尽量地由机器来代替。但顾客需要的则不能由机器替代，比如烟火气。

鸣记烤鱼创始人鹿鸣

阿毛饭店创始人毛柯鲁

阿毛饭店创始人毛柯鲁：一是不要盲目追求技术升级，而忽视了员工的接受度和顾客的需求。二是注重长期效益，避免因短期利益而牺牲了长期的品牌价值和顾客忠诚度。三是持续关注市场趋势和消费者需求的变化，及时调整策略，以保持与市场的同步。

常平竹升云吞面联合创始人孙志超：提升餐饮门店效率的重点工作包括菜品优化、员工培训、技术应用、供应链管理和动线布局等，这些重点工作需要建立评估和改进机制。例如，建立菜品反馈、淘汰机制，员工培训建档以及建立晋升机制等。在此过程中，还要避免陷入菜品极度单一、门店过度扩张、顾客体验降低、跨平台工具过多导致统筹管理困难等陷阱。

探鱼创始人、蔡澜港式点心创始人王力加：第一，流程优化和数智化。一是应该对门店的各个流程进行仔细分析和优化。二是找出流程中的瓶颈和低效环节，并通过引入自动化技术和工具来提高效率。

第二，员工培训和激励。提供专业的培训，使员工掌握高效的工作技能和流程，提高工作效率。同时，建立激励机制，激发员工的积极性和创造力。蔡澜点心门店最宝贵的就是每家门店的“铁三角”（店长、前厅经理和后厨经理），他们是一家门店的核心种子，会带动整个门店的伙伴生

蔡澜港式点心

长、繁盛。

第三，数据分析和决策支持。为了尽可能打通各环节的数据孤岛，我们斥巨资、人力和时间投入在数智化建设上。通过数据分析，我们可以了解顾客需求、产品销售情况、供应链效益等信息，从而作出更准确的决策和调整。

第四，供应链管理和合作优化。优化供应链管理是提高门店效率的重要环节。好的食材是餐饮的根本，餐饮企业应该与供应商建立紧密的合作关系，确保原材料的稳定供应和优质品质，同时降低采购成本。

## 2. 没有数字化，就没有极致效率

**Q：** 在打造极致效率的超级门店过程中，数字化经营的价值和作用体现在哪些方面？有哪些经验可以分享？

香港洪氏集团副主席、合兴集团控股有限公司执行董事兼行政总裁洪明基：数字化的价值和作用主要体现在两个方面。第一个方面是效率，它让我们原来需要人工扒数据、制作分析表格进行分析的工作变得非常简单和轻松。通过技术运用，我有任何想法都可以第一时间迅速抓取数据，作决策参考。我认为在效率上有大幅提升，使用的人数也越来越少。

第二个方面是效果，体现在数字准确率大幅提升。通过数字化，我们的营销更加精准，每次投流效果更好，对销售提升促进、成本降低都有可计算的效果，可以直接体现在经营效果上。

眉州东坡总裁梁棣：以前没有数据的时候，我们判断客户，判断一个店长做得好坏全凭感觉。有了数据之后，我们可以看得出来这家店问题出在哪里。我们现在天天看数据，曝光量是多少，有多少人在关注你，有多少人点击你，最后有多少人下单转化成经济效益，都一清二楚。在数据加持下，你做每个动作都是有针对性的。接下来，眉州东坡要去调整组织架构，要调整成数据化的公司。我们认为未来的餐饮企业已经不是一个简单的餐饮公司了，可能是以数据为依据的餐饮公司，这是一种社会的进步。

小厨娘负责人：我们内部说有三种数字化：一是数字化获客；二是数字化管理；三是数字化生产。在数字化管理上，我们基于数字化平台开发了大量的小程序，进行人员排班、PK 奖惩、内部培训等。在数字

合兴集团旗下餐饮品牌

化获客上，我们积极拥抱各个平台，打通美团 CRM（Customer Relationship Management，客户关系管理）。我们也做了小厨娘专有的超级小程序，包含会员扫码点菜、外卖等功能。数字化生产是我们用机器取代人工的生产。在此方面，我们引入了一些半自动化设备，做了很多研究和探索。

**煲仔正创始人邓清：**在美团系统包括供应链系统、选址工具、外卖系统等服务支持下，我们门店的效率得到了极大提升。一是提升了人效。比如，点餐系统的应用，能在高峰期很好地助力人工服务。原来在 100 多平方米的门店，前厅需要 10 人左右，用了点餐系统后的门店配置 4~6 人就能运转起来，既节约了用人成本，顾客投诉也少了，还促进了翻台率的提升。二是提升了复购率。比如，基于会员体系，通过储值消费、积分兑换等形式拉动会员复购消费。三是供应链系统下单更方便，可以清晰掌握库存情况，把控产品品质以及配送情况等。四是扩大了服务半径。门店堂食的客源是覆盖附近半径 500 米，加入外卖平台系统后，能有效覆盖门店附近 3 千米的客源，大大提升了门店客源和客单量。

**霸碗高级副总裁黄毅：**随着互联网 + 餐饮业态的崛起，互联网 + 餐饮业模式在餐饮业得到了广泛的应用，不仅简化了消费者的用餐流程，还能满足消费者对于品

霸碗门店效果图

质、便利和个性化的需求。从现阶段的使用情况看，数字化系统可以通过大数据计算和预估等方式统计出人效以及最大人效空间，帮助门店优化人员配备、降低人力成本，比如美团 KDS（Kitchen Display Systems，厨房显示系统），提高门店出餐效率、生产效率。在霸碗的战略规划中，我们还计划通过引入人工智能、大数据分析等技术，实现运营流程的自动化、信息共享的增强和决策的智能化。

阿毛饭店创始人毛柯鲁：对我们而言，数字化转型最显著的表现之一是自助点餐系统的引入。这一系统彻底改变了传统的点餐方式，为顾客和餐厅都带来了极大的便利。此外，数据化可以帮助餐厅更精准地了解客户需求，从而优化运营策略、为顾客提供更加个性化的菜单推荐，进一步提升销售率。同时，数字化转型也推动了阿毛饭店在线订购和外卖业务的发展。

五里关火锅创始人牟春霖：截至 2023 年 12 月 31 日，五里关会员体量超过百万，会员贡献单量占比 80% 以上。庞大的会员体系，强植入的会员认知，为我们的产品更新、营销动作、门店经营等维度提供有力的数字支持。比如，通过对会员消费习惯和需求的分析，我们可以更加贴近客人需求，向他们提供定制化服务。再如，通过数据及消费反馈，我们可以更好地制定恰如其分的会员活动，减少试错成本，在提效的同时做到真正意义上的“以客人为中心”。

沙胆彪董事长欧伟鹏：很多企业的数字化，其实只是在不同模块使用市面上不同的第三方软件，再自己搞个数据中台整合而已。这样的做法，从长远来看很容易形成信息孤岛。这几年，我们也跟很多同行交流过，发现很多老板容易陷入几个误区。一是认为门店少的时候没必要做。但其实数据是靠长期积累的，公司的行为决策也应该依赖数据，所以越早做才能越尽快脱离创始

沙胆彪董事长欧伟鹏

人拍脑袋式的决策流程。二是认为一上来就要规划大而全的功能平台。我们更提倡敏捷开发，刚开始时甚至仅仅是做了几个小工具去满足某些场景而已，连系统都称不上。先跑起来再说。三是不接地气，对一线的真实需求没做深入了解，规划了很多“创新”功能，其实是纯纯闭门造车地自嗨。

常平竹升云吞面联合创始人孙志超：相比别的餐饮企业，我们更愿意把自己品牌叫作数字餐饮公司。我们会通过数字化的营销及管理，通过数字化的工具，去获得顾客的口味喜好、产品销量，进行推陈出新。数字化升级也对我们门店的效率有很大提升，通过我们自己搭建的线上系统，如线上巡视、线上运营报表、营业数据报表、营业数据预警等，都能让门店经营者及时得知数据并进行调整。

常平竹升云吞面联合创始人孙志超

## 3. 管理效率重要，结构效率、股权效率也重要

**Q:** 现在，我们发现一些餐饮人开始提结构效率，强调产品结构的重要性。您如何看待这一观点？

冯校长老火锅创始人冯明强：在餐饮业里我们常常听到“坪效”“人效”等名词，这是衡量一家餐厅盈利能力的一些关键指标。很多人更关心营业额、毛利率、净利率，甚至只是浅层次地关心是否排队，是否爆单，但他们往往忽略了结构、价格和味道是否能被更多的顾客接受。卖火锅的连味道都搞不好，谈何经营？我认为结构

冯校长老火锅创始人冯明强

效率一定大于运营效率，这关系到顾客的价值。尤其是在当下在这个卷流量、卷产品的时代，很多人已经忘记火锅店的本质是烟火气与社交性。

冯校长老火锅始终保持二轻四重的原则。轻装修、轻装饰。打造差异化空间场景，沉浸式还原社交场景。简单的装修但不失烟火气，干净卫生、明亮整洁的门店空间，为顾客提供情绪价值和品质体验。

重锅底、重菜品、重体验、重运营。一直坚持产品导向，用一口传统铁锅、经典底料打开市场；用一道创新猎奇的“烧椒菊花残”菜品，全网播放量超一亿次；用一桌火锅经典新鲜食材，锁住食客味蕾。人效坪效双提升，才是实现持续复购的根本。

克茗冰室总经理靳小伟：产品结构设置越科学、越有效，越证明经营者对自己的品牌定位、产品种类、顾客消费水平把握得更加精准。品牌定位、受众群体定位越清晰，经营者越能更好地设计模型，提升效率。如果不注重产品结构，只把注意力放在提升人效和坪效上，往往是事倍功半。

阿毛饭店创始人毛柯鲁：关于结构效率和运营效率，两者在餐饮业中都很重要。结构效率主要是产品或服务的合理配置，为了满足市场需求并获得最佳效益。优化产品结构可以提高毛利率、降低成本。而运营效率则涉及日常的门店管理和流程优化，如提高员工效率、降低食材浪费等。因此，结构效率、运营效率和其他多个方面的效率共同构成了餐饮企业的整体竞争力。各企业在追求单一效率提升的同时，还应注重各种效率之间的平衡和协同效应。

五里关火锅创始人牟春霖：结构效率是我们的“战略效率”，“以产品为王”是我们的核心价值观。我们十分注重高性价比

五里关火锅创始人牟春霖

的菜品搭配，如团购套餐既有招牌“三把斧”——耙牛肉、耙鸡脚和屠场毛肚，又会配置具有时令特色的菜品，打造客人就餐的性价比和惊喜感。又如我们一直遵循“不时不食”原则，开春推出的椿芽烘蛋，即选择自然成长的香椿，保留食材本味，上线仅半个月，已售出 6000 多份；在“自然健康”的食材上做延伸，如新鲜手剥的冬笋、当季自然成熟的鲜果等被我们更多地运用到产品打造上。这些都是我们在积极提升结构效率所做的事。

沙胆彪董事长欧伟鹏：结构效率的有效性，必然高于运营效率。因为凡是涉及运营，必定会牵扯到“人”，只要有人的参与，维护成本就会很高，前端执行很容易失真变样。所以，这也是有的品类天然有做大的优势的原因。例如奶茶、火锅。

**Q:** 运营效率和结构效率之外，还应该关注哪些效率？

小厨娘负责人：小厨娘在人员培养这块花了很大的代价和精力，我们大部分的员工和管理者都是自己内部培养的，因此我们有一套完整的企业文化管理体系。在培养形式上，我们不仅有自己的商学院，还有一些比较深入的校企合作。虽然成本会高一些，但换来了员工的成长。

克茗冰室总经理靳小伟：2024 年是信息时代，消费者的信息接收方式是多维度的。因此，餐饮品牌也需要提升新品推出的效率，提升与消费者互动的效率。只有基于顾客的心理，推出新品和进行营销，满足顾客的新鲜感，才能增加顾客黏性。

沙胆彪董事长欧伟鹏：除了结构效率和运营效率，还有两个效率一定不能忽视：股权效率、传播效率。例如，现在很多品牌鼓励单店店长入股，服务员入股，甚至连收桌阿姨也入股。这种店老板哪怕不咋管，服务也不会差到哪里去。单看门店报表，钱分出去多了，老板赚少了，但实际上总部的培训成本、管理成本都大幅下降。而这里不同的股权比例，自然会产生不同的效率，是一门学问。

为什么要提传播效率呢？因为纯粹砸钱就能有人排队的年代已经一去不复返了。不同的“标题党”、不同的滤镜照片、不同的主播颜值，都会影响不同的转化。这就是为什么有的人花小钱就能出爆文、上热搜。有的人把融资的钱都搭进去了，却砸不出一点水花来。这就是不同的传播效率。

# 三、小型化成大趋势，餐饮业进入“小店时代”

门店小型化，已经成为餐饮行业的大趋势。这自然有其道理。一方面，面积小带来了开店、管理成本的降低，与低成本相伴而生的则是高性价比，这显然更有利于餐饮品牌吸引更广泛客群，从而穿越经济下行周期；另一方面，小店的灵活性和低成本优势使品牌可以快速进入各个城市，跑出规模优势。

对于餐饮品牌而言，面积变小背后的“真相”是什么？小店模式的兴起，对于大店意味着什么？大店和小店在品牌发展中，各自的角色和定位又是什么？

*以下内容为访谈实录。*

## 1. 未来 5 年，餐饮业进入“小店时代”

**Q:** 2023 年，餐饮业的一个重要现象就是用小店模式进行扩张。您如何看待这一现象？

**冰火楼董事长胡艳萍：**冰火楼成立于 1998 年，经过 26 年的发展，公司旗下已拥有冰火楼中餐、柏郡酒店、冰火楼小馆、冰火楼外膳等品牌。冰火楼是以做传统中餐为主营的，冰火楼中餐门店约 3000 平方米，以商务宴请和家庭聚餐为主，冰火楼小馆门店为 500~700 平方米，打造小而美、美而精的湘菜美学料理，冰火楼外膳则是后疫情时代的产物，以满足线上不同场景的点餐需求。餐饮门店的经营，三高一低的形式非常明显，小店模式轻资产运作，在一定程度上缓解了部分压力。比如我们的线上品牌——冰火楼外膳，每个店只有 5~6 个人，70~80 平方米即可。这种小店模式或将成为未来 5 年餐饮业的新的增长点。为消费者提供健康的、高品质的、安全放心的外送型餐食的模式，将会撬动餐饮大市场。冰火楼外膳在未来也会继续发力，实现全城高密度覆盖，走进千家万户。

**北京华天饮食控股集团有限公司党委书记、董事长贾飞跃：**小吃小喝小店小投资，更趋向于“小型化”的商业模式，已成为当下餐饮业的重要发展趋势之一。北京华天所属各品牌也积极作出战略调整，将适

冰火楼菜品

合连锁化发展的快餐品牌，如庆丰包子铺、二友居等，向小平方米、智慧化的方向发展，小平方米店模式已基本成熟完善，正在逐步扩张。接下来，北京华天将持续探索“小店面 + 大连锁”的新业态模式。

眉州东坡总裁梁棣：小店模式是眉州东坡近年来的主要发展模式，在过去两年间，我们已经开了 30 多家小店。但小店也好，大店也好，都是眉州东坡品牌下的一种模式。在我们看来，要活化一个品牌，绝不能仅仅依靠一种店面模型。未来，眉州东坡将在保持现有大店的基础上，将发展重心聚焦在小店模式上，用小店的模式实现品牌拓展。

上海大富贵酒楼有限公司总经理、中国注册烹饪大师奚伟中：何为小店，何为大店？在我看来，是小店还是大店其实和面积没有关系，面积大并不意味着品牌影响力就大。举个例子，麦当劳是从大店做出来的，还是靠规模做出来的？大家对星巴克的认知是因为旗舰店还是因为规模？所以，在我看来，没有物理空间意义上的小店和大店，只有销售额上的大店和小店，销售额多的就是大店，销售额少的就是小店。

罗妈砂锅创始人杨勇：从市场环境看，受国际、国内等多重因素影响，消费者可支配的消费能力处于下滑状态。这也意味着，小体量、低消费的餐饮模式完全符合当下的市场发展需求。因为市场有庞大的需求量，所以餐饮企业才会顺势而为，用小店模式进行扩张，这是最主要的原因。

美团外卖全国连锁餐饮总经理范天阳：目前，宏观经济波动导致消费需求疲软，餐饮外卖市场也呈现出新的变化趋势，“越来越多的消费者希望用更低的价格享受到不变的外卖品质”，但这给餐饮品牌经营带来了一些挑战。例如，高昂的餐厅租金、固定的服务人工和必要的堂食菜单，使餐饮品牌很难既维持品质又降低价格；况且餐厅堂食与外卖共用团队考核和厨房出餐，如何管控成本也算不清楚。我们发现一些品牌会成立独立的卫星店，专做外卖生意，通过降低房租等非食材成本实现提供低价、高品质的外卖餐品。

餐饮类卫星店也叫品牌卫星店，是餐饮品牌在过去双主场经营（堂食和外卖混合经营）的基础上升级而成的全新外卖门店模型，不提供传统的堂食服务，专注于提供高性价比的品质外卖。品牌卫星店的模式，本质上就是将堂食与外卖剥离，在门店类型和功能上形成差异化矩阵，更能解锁品牌的综合效率。

品牌卫星店的店铺通常面积更小，位于外卖高客流区域，人力及房租成本低，回本周期快，能快速、高效扩大市场覆盖，增加品牌曝光度，并贴近当下消费者用餐需求。品牌卫星店在品牌、渠道、盈利、产品和经营方面具有五大特点：一是继承母品牌资产，消费者天然信任，可快速扩张品牌力；二是选择“热门商圈冷门位置”，面积小，房租成本是堂食门店的五分之一；三是投资少，回本周期半年左右；四是少堂食，更少的 SKU，更多的一人食套餐，降低生产成本；五是管理上、动线上、成本上与堂食都没有冲突。

熊家无二韩式炸鸡创始人李坤：2023 年，餐饮品牌采用小店模式进行扩张，背后的驱动因素有以下几点。一是经济因素：全球经济正在经历一种复杂的转型，经济环境的变化对小型企业尤为有利。随着经济下行压力的加大，消费者更加关注价格适中的餐饮产品，小店模式的投资成本较低，更容易适应经济环境的变化。二是消费习惯：消费者的饮食习惯和消费需求在不断变化。随着健康饮食的流行，越来越多的消费者更倾向于选择新鲜、健康、无添加的食物，小店模式更容易满足这一需求。三是运营效率：小店模式通常具有更高的运营效率。由于规模较小，小店在食材采购、人员管理、库存管理等方面的决策更加灵活，能够更快地适应市场变化。四是品牌建设：小店模式更容易建立品牌形象。通过提供独特的产品和服务，小店能够吸引特定的消费群体，从而建立起忠实的顾客群体。五是风险控制：与大型餐饮店相比，小店模式的风险相对较低。在市场环境不确定的情况下，小店模式能够更好地控制投资风险，降低经营压力。

综上所述，餐饮品牌采用小店模式进行扩张，是多种因素共同作用的结果。通过小店模式，餐饮品牌能够更好地适应市场变化，满足消费者需求，实现可持续发展。

熊家无二韩式炸鸡创始人李坤

## 2. 面积小是表象，效率高是真相

**Q：** 您认为什么样的餐饮企业适合发展小店模式？为什么？对于同一个餐饮品牌而言，在扩张的时候选择大店还是小店，应该从哪些维度去考量？

**北京华天饮食控股集团有限公司党委书记、董事长贾飞跃：** 从目前的市场情况看，小店模式更适合快餐门店，快餐店规模较小，运营成本相对较低，更容易适应不同区域的特色和需求。在扩张时，选择大店还是小店取决于多种因素，包括品牌定位、市场需求、资金投入、管理模式等。如大店更适合建设正餐品牌的体验店或者旗舰店，落地在人口密集、商业繁华的区域。小店更适合快餐、小吃或者轻食品牌，落地在社区商圈、写字楼周边等地方，满足周边居民、上班族的日常用餐需求。

**眉州东坡总裁梁棣：** 小店更适用于写字楼、白领比较多的地方。对于眉州东坡而言，店面规模为200~300平方米，在菜单的选择上就是30多个菜。总体而言，小店需要借别人流量，大店则是需要自身能够带流量，消费者知道你大店的丰富性，就会来了。就像山姆一样，一般都开在远的地方，但它吸引人的地方就在于你在那里能买到很多质价比高的商品。

**小厨娘负责人：** 选择大店还是小店，本质上还是要落到场景里。如果在一个很高客流、很好的购物中心里面，可以把店做小，做得更细，做品效，做人效。但是如果品牌定位得比较中高端，或者是在自然环境比较好的地方，自己要成为一个客流来源的话，就不能太小。

在我看来，未来餐饮的场景一定是分化的。2023年，小厨娘既开了1000多平方米的店，也开了三四百平方米的店，后者对于我们来讲就是小店了。我认为，大店还是小店没有一个标准的答案，关键是要把效率提升上来。

**蒸小皖董事长、合肥市餐饮行业协会会长司武卓：** 关于哪类餐饮企业适合发展小店模式，我们认为：那些拥有品牌积淀或地方品类认知强的企业更有优势。因为与传统的夫妻店相比，这些企业在系统化管理、产品壁垒方面有较大优势，也能实现差异化竞争。在扩张之初，我们建议小店模式，从店铺租金、用工人数、产品数量、复制难度等维度综合考量。建议从大中餐里面选几个代表性产品做单品突破，做小店模式。

小厨娘

**Q:** 经营“小店”需要做好哪些方面的功课？其中最核心的是什么？

冰火楼董事长胡艳萍：冰火楼外膳店在创建初期最大的困难就是经营理念和运营模式的转变以及成本的精细化管理。在经营管理上，小店模式不能简单复制大店。早期在没有做市场调研的情况下，我们曾把大餐饮的厨房模式复制到小店去做，结果成本高、亏损重且管理混乱，后来我们一个店一个店地不断打磨迭代，逐步形成外膳店标准化的流程。因此，我们认为，小店模式最核心的是需要建设适合自己的标准化流程：投资金额、人员数量、人均产值、人效等各项指标都要有标准化的考核。

北京华天饮食控股集团有限公司党委书记、董事长贾飞跃：小店模式赢在选址、选品，也容易败在选址、选品。小店模式更适合人流集中的商圈，适合大众化消费，选址是否正确是决定能否快速吸引人流的首要条件；其次在选品，小店模式 SKU 相对较少，一般主推一个到两个爆款加几个吸引款，用“种草”产品来宣传，用高毛利产品来支撑利润，同时要兼顾产品的丰富度，不会让顾客产生审美疲劳。此外，与大店更注重与顾客的情感交流不同，小店对效率的要求更高。这就需要小店做好数字化、智能化，能够更加快捷、准确地处理信息。

眉州东坡总裁梁棣：做小店挑战很大，一是要有极致的菜品。小店因为菜的品种比较少，所以对每一道菜都会特别挑剔，需要道道都是精品。因此，我们也一直在升级一些老的菜品，比如我们将鱼香肉丝升级为“有鱼的鱼香肉丝”。二是要有极致的效率。白领就餐时间就是一个多小时，这就需要厨房快速处理菜品。同时因为店面小，每一点的面积都要经过计算，抠每一个细节。包括岗位、菜单的安排，包括厨房要放几个冰箱、怎么摆放，前厅的座位怎么摆放等。小店的经营都藏在这些细节里。

罗妈砂锅创始人杨勇：大店为什么要大？因为要场景化，要把场景主题化，让消费者产生不一样的体验感。但是小店不需要，小店是聚焦在产品维度，用产品满足顾客需求就足够了。因此，小店对产品的要求会更高。举个例子，一个大店的 SKU 可能会多达 50~80 个，但是小店基本上控制在 20~30 个，甚至有一些相对极致单品型小店，会控制在 10 个以内。这种情况下，小店对产品质量的要求也会更高。需要强调的是，小店精选这些产品之时，一定不能单单以爆品思维进行衡量，尤其是不能像大店一样，通过低价促销等营销方式打造爆品，如 20 元钱的产品卖出 5 元钱甚至是 1 元钱的价格。而是一定要紧紧围绕客户需求，持续性地解决客户的问题和需求。如果单纯以爆品思维去经营小店，一定会带来严重的后果。

艳阳天创始人余震彦：小店和大店在管理上是完全不一样的。比如，在店长的选择上，20 岁的店长就可以胜任小店的管理，因为小店的管理是标准化、模式化的。大店则完全不一样，因为大店的客群对品质的认知、对情感的需求和小店的客群完全不一样，小店的标准化模式无法满足大店客群的需求。此外，突发事情的处理、内外的关系处理等都需要去考虑。这十分考验店长的经验、阅历、认知和判断力，没有 5~8 年的经验，不可能驾驭一个品牌。总结来说，小店发展靠标准，大店发展靠管理。

蒸小皖董事长、合肥市餐饮行业协会会长司武卓：经营小店并非易事。我们认为，要让小店大有作为，重中之重是中台数字化、产品经典化和总部服务化。通过中台数字化，可以作出更准确的策略与决策；有了经典的产品，可以引流更多的消费者进店；总部服务化，能确保门店端更专注产品品质和服务，不需要单店考虑营销、管理等。

罗妈砂锅

## 3. 大店打品牌、小店做销量

**Q:** 从实际经营效果看，大店和小店各自在哪些方面会表现得更加突出？大店和小店的定位会有什么不同？

北京华天饮食控股集团有限公司党委书记、董事长贾飞跃：大店通常有更多的资源投入，能够更好地吸引目标客户群体，对品牌和知名度的提升有很大的帮助。同时，大店有更宽敞的场地，能够给顾客带来更好的消费体验。小店则胜在灵活性强，在定位调整、产品更新上可以快速反应，能够更好地贴近当地消费者。因此，大店会扮演品牌形象展示、大型活动承办、线上线下融合、精致体验店等角色；小店会扮演社区服务、个性化服务提供，社区影响力传播等角色。

眉州东坡总裁梁棣：大家都去做小店，都去做速度的时候，大店其实承载的是一种情感的交流，更注重的是宴会和家庭聚会。总结来讲，大店沉淀的是品牌，沉淀的是一吃就是几十年甚至几代人的忠实用户，小店追求的是流量。当然，每一个层级的消费者都有自己的特点，餐饮企业需要静下心来去思考：大店和小店的客户群体是什么样的，自身的特点在哪里，该如何去满足这个市场。

小厨娘负责人：从实际经营看，小店的数据会好看一些，但是大店客人消费、服务的层次会更好一些，大店产生的品牌效应会更好。在定位上，大店和小店的目标客群会不一样，大店会做一些高品质的会员，小店则是小而精，增加人气，增加品效。

熊家无二韩式炸鸡创始人李坤：在餐饮品牌的发展中，大店和小店由于规模和资源的差异，通常会有不同的定位和角色。小店通常更加灵活，能够快速适应市场变化和消费者需求。小店通常更加注重特色和个性化，提供具有地方特色或者独特口味的美食；小店在品牌建设方面也更加容易操作，可以通过社交媒体等渠道快速传播口碑；小店在选址方面也更具有弹性，可以在繁华商业区或者居民区等地开设，吸引周边消费者。

大店则通常更加注重规模效应和品牌形象。大店通常拥有更多的资源和资金，可以用于供应链管理、品质控制和员工培训等方面的投入；大店在产品和服务方面也更加标准化和规范化，能够提供更加稳定和高质量的美食。

综合来看，大店和小店在餐饮品牌的发展中各自扮演着不同的角色。小店更加灵活、个性化，适合打造特色品牌；而大店更加注重规模和品质，适合打造标准化、高品质的品牌形象。品牌可以根据自身情况和市场环境选择适合的规模和发展策略。

蒸小皖董事长、合肥市餐饮行业协会会长司武卓：分析大店与小店的实际经营表现发现，大店做形象，小店做数量。大店在节假日更受家庭客群的青睐，而小店在工作日更受白领群体的欢迎。在蒸小皖的布局中，大店为体验性门店，更加注重满足顾客追求美食体验时的需求，以树立品牌为主。小店为刚需型门店，是可以快速复制、长效发展的万店模型，能够保障蒸小皖的营利性。在我们看来，大店和小店是相辅相成的，一方面立足大店提高品牌知名度、市场感知度；另一方面，借力小店保障营利模型的复制，实现规模扩张。

蒸小皖董事长、合肥市餐饮行业协会会长司武卓

## 四、向“源头”出发，餐饮供应链走入田间地头

“21 世纪不是公司与公司之间的竞争，而是供应链与供应链之间的竞争。”英国经济学家马丁 · 克里斯多夫的这句话正在持续不断地被餐饮业证实。特别是在餐饮内卷越发严峻的当下，供应链已经被众多餐饮企业视为掌握“议价权”的关键，视为打造爆品的撒手锏。但供应链链条很长、很多又很复杂，盲目投入收获的可能不是金山。

面对趋势和挑战，餐饮企业该怎么办？是放下一切全力自建，还是将命运交给别人？未来，餐饮供应链的发展趋势和机会点又是什么？

以下内容为访谈实录。

## 1. 拼爆品，更拼供应链

Q：在餐饮业近些年的发展中，"爆品"现象频出，甚至一个爆品可以打开一个小赛道，一款经典爆品可以成就一个品牌并支撑其快速发展，但"爆品"现象的背后，除了前端策划，还有后端供应的稳定性保障，一个爆品出现后，最受挑战的是供应稳定性的问题。您会如何看待这一行业现象？是否有案例或经验可分享？

内蒙古额尔敦实业（集团）股份有限公司董事长额尔敦木图：做爆品，离不开好原料。源头的原料好了，爆品才好做。如果没有好原料，就没有高标准，爆品就无法实现从网红到长红的升级。以羊蝎子为例，现在市场上的羊蝎子很多，却没有一个真正的爆品，而额尔敦可以为市场提供真正的天然绿色的草原羊，不用任何科技与狠

内蒙古额尔敦实业（集团）股份有限公司董事长额尔敦木图

活，只用白水煮就可做到没有膻气。羊杂、羊腿、羊肉串也是一样。我们随便拿出羊身上的一部分，都可以做出爆品。

蜀海总经理龚力："爆品"现象的背后逻辑是餐企品牌在供应链侧对源头的深入。过去，餐饮行业上下游信息沟通不畅，产业联动能力弱，企业之间也缺乏合作。然而，随着"三产融合"和数字化建设的加速推进，越来越多的餐饮品牌开始将供应链延伸到田间地头，加强对供应链的控制，提高品牌的竞争力。同时，供应链和大单品的飞轮效应也推动了餐饮品牌的正增长循环。例如，丰茂烤串选择的苏尼特羊肉这个爆品：蜀海供应链与丰茂烤串每年 8—

蜀海总经理龚力

10 月会共同到内蒙古苏尼特草原进行原料品质加工考察，驻场人员与牧场员工同吃同睡，共同制定优化从屠宰到加工的标准，实现全产业链一键扫码追溯。这种举措不仅有助于保障食材的品质和供应的稳定性，还能够提升品牌的形象和竞争力，实现可持续发展。

肥肥虾庄创始人柴标："只用大虾，形成品牌高辨识度"，这是我们打造爆品的核心做法。众所周知，在龙虾批发市场上，超过 5 钱（计量单位，1 钱 =5g）重量的小龙虾就算大虾，但是在小龙虾上市的旺季肥肥虾庄就要选用 8 钱以上的大个头虾，即便是在小龙虾最热、竞争压力最大的那几年也没有例外。这显然需要稳定、完善的供应链系统支撑。为了保证产品品质的稳定，提高市场竞争力，从 2015 年起，肥肥虾庄还开始在供应链端加注，并与湖北粮油集团在供应链端达成战略合作协议。

巴蜀大将创始人毛晓佩：巴蜀大将的产品

巴蜀大将创始人毛晓佩

理念是只做天然新鲜的美味，聚焦到现切牛肉、现切吊龙伴的大单品。大家都知道，供应链的新鲜是最难的。如何做到呢？我们的经验是首先做好地理性标志产品全国采购；其次，做好供应链源头直发，缩短从源头到餐桌的链路；再次，要依托第三方战略合作伙伴进行深层次合作；最后，这所有的一切都离不开我们的信息数据化建设。有了稳定的供应链，餐饮企业只需要做到外看市场竞争和客户需求、内看客户点击率和团队内功这两点，做出爆品就是水到渠成之事。

探鱼创始人、蔡澜港式点心创始人王力加：餐饮赛道如今品类教育已经基本完成，用户增长也基本抵达了天花板，大家的产品创新或多或少都遭遇瓶颈。在这个时代背景下，品牌除了拼研发能力之外，供应链等硬实力就成了重中之重。可以说，如今餐饮业已经从拼爆品走向了拼供应链的时代。2023 年探鱼有多款爆品，例如 4 月推出的鲜青椒葱葱烤鱼以及 10 周年庆之际推出的鲜青椒蛙哈哈烤鱼。这两款爆品有一个共同的特点，都是在探鱼的招牌口味烤鱼的基础上，做了微创新，增加了一个更复杂的味型层次和高价值的配菜。在我们看来，产品本身的产品力是爆品成功的基础。此外，能否为消费者提供更多的情绪价值，让消费者感受到这个新品不仅口味好，还能有更好的体验感，也是我们做爆品的一个重要的原则。

探鱼招牌爆品

## 2. 与其大而全，不如聚焦优势品类

**Q:** 当前，餐饮企业在面对供应市场时，最显著的痛点或问题有哪些？

蜀海总经理龚力：首先，食品安全和质量控制是重中之重，但市场中存在的食品安全隐患、质量不稳定等问题，给企业带来了巨大风险。其次，成本控制和价格波动也直接影响企业的利润，原材料价格波动、供应短缺过剩，以及供应商价格不透明、中间环节过多等因素都可能导致成本上升。再次，可靠性和稳定性也是一个问题，交付延迟、缺货、供应中断等都会影响企业的正常运营和客户满意度。最后，供应链的可视性和可追溯性对于餐饮企业至关重要。

小厨娘负责人：第一，把供应链做得成本太高了。供应链对很多企业是个包袱，有很多企业门店都很赚钱，但是被供应链拖垮了。第二，把供应链想得太复杂了。其实供应链没有那么复杂，每个企业发展的阶段不同，做合适的事情比较重要。对于我们来讲，第一代的供应链就 500 多平方米。我认为，供应链千万不要把成本做高，更不要做得太复杂。

黄大妈超级木桶饭董事长李伟波：食材供应的质量不稳定与价格的不稳定，是餐饮企业面临的一大风险。例如辣椒，不同季节月份产地的辣椒，都会存在辣度、水分、脆感差异，容易导致出品与成本的不稳定。所以我们也在整合源头生产基地，以保障核心食材的供应链，从而确保价格稳定与食材稳定。

黄大妈超级木桶饭董事长李伟波

吉祥馄饨董事长张彪：对于做供应链的餐饮企业而言，产品口味稳定性和新鲜度至关重要。很多企业都会面临一个问题：用心研发做出来的产品，结果到了门店后口味就不对了。所以，如何保证产品从出厂到门店，再到消费者餐桌，最大限度还原新鲜现做的口感，让消费者始终享用到品质如一的食品，是我们餐饮企业面临的首要挑战。

**Q：** 得供应链者得天下已经成为餐饮业的共识。但不同发展阶段的餐饮企业对供应链的需求肯定是不同的。在不同的发展阶段，餐饮企业在供应链上应该用什么不同的打法？比如，是外包还是自建？有哪些陷阱需要规避？

内蒙古额尔敦实业（集团）股份有限公司董事长额尔敦木图：从成立伊始，额尔敦在供应链上一直坚持自建。但我们并不反对外包，尤其是餐饮品牌初创之时，多一个合作伙伴就是多一条路，找到优秀的合作伙伴对于餐饮企业而言可能会更好。但无论是自建还是外包，核心都是品质、品控和品牌。28 年来，额尔敦始终坚持做草原羊。无论是规模小，还是规模大，我们始终坚持品质。因此，在我看来，供应链建设以及经营管理最重要的就是两个字——“坚持”。

蜀海总经理龚力：蜀海供应链目前正向共享、共创、共生的模式探索，所以秉承的是“专业的业务交给专业的公司去做”的原则。自建供应链虽然有自建供应链的优势，但更应该综合投入、人员、技术、管理等供应链建设所必需的要素进行判定。餐饮品牌应该明确自己的核心竞争力，可以通过外包获得高质量的供应链服务，使品牌更专注于核心业务的发展。蜀海有很多客户都是从自建供应链转向了与我们合作，这也印证了蜀海供应链存在的价值。

冰火楼董事长胡艳萍：冰火楼古玥新供应链已经有近 5 年的时间。我们之所以做供应链，一是为了保证食材的品质和安全，做健康饮食。二是为门店的拓展和扩张提供保障。从这个角度上看，当餐饮企业发展到一定规模，进入快速扩张期时，就需要供应链的支持，自建或外包都是可行性的方案。当然，供应链属于重资产投入，这就需要餐饮企业能够有长期主义精神，在建设供应链时，不能注重一时的盈亏，要抛弃“挣快钱”“短平快”等思维。

长沙五十七度湘餐饮管理有限公司创始人汪峥嵘：餐饮行业的上游供应链长、多、复杂。大而全是肯定管不过来的。一个餐厅对于产品的建设应该都围绕招牌菜来做，而招牌菜一定要有核心原材料以及独特烹饪方式所需的调味料（酱料），所以餐饮供应链的建设首先就应该围绕上述原材料和调味料来做建设。其次，就是大宗原材料的供应链建设。当你的企业到了一定的规模，影响你成本结构的关键原材料肯定要做单独的建设，不论是深度绑定合作方也好，自建生产基地也好，甚至是利用期货市场做对冲也好，目的都是确保可以持续、稳定地供应，让企业的成本不太受市场波动的影响。目前，我们正在围绕核心优质原材料建设供应链。比如，我们自己建设鸽子的养殖场、优质鱼类的养殖基地，在湘西、云南等地建设腊肉、牛肉、菌类、优质蔬菜类的供应基地等。

和合谷总经理赵京：品牌扩张的基础是供应链，餐饮品牌的竞争本质上就是原材料价格的竞争，谁有供应链谁就有议价权，谁就可以提供更高“质价比”的产品，实现品牌的高速逆袭发展。

对和合谷来说，供应链会是品牌重点方向之一。至于是自建、共建还是外包，我们认为，刚需、“卡脖子”且能全部使用的原材料必须掌握在自己手里，比如大米。目前，和合谷水稻基地已有近万亩规模，保证了优质大米持续供应至门店。那些部分使用的

和合谷总经理赵京

原材料则可以找靠谱的合作伙伴一起做。

探鱼创始人、蔡澜港式点心创始人王力加：探鱼 10 周年的战略发布会上，已经全面放开了全球加盟的发展方针，我们今年目前的新开店计划也在几百家以上，未来这个数量会更多。越来越多的门店，就代表着几何倍数增长的需求，如此大的需求量，要求我们必须从源头做起，自建供应链是大型连锁餐饮品牌最终一定会走的路。探鱼从很早就开始自建供应链，建立中央厨房，不仅是为了支持规模的扩张，更重要的是，只有这样，我们才能更灵活地调动产品的研发、生产，并且从源头上控制原料的货源。烤鱼作为一种中餐的大正餐品类，工艺复杂，用到的原配料非常多，保证每一种原料的质量和供货稳定性，就必须从源头上去管控，这也是探鱼很早就开始探索自建供应链的原因之一。而且随着品牌规模的逐步扩张，自建的供应链满足了对自己品牌门店的稳定供货后，还可以探索向外的道路，为更多的品牌提供价值和服务，这也是未来探鱼的第二发展曲线。

吉祥馄饨董事长张彪：外包还是自建，可以根据公司规模大小、自身优势以及产品属性来判断。例如，初创期的餐饮企业通常规模较小，资源有限。在此阶段，选择外包供应链可以降低成本和风险。随着企业的成长，则可以逐渐自建供应链，以提高控制力和灵活性。此外，如果企业的核心竞争力在于产品研发和品牌营销，而非供应链管理，那么外包供应链可能是更好的选择。这样可以将更多的精力和资源集中在核心业务上。

选择自建供应链还有一个比较重要的维度就是：产品属性。中国最早的一批建立中央厨房的餐饮，基本都是火锅，其标准化程度高，中央厨房能保证口味的稳定性。馄饨这个品类，也是能做到高度标准化生产的。所以我们从第二家门店起就开始建立中央厨房了。

吉祥馄饨董事长张彪

老阿爸浙江土菜集团负责人周晟

老阿爸浙江土菜集团负责人周晟：我们基本上是自建供应链，然后再以局部某些板块找别人合作。这有时代的因素在里面。10 年前，餐饮供应链是不完善的，品牌要做大规模，就必须做供应链，不做供应链就会阻碍未来发展。但是供应链的管理其实比餐饮还要难，我们当年投渔业合作社，投鸡场，就是因为没有选好人，最终失败了。现在，餐饮供应链已相对完善，餐饮品牌也不可能走到哪里，就将供应链建到哪里，有时候借助别人的供应链反而做得更好。有些品牌没有供应链，就没有包袱，走得也更远。像我们这些有供应链的企业，只能围着周边打了。

因此，我的建议是，品牌发展初期，专注度应该在顾客和餐饮上面，如果把精力或资金分散到供应链，可能会影响前端的运营，而前端做不好，供应链就没有什么用。尤其是前期千万不要建工厂，很多同行就是因为在这上面投入较大，成了企业发展的负担。到了中期或者快速发展期，有一定的实力跟资本的时候，再考虑要不要自建供应链。

## 3. 供应链的下一步，深入源头

**Q:** 您认为餐饮供应链服务市场的下一步发展趋势和机会点是什么，在下一阶段的主要布局或战略上会如何考虑这些?

蜀海总经理龚力：中国餐饮行业业态本身复杂多样，经历疫情后，在供应链服务业态上以食品安全溯源体系为首、以数智化绿色化建设为主要方向的餐饮供应链建设，是中国餐饮上下游企业的共同发展机遇。未来蜀海供应链会围绕打通上下游的一体化供应链，以共享、共创、共生的理念进行模式探索，完善数智化建设，提高服务质量。

和合谷总经理赵京：供应链走向源头是餐饮行业的大趋势。随着国民健康意识的增

和合谷招牌产品

肥肥虾庄

强，健康、绿色、营养已成为餐饮行业的关键词，但好的原材料是极其稀缺的。另外，从商业价值上看，深入源头不仅使餐饮企业拥有议价权，还能同时拥有外销权，通过供应链实现降本增效。因此，将会有越来越多的餐饮企业在供应链建设上深入源头。

肥肥虾庄创始人柴标：随着中国餐饮连锁化的快速增长，未来餐饮品类会逐步细化，每个品类都会出现超级头部餐饮品牌，如何从自己的品类中杀出，最核心的能力就是品牌对供应链的掌控能力。拥有自己供应链的品牌才能从市场竞争中胜出。所以我认为未来餐饮供应链建设的主要趋势是品牌拥有自己的、成熟的自建供应链。

黄大妈超级木桶饭董事长李伟波：我认为供应链未来发展的趋势是从源头到门店，去中间化；让产地生产信息跟门店进销信息更精准、更高效；通过数字化的工具，让生产更放心，让门店库存更清晰，减少浪费，减少不必要的成本，更加透明、更加公开。

巴蜀大将创始人毛晓佩：我认为供应链的发展趋势永远绕不开市场和顾客需求，基于这些需求，未来餐饮产业将呈现双极向发展。首先，预制菜将会是新的发展机会；其次，绿色健康产品仍然是供应链主流发展趋势。同时，还要不断加强信息化数据化建设，构建信息数字化供应链，整合市场资源，从门店端到供应链端，实现产业互通，资源互补，优势共享，抱团发展。

黑珍珠餐厅指南负责人唐燕：精致餐饮行业的趋势之一就是利用本地食材、本地元素打造餐厅的独特性。一方面，中国味蕾在释放了对世界的好奇后，还是会更多地回归到根植于基因、从儿时培养形成的味觉习惯；另一方面，餐厅构建竞争优势要做到扬长避短，中国美食文化千年的沉淀，厨师、主理人几十年对身边动植物食材的理解等，都是我们天然的优势。

吉祥馄饨董事长张彪：供应链的未来发展趋势包括设备先进化、供应链数智化、完善食品安全溯源以及整个供应链效率提升等。随着吉祥门店的扩张，下一阶段我们还会加大先进设备的升级与应用，确保生产工艺和效率提升，让吉祥馄饨的每一款产品在触达消费者的时候，都能得到口味稳定性保证。同时，食品安全追溯也一直是我们关注的重点，公司已经初步搭建食品安全追溯系统，实现从源头到餐桌的全程追溯。此外，供应链效率的提升仍然是我们的发展重点。目前，吉祥馄饨拥有三大生产基地，并在全国设立了五个大区，服务区域内门店。未来，我们还将在开店集中度高的城市，继续建设供应链工厂及中央厨房，进一步缩小服务半径，实现各个地区的生鲜配送高速响应。

老阿爸浙江土菜集团负责人周晟：供应链向源头延伸是大势所趋。我们很多供应链已经渗透到原产地了，以前是浙江的好食材，现在随着供应链的完善，已经是全国的好食材，比如澜沧江的鱼、焦作的铁棍山药、浙江的土鸡、广西荔浦芋头，等等。在过去的 2023 年，我们也一直在寻找更多好食材的源头。这样做，既能保证供应链的稳定，又能在源头上拿更好的溢价。

# 五、餐饮连锁化步入最好、最旺盛的新阶段

2023 年以来，一些餐饮品牌在拓店上的速度令人瞩目。

湘菜品牌兰湘子，自 2019 年成立以来，每年的开店数量都在以倍数增长。2022 年，其门店数量是 100 多家；2023 年是 257 家；2024 年，兰湘子的战略目标是突破 500 家。

在火锅赛道，成立于 2021 年的萍姐火锅，在两年多的时间里，开出了 192 家门店。2024 年，萍姐火锅的战略目标是突破 300 家。

在茶饮赛道，同样是成立于 2021 年的柠季，三年间已经开出了 2200 多家门店。

……

餐饮品牌拓店速度变快背后，原因何在？连锁化持续加速之下，餐饮品牌如何才能连得起、锁得住？在大中城市和下沉市场，连锁餐饮品牌的扩张策略又该有何不同？

*以下内容为访谈实录。*

## 1. 中国餐饮连锁发展迎来黄金 20 年

**Q:** 餐饮品牌的门店规模从 50 家增长到 200 家及以上正在变得更快，您如何看待这一变化？您认为，这背后的原因是什么？

内蒙古额尔敦实业（集团）股份有限公司董事长额尔敦木图：从额尔敦的发展历程看，餐饮品牌的门店规模从 50 家增长到 200 家及以上确实速度变得更快一些了。从第 1 家店到第 50 家店，我们用了五年时间；从第 50 家店到第 100 家店，我们用了两年时间。从第 100 家店到第 300 家店，我们计划的时间是两年。为什么会出现这种情况？一是供应链的日益完善，可以使我们基于羊肉的细分产品做裂变。二是门店模式的日益成熟。近年来，我们研发了各类不同的门店模型，并进行了单店的试营业，也甄选出了各方面效果都比较好的门店模型。

香港洪氏集团副主席、合兴集团控股有限公司执行董事兼行政总裁洪明基：关于这个问题，我认为当一个品牌达到 50 家时，它已完成了以下重要的几件事情。

第一是标准化成熟。只有标准化才能实现连锁，否则很难达到连锁，并且速度不会太快。因此，当一个品牌有 50 家店时，标准化已成熟，可以实现快速复制。

额尔敦产品

第二是商业模式到盈利模式成熟。有50家门店之后品牌已经相当成熟，品牌非常清楚店铺的消费场景、开在哪里会盈利，开店的成功率大大增加，不用再担心开店亏钱，可以通过新开店的现金流来支持开出更多的店。

第三是人员快速培养机制建立起来。我们都知道店长的培养在开始阶段并不容易。当发展到一定规模时，有了50家的基础，就会形成一套完善的快速人员培训管理体系，这将使人员复制能力大幅增加，可以支持快速开店。

第四是可以建立自己的采购供应链体系。这个体系建立后，整体供应成本就会下降，这也可以支持快速开店。

朱光玉火锅首席创始人梁熙桐：一是因为信息交互越来越快速、便捷，极大缩短了消费者认识、接受餐饮品牌的时间。二是餐饮品牌的专业化程度越来越高。过去，餐饮经营是粗放式的；现在，餐饮经营越来越科学化。这首先表现在对供应链的重视上。连锁化首先要解决的是后端，如果不解决后端供应链的问题，前端品牌势能拉得越高，跑得越快，越容易出问题。以朱光玉火锅为例，2020年品牌创立伊始，就开始着手建设供应链。再如，在管理上，我们实行驻区管理制度，督导和运营经理会深入加盟门店，便于对加盟商进行辅导和管理。

柠季创始合伙人汪洁：连锁加盟全面竞争时代已经开启，并且连锁加盟生态正在底层上发生变革。具体包括以下三点：其一是加盟商的职业化，加盟商普遍开始拥有独立的自主判断、敏锐的商业嗅觉和强大的作战团队；其二是基础建设的成熟化，可以理解在“高速公路”上能实现更广的现代物流生态、更优的品牌化转变、更快的信息技术和更懂的大数据，供应链企业和服务商企业则成为背后随时补给的“加油站服务区”；其三是品牌方的巨头化，茶饮 Old money（传统品牌）在排队上市，New money（新贵）在拼铁人十项全能赛。全面竞争时代需要 360 度无死角，在供应链、数智化、人才和组织、整合营销等方面全维度发力，长板足够长，且不能有短板。高阶竞争是让当下的竞争对手变得无关紧要。在竞争 1.0 阶段，是个体的竞争；到了竞争 2.0 阶段，变成了品牌的竞争；再到竞争 3.0 阶段，则比拼的是基建竞争，包括数智化、全供应链以及人才和组织的能力。

柠季创始合伙人汪洁

这是中国餐饮连锁化率提高的必然结果。近年来，我们已经进入一个更加理性消费的时代。因此，这要求餐饮企业加速转向以新产品和新技术为核心的运营模式。同时，需要企业拥有更高的运营效率，加强供应链和数智化管理手段，不断创新产品和服务。这些都在推动中国餐饮连锁化率的提升，并加速餐饮企业的规模扩展。

这也是加盟连锁企业和加盟连锁生态相互促进的必然结果。随着加盟连锁生态的逐步成熟，加盟连锁企业可以更好地利用原材料供应、营销渠道、供应链管理、财务管理、人力资源管理等方面的资源，提高效益。与此同时，加盟连锁企业的快速发展也对加盟连锁生态提出了更多新的要求，推动加盟连锁生态快速自我更新。这种双向的促进极大地推动了行业发展的加速。

萍姐火锅联合创始人王一涵：从宏观角度看，未来中国餐饮业的发展一定是走向连锁化的。美国的肯德基、麦当劳是经过100多年的发展才走到今天，而中国餐饮

萍姐火锅联合创始人王一涵

走连锁化道路也就 20 多年的历史。这也意味着，中国餐饮连锁化有很大的发展空间，连锁门店规模增长速度变得更快在情理之中。从微观角度看，首先是因为越来越多的跨界人才进入餐饮行业，让餐饮这个生态体系的综合能力变得越来越强。系统能力越强，餐饮业的发展速度就会更快，效率就会更高。其次，数字化、信息化不仅提升了餐饮企业的管理水平，也使信息的传播速度变得更快，优质的餐饮品牌可以快速触达消费者。因此，餐饮品牌的门店规模从 50 家增长到 200 家及以上，会变得比以前更快。

和合谷总经理赵京：从外部环境看，基础设施的互联互通为餐饮供应链的发展提供了良好的硬件基础，供应链体系的优化为餐饮品牌的快速扩张提供了保障。从餐饮企业内部看，标准化程度的提升、人才管理体系的成熟为品牌扩张提供了源源不断的内生动力。以和合谷为例，我们持续优化管理激励方式，通过内部核算、“包产到户”等方式激发管理团队的主观能动性。正是在上述多重因素的综合作用下，2023 年成为和合谷发展速度最快的一年。

蜜城之恋品牌创始人樊昌勇：随着信息时代的发展，行业的发展越来越规范，招商

蜜城之恋品牌创始人樊昌勇

途径也越来越多；同时，新媒体的兴起，为越来越多想创业的人提供了更多更好的高质量品牌的选择。这些因素综合作用下，餐饮品牌门店扩张速度越来越快。

稻古捞面董事长冯鼎大：品牌从 50 家增长到 200 家及以上的门店变得更快的变化，主要是由连锁化趋势引发的。伴随着个体经营者减少，品牌连锁餐饮的市场占比明显增长，特别是在品牌初期野蛮生长的阶段，门店数量 50~200 家比以前更常见。然而，当品牌规模超过 300 家时，品牌的运营能力和生命力就会受到严峻的考验。

茶话弄创始人黄婧松：中国人均 GDP 几年前就超过 1 万美元，中等收入人群规模持续增长，人们的消费需求在不断升级，市场供应从数量满足发展为质量优先，品牌化、连锁化是必然趋势。国外发达国家成熟市场的餐饮连锁化率基本都在 50% 以上，国内的餐饮连锁化率正在加速成长，其中茶饮行业发展最为迅猛，已经超过 40%，但也仍然有上升空间。

茶话弄创始人黄婧松

此外，中国的互联网平台企业发展速度在全球独树一帜，这从技术层面赋能了中国餐饮业的连锁化发展，门店选址、会员管理、精准营销等餐饮经营运作，都比10年前变得更加高效，发达国家的餐饮连锁化进程中没有这样的助力，所以我们有理由相信，中国的餐饮连锁化发展速度以及未来的发达程度，一定是超越前人的。

仙隐小鹿中华料理董事长秦尉纯：餐饮服务行业是产业链最末端，随着上游企业的成熟发展，特别是中餐产业化推进，包括食品企业、物流仓储企业、数字化企业等在内的各方为餐饮服务行业的规模化扩张奠定了核心基础能力。毋庸置疑，未来20年，是中餐产业化推动中国餐饮连锁发展的黄金20年。

美团餐饮 SaaS 客户发展部负责人徐虎：美国餐饮的连锁化率达到50%以上，是一个可以参考的标准。2023年国内餐饮连锁化率超过了20%，我们看到连锁品牌在过去克服了很多标准化和管理层面的挑战，同时也有一些势能在助力国内餐饮连锁化率的提升，因此未来依然是一个餐饮连锁发展的黄金期。回看西方餐饮的品类，其实没有国内餐饮品类那么丰富，特别是美国连锁餐饮的品类非常集中，标准化程度高。在国内餐饮的各种品类里，我们都看到了众多成功的连锁品牌脱颖而出，可以看到连锁化不仅限于一些轻快餐品牌。这归功于以下几点：一是供应链体系的投入和发展；二是在巨大的人口基数上品牌对于用户需求的洞察，对于细分品类和场景的理解；三是市场上涌现出更多连锁管理的人才。在势能层面，商场和商业街的体量增加给了连锁品牌发展的机遇，同时在当今社交媒体和平台经济的发展下，无论是 toC 用户端还是 toB 加盟商端，都有了更高效、更具规模效应的通道来提升品牌影响力。未来下沉市场依旧是不可低估的市场。

黑眼熊寿司总经理张城鑫：当下餐饮的生态在不断地成熟，如行业专业人才的加入，数字化系统的配套建设，供应链的成熟以及信息化时代信息更加通畅等。在此背景下，从0到50的初期更难，但有了初步模型后从50到100，100到200时间会缩短。

去茶去品牌创始人郑剑：连锁品牌发展的路径和形式越来越成熟。比如，加盟、直营、联营等路径越来越多元化，区域代理、内部员工入股等形式越来越成熟。另外，供应链发展迅速，全国性的冷链、物流代仓、前置仓越来越强大，资本推动的食品加工业和预制化的技术越来越成熟，很大程度上解决了连锁品牌全国布局跨区配送的痛点。

去茶去品牌创始人郑剑

## 2. 尊重餐饮本质，才能“连得起、锁得住”

**Q:** 您认为连锁化经营最需要做好的是哪几件事？需要规避哪些陷阱？

兰湘子联合创始人陈波：2019 年兰湘子有 3 家门店，2020 年是 20 家门店，2021 年是 80 多家门店，2022 年是 100 多家门店，2023 年门店数量为 257 家，2024 年我们的战略目标是门店数量突破 500 家。这个目标十分具有挑战性，需要我们的组织力、人才储备、后端支持、中台建设各方面匹配。因此，连锁化经营需要我们有逆向思维的能力，倒推思考一个 500 家店的品牌应该具备什么能力。举个例子，兰湘子 2024 年是要开 260 家店。基于这一战略目标，2023 年下半年就得陆续进行各方面的人才储备，从区域总经理到店长再到厨师团队都要进行前置化的人才储备。

需要指出的是，餐饮品牌快速扩张之时，并不适合进入竞争激烈或成本较高的市场。因为当品牌快速发展的时候，内部的机制、策略、产品、服务的模型也在高速地扩张和迭代，需要不断地完善。比如，兰湘子在进入北京市场后，会从一些偏远的地方开始做，去训练模型，研究和迭代盈利模式，研究产品服务是否匹配市场。在所有打磨好之后，才会进入核心区域发展。

连锁化经营，品牌营销和用户运营也至关重要。这中间有一个很重要的点，即很多时候大家对平台的公域流量和私域流量有很大争议，很多人说公域流量贵，要做私域，我觉得这是个伪命题。无论是公域流量还是私域流量，能转换成品牌流量的都是好流量。所以，要始终坚持“顾客在哪里，品牌就在哪里”的原则，顾客在美团、大众点评等平台，品牌就要去美团、大众点评等平台。

重庆小天鹅集团创始人、总裁何永智：连锁化经营需要做好四件事，首先是模式一定要好，其次是标准化的产品，再次是要有团队，最后是一定要有品质。千万不要去“割韭菜”。一些餐饮品牌刚出来，模式还没有跑通就开始做加盟，虽然一年开了

兰湘子

重庆小天鹅集团创始人、总裁何永智

上百家连锁门店，但大部分都死掉了，这样永远无法把口碑做起来。因此，餐饮人一定要有耐心，一开始的大和小并不重要，只要有耐心，脚踏实地，就能实现可持续发展。因为品牌是岁月沉淀的，是拿钱买不到的。

此外，我认为做连锁一定要水到渠成，不能够去挖渠引水。2007 年，小天鹅曾引入了一些风投资本。资本进来后，希望上市，职业化，让职业经理人来操作。现在回过头来看，创始人永远是一家餐饮企业的灵魂，如果灵魂走了，就很容易出现问题。后来，我重新掌舵小天鹅后，做了一系列调整。现在，小天鹅虽然没有以前规模大，但盈利能力更好了。我相信，按照现在的模式发展下去，小天鹅终将成为一个百年品牌。

香港洪氏集团副主席、合兴集团控股有限公司执行董事兼行政总裁洪明基：我想从投资人的视角为连锁化的发展提供一些不一样的视角。首先，连锁化经营要先定产品，产品是大众需求的，而不是小众的，只有这样才有消费频度和销量，也可以说是要在大赛道里找差异。其次，是产品容易标准化和预制化，这样不仅能够提高效率，还可以降低投资。

**紫光园总裁刘政：**10 年前的餐饮行业是九死一生，现在可能是百里挑一，未来的餐饮绝对是一个竞技场：是企业和企业之间的竞争，创始人和创始人、组织和组织的竞争。面对新的竞争环境，紫光园的应对宗旨是“八力六量”。“八力”即心力、定力、精力、能力、学习力、执行力、创新力和生命力。“六量”即质量、存量、能量、流量、声量和增量。

紫光园目前有 180 多家门店，我们不会为了规模而规模，而是低下头来，深耕现有的门店和存量客户。我相信，在深耕存量的基础上，加上“八力”和质量，我们可以用 10% 的动作，创造 90% 的成果，门店数量扩张到 200 多家也是水到渠成之事。能量、流量、声量也会随之而来。这 5 个量做到了，增量就不成问题了。

**柠季创始合伙人汪洁：**连锁化经营的考验并不是“功底”，而是你是否拥有一个成熟且可复制的体系。具体来说，可以从以下四个维度进行考量。

首先是标准化。连锁化的前提是可复

紫光园

制，而可复制的核心是标准化。标准化是餐饮行业中非常重要的一环，它包括制定和推行标准化的流程、操作规范、质量标准以及品牌形象的统一性。

其次是可量化。将业务中的各个方面和指标转化为可度量的数据。例如，分渠道销售额、SKU级别销售分析、食材成本及损耗比例、消费者及加盟商分层分级等。通过收集和分析这些数据，连锁经营企业可以更好地了解各门店的经营状况，发现问题和机会，并为加盟商提供有针对性的建议和方案。

再次是考核机制。对于餐饮连锁加盟体系，需要建立有效的加盟连锁考核机制。这一机制可包括为加盟商制定具体要求和标准，以确保他们能够遵循总部的业务模式、品牌形象和运营标准。此外，还需要定期进行考核和评估，确保加盟商在各方面的表现达到要求，并提供指导和培训支持，帮助加盟商提高经营水平，实现共同发展。

有了前面的标准化、可量化以及考核机制的建立，才有连锁经营规模化的可能性。

最后是伴随连锁经营企业的扩展，企业会进入下一个体系化迭代的循环中，以此往复。

萍姐火锅联合创始人王一涵：首先，餐饮品牌需要有一个好的模型，基础的数据跑出来后才能去做复制，否则就是不负责任。

其次，连锁化经营靠基本功，即下盘要稳，承接能力要强。产品的研发能力、团队的组织力、供应链的支撑能力是否能够支撑起门店的规模至关重要。举个例子，如果团队只有50个人，却要在3个月内开800家门店，注定会死得极快。

最后，餐饮品牌做连锁化需要凝聚一帮靠谱的人。如果模型够好，在发展速度上可以慢一点，尽量去选择合作伙伴，而不是让合作伙伴带着钱来选你。总的来看，做好连锁化经营需要对外克制欲望、对内克服内心的懒惰，不能因为挣到钱了就变懒了，思想不统一了。

广州酒家集团股份有限公司党委书记、董事长徐伟兵：关于连锁化经营所需要做好的事，我认为有两个方面。一是建立健全供应链体系。连锁化经营必须进行品质控制，因此供应链体系的建立及完善将有助于企业在连锁化过程中保持出品标准一致，更有助于保障各连锁店的食品安全。以广州酒家集团为例，我们坚持餐饮强品牌、食品创规模的战略发展方向，依托餐饮业务发展提升品牌影响力，依托食品业务持续扩大效益规模，双主业发展相互促进、相辅相成，共同推动企业核心竞争力强化提升。

二是广泛吸纳、培养人才。连锁化经营想快速复制并不简单，很多企业往往在复制过程中变样。这除了需要完善的制度进行保障外，还需要有高素质的人才将制度执行下去。

广州酒家集团股份有限公司党委书记、董事长徐伟兵

和合谷总经理赵京：连锁化经营的核心是“与合作伙伴真心换真心”。在和合谷，直营门店特许化，目的是从管理上保证一致性，最大限度地为特许伙伴赋能。从选址到开业，总部会为特许店的每一步推进提供帮助和扶持，设身处地地为他们着想，帮助他们把前期成本降下来，帮助他们调整员工状态。此外，连锁化经营最忌盲目扩张，新开门店一定要在自己的供应链和管理半径之内。

安三胖韩国烤肉创始人安华栋：连锁化经营最需要做好四件事。一是标准化运营：确保所有连锁店铺在管理、服务、食品安全等方面都能保持一致的标准。二是品质控制：保持食材新鲜、口味一致，并持续改进菜品和服务质量，以满足不断变化的消费者需求。三是创新与差异化：不断推出新的菜品和服务，保持竞争力，吸引顾客。四是人才培养：培养和激励员工，建立良好的企业文化和服务意识，使每一位员工都能成为品牌的忠实代言人。

蜜城之恋品牌创始人樊昌勇：茶饮门店的核心是商品、服务、顾客、销售和数据。因此，我们认为，连锁化经营首先要对门店进行明确的定位；其次是产品的合理组合；最后是在做好门店基础 SOP 运营的情况下，深耕门店精细化运营，通过数字化工具，进行用户分析和数据分析，随时根据市场的变化作战略性调整。

遇苋烧仙草创始人樊海涛：连锁化最需要做好的是产品和提升消费者满意度。以茶饮品牌为例，未来能更长久发展下去的品牌一定是获得消费者多元认可的品牌，包括装修、口味、包装、服务、卫生等方方

遇苋烧仙草

面面。强大的团队也至关重要。以遇苋烧仙草为例，我们先后组建成立了开发拓展部门、设计部门、新媒体部门、企划部门等，全方位赋能门店发展。

稻古捞面董事长冯鼎大：在如何有效地进行连锁化经营时，稻古捞面的方法是：确立单店盈利模型，注重对加盟店的管理，重视供应链系统的运转，重视数据采集以及建设人才梯队。同时，品牌需要适应市场变化，具备敏锐的市场洞察力，以便及时捕捉新的营销方式和市场趋势。过去两年，我们一直在打磨盈利模型、磨合团队，在研究市场上下功夫，2024 年将是稻古捞面正式进入拓展期的一年。

茶话弄创始人黄靖松：首先，最重要的是找到经营理念一致的加盟合伙人，并且能让他们赚到钱。其次，品牌总部要强化产品研发能力、品牌打造能力、供应链能力、数智化能力以及门店标准化运营的能力。

仙隐小鹿中华料理董事长秦尉纯：首先是连锁系统能力建设，其中的核心是搭建组织力；其次是建设组织文化；最后是供应链体系建设。

稻古捞面董事长冯鼎大

探鱼创始人、蔡澜港式点心创始人王力加

探鱼创始人、蔡澜港式点心创始人王力加：连锁化经营最需要做好的两件事是标准化和性价比。标准化就是统一进货、统一配送、统一价格、统一核算、统一管理。关于性价比问题，在连锁餐饮行业里，性价比直接关系到消费者是否愿意多次光顾，也关系到品牌的市场竞争力。当然性价比并不是唯一的考量因素。消费者在选择的时候，还会考虑到口味、环境、服务等多个方面。所以，探鱼在这些方面也不断在下功夫，希望能提供满足消费者需求的产品和服务。

美团餐饮 SaaS 客户发展部负责人徐虎：首先区域连锁和全国连锁的差异会非常大。选品一定是一个关键因素，对于希望成为全国连锁来说，产品的市场空间、受众人群非常关键。除了供应链、选址、品牌营销这三个关键方面，组织人才厚度以及如何构建合作共赢的合作伙伴体系非常重要，也容易被忽视。其次在门店数量持续增加的同时，需要关注人才的培养。外部引入人才到企业内落地、认同和融入企业文化都需要一个过程，人才的储备和培养与品牌发展是一个螺旋式上升的过程。最后具备一支专业能力强且使命驱动的团队，在复杂环境下具备更强的竞争力。无论是自营，还是加盟、联营模式，和店长、加盟商、投资方这些伙伴的合作共赢的体系建设才是可以走多远的关键。机制设计的本质无非就是如何共同解决挑战和分享利益，无论哪种模式都不应该是一成不变的，随着市场发展的变化，需要去学习最佳模式、去做迭代，实现共担共赢。

黑眼熊寿司总经理张城鑫：连锁化经营需要做好五件事：一是产品；二是选好赛道；三是标准化能力；四是组织力；五是供应链效力。以黑眼熊寿司为例，在过去 3 年时间里，黑眼熊寿司门店规模由 5 家门店发展至 334 家。这主要得益于三个方面：一是深耕线上优势，保证门店的营收能力；二是做全域数字化的布局，在还不成熟的数字化阶段通过第三方的数字化工具搭建为经营过程中提供更有效的数据决策；三是重视人才的培养提升品牌的组织力，做好产品和门店的迭代，不断创新产品迎合顾客需求，创造更多顾客。

去茶去品牌创始人郑剑：一是要有扎实的基本功，包括创新和差异化的产品力以及新时代的营销能力。二是做好供应链竞争力。包括人的供应链，打造一套自我造血的人才体系是连锁化发展的基石；也包括物的供应链，餐饮品牌的高性价比更取决于我们有没有强大的源头供应链。三是强大的组织力。当连锁规模越来越大时，组织必然随之扩大，能不能将组织的战略、决策扩展到组织的每一个“毛细血管”就显得尤为重要。

黑眼熊寿司总经理张城鑫

## 3. 连锁化也要因地制宜

**Q:** 区域为王还是全国布局，是很多餐饮品牌的一个选择题。您认为应该如何评估？

内蒙古额尔敦实业（集团）股份有限公司董事长额尔敦木图：区域为王还是全国布局，和供应链的覆盖能力有极大的关系。以羊肉为例，一年的屠宰期其实只有 3 个月，对储存空间、资金的要求极大。这也决定了企业能否走得更远。正因为有了供应链的保障，额尔敦才有信心走向全国。

重庆小天鹅集团创始人、总裁何永智：确实，有些餐饮品牌在当地做得很好，但一走出去，就步履维艰。这与企业的文化、团队的格局有着密切的关系。因此，餐饮品牌是选择区域为王，还是选择全国布局，首先要看企业的文化是否适合外地市场；其次要看团队尤其是领航人的战略格局是否能够摸准全国市场，尤其是超一线和一线城市的发展脉搏。

但无论是区域为王还是全国布局，核心还是创新。当下餐饮行业内卷严重，很

小天鹅产品制作

柠季

多品牌都是各领风骚两三年，但真正能沉淀下来的却不多。在这种背景下，尤其需要餐饮企业能沉下心来，持续不断地创新，只有如此，才能实现可持续发展。

柠季创始合伙人汪洁：柠季的“快”是建立在理性克制的基础之上的。其中涉及两方面的克制：一方面，是选择在哪里开设加盟店；另一方面，是选择什么样的加盟商。区别于传统加盟的“满天星”模式，柠季开店更像洋葱一样一圈一圈辐射，这样能让管理效率最大化，也能及时给予加盟商切实帮助。柠季的所有部门的 KPI 指标都围绕着“北极星指标”开展，即以门店盈利为绝对核心，从注重单店盈利开始到完成规模化复制，再到强调多店复开率。这套组合拳下来，柠季的拓店之路走得克制且稳定。

很多加盟企业，一旦进入扩张阶段，直接全国铺开，但是柠季不这样做。我们是洋葱圈式的加盟，单点打透，慢慢辐射，要进一城得一城，步子迈得稳，才能走得远。同时，才能实现我们对加盟商的承诺，帮他们赚钱。

广州酒家集团股份有限公司党委书记、董事长徐伟兵：以广州酒家集团为例，2024年广州酒家集团预计在省外的北京、上海落地新门店，选择这些城市主要是根据集团“餐饮强品牌、食品创规模”的战略规划。

为讲好粤式饮食文化故事，提升广州酒家品牌影响力，我们选择了在最具有影响力的城市来树标杆、树品牌。同时，我们的餐饮门店落地也有其他的考虑。一是市场需求。选择省外扩张的城市时，会首选对粤菜餐厅有较大需求的城市。二是经济发展水平。选择经济发展水平较高的城市，可以更好地保障门店的盈利能力。三是竞争情况。我们所说的竞争情况指高端粤菜经营环境的竞争，我们希望有较多的品牌企业一同竞争，凸显粤式饮食文

广州酒家体育东店

安三胖韩国烤肉创始人安华栋

化优势。

省外和省内的经营策略也会有所不同。因为省外的市场环境和省内可能存在差异，需要根据当地情况进行调整和创新。例如，在产品方面，我们将坚持粤菜经典传承，也会根据当地消费者的口味和偏好进行调整；在营销方面，会输入正宗粤式饮食文化，同时也根据当地的文化和习惯进行有针对性的推广。

安三胖韩国烤肉创始人安华栋：选择区域为王还是全国布局，需要综合考虑以下几个维度。一是市场需求与竞争格局：分析目标市场的需求和竞争情况，确定是否有足够的市场空间和潜力来支撑全国布局，或者是否在局部区域深耕细作更为合适。二是品牌实力与资源优势：评估品牌的知名度、资金实力、供应链及物流体系等资源优势，看是否具备了在全国范围内扩张的实力。三是管理与运营能力：考虑是否具备了有效的管理和运营体系，能够支持远程区域的店铺运营，保持品质和服务的一致性。四是风险控制与成本考量：全国布局可能面临更大的风险和成本，包括管理运营风险、物流成本、人力成本等，需要评估风险并制定有效的应对措施。五是消费者洞察与定位：深入了解目标消费者的喜好、消费习惯、地域特点以及不同地区的市场特点，有助于确定最合适的扩张策略。

遇苋烧仙草创始人樊海涛：这个得根据品牌和公司的战略定位去走，没有绝对的对与错，但是在对的时间选择错的方向，肯定会耽误和损失更多的精力。结合品牌自身的发展就是最好的！

去茶去品牌创始人郑剑：一是从品类的维度考量。正餐品类比大单品的品类要复杂很多，区域品牌在成为全国性品牌之前，需要大本营，需要以成为区域王为根基，谋取全国性发展。二是从有效规模的维度考量。规模有多个角度的衡量，而追求有效规模更符合区域王的打造。

**Q：** 下沉市场和大中型城市的扩张策略有何不同？

内蒙古额尔敦实业（集团）股份有限公司董事长额尔敦木图：从额尔敦近几年的发展来看，我们的策略是在大城市开小店、小城市开大店。在大城市开小店，一是因为大城市各方面的成本比较高，比如用工、房租等；二是因为大城市人口流动较大，餐饮生态更为丰富，小店在效率上更能满足消费者的诉求。在小城市开大店，一是因为小城市的餐饮企业一般是以家庭作坊为单位的，开大店更能发挥品牌效应，汇聚流量，从而迅速占领市场；二是小城市的消费者更愿意选择有名气的餐饮品牌进行消费。

朱光玉火锅首席创始人梁熙桐：大家经常说，在大城市开小店，在小城市开大店。为什么在大城市开小店？是因为它的各项成本非常高。但从朱光玉的门店数据看，我们更建议在大城市开300~400平方米的标准门店。为什么在小城市开大店？是因为它的各项成本较低。城市越下沉，其娱乐的丰富程度会越低，人员的熟悉程度会越高，因此聚餐聚会是他们的主要社交形式之一。

稻古捞面董事长冯鼎大：在不同的市场环境中，连锁品牌的策略应有所不同。在大中型城市，消费者更加注重品牌形象、整体环境和服务体验。而在下沉市场中，商圈的选择更为重要，性价比更受消费者青睐。

仙隐小鹿中华料理董事长秦尉纯：客群变了，市场变了，竞争变了，餐饮品牌需要基于用户需求和市场竞争采取对应的策略。我们的核心策略是针对不同的市场需求去研发不同的单店盈利模型。

探鱼创始人、蔡澜港式点心创始人王力加：大中城市和下沉市场的用户群体、消费习惯、消费场景都有很大的差别，探鱼在面对不同的用户需求时，会在产品、营销活动、门店规划等方面进行个性化的设计。比如，在大中城市，打工人群体比较多，我们就会多丰富外卖的产品线，在点餐结构上多设计一些4~6人的场景，增加夜宵的消费场景；而在下沉市场则会更多地考虑家庭聚餐、8人以上的大型聚餐等消费场景，并且会更加在门店的体验感上做一些有打卡性质的硬场景，增加门店的感官吸引度。

朱光玉火锅

仙隐小鹿中华料理

# 六、餐饮业拥抱营销新形态：直播、跨界联名成新宠

2023 年，跨界联名、直播带货的风在餐饮界越吹越热。对于餐饮企业而言，跨界联名能有效利用轻成本撬动目标消费者心智，通过品牌流量共享，提升私域增量，扩宽消费者基础；直播则可以直接把门店特色和个性化服务传递给消费者，拉近线上用户和实体门店的距离，打造省心的消费决策链路，建立更加紧密的消费者关系。

风口之下，餐饮品牌如何才能抢占新红利？人才之外，餐饮企业还需要做好哪些直播功课？跨界联名、IP 合作背后，跨的究竟是什么？联的又是什么？

以下内容为访谈实录。

## 1. 直播，餐饮业的新发动机

**Q：** 2023 年，餐饮企业纷纷拥抱直播，您如何看待这一现象？这背后的原因是什么？

**上海大富贵酒楼有限公司总经理、中国注册烹饪大师奚伟中：** 这是社会发展和人们沟通方式转变的结果。以前，人们的沟通方式是面对面，现在则是面对屏幕。在这种新的形势下，餐饮品牌如果不能通过直播对品牌进行输出，发展空间就会越来越小。毕竟，品牌的发展不是靠单一的门店，更不是靠门头上的招牌灯，而是靠在老百姓心中的好感度。所以，大富贵一直在拥抱直播、外卖等新业态，并进行产品的创新。

**中国全聚德（集团）股份有限公司党委书记、董事、总经理周延龙：** 直播是一种新的网络营销手段。之前的网络营销其实是货找人，直播则是人找人。餐饮企业纷纷拥抱直播，是因为消费者尤其是年轻的消费者喜欢直播带货这种新形式。近年来，全聚德也在积极投入其中，通过这种新的触达方式，向消费者推广我们的产品。

**东榕集团总经理陈昌胜：** 过去的餐饮，大家相信品牌的原因是大品牌更让人放心、有面子，能彰显地位和品位；但是随着年轻人消费习惯的变化，需求变成了兴趣导向，如何让年轻人更有参与感变成了所有行业都要去思考的事情，而直播无疑能快速拉近与年轻人的距离。这对提升品牌的忠诚度有很大的益处。

东榕集团总经理陈昌胜

**Q：**您如何理解直播对餐饮企业的价值？

西安饮食股份有限公司党委书记、董事长靳文平：直播是一种有效的品牌推广方式，通过直播，餐饮企业可以展示自己的特色和优势，提升品牌知名度和影响力。我们在直播中会邀请非遗大师现场展演讲解，可以让顾客更加直观地了解老字号的文化和产品，增强顾客的体验感，提高顾客对老字号品牌的信任度。同时，在直播中结合各种优惠活动和促销策略，刺激顾客的购买欲望，提高门店的销售额。今年，西安饮食期望通过直播继续提高老字号品牌对外的知名度，推广餐饮文化及特色美食，吸引更多顾客，同时也要持续提升直播的质量、效果和营销策略。

上海大富贵酒楼有限公司总经理、中国注册烹饪大师奚伟中：直播是助推餐饮企业在新形势下发展的一个新发动机。我们对

西安饮食股份有限公司党委书记、董事长靳文平

直播价值的定位有两个方向：一是带货；二是树品牌。对于我们这样的老字号而言，从来不担心缺少中老年客群，我们也不需要去引导中老年群体，但我们需要引导年轻群体。我们希望通过直播改变“老字号只适合于老年人”这一认知误区，培养年轻的消费群体，让年轻人走进我们的品牌。

上海大富贵酒楼有限公司总经理、中国注册烹饪大师奚伟中

**中国全聚德（集团）股份有限公司党委书记、董事、总经理周延龙：**在社会基础设施日益完善的当下，直播等网络营销手段对餐饮企业的价值，可能会大于传统的toC销售，甚至是超出我们的想象。举个例子，之前，因为销售周期、物流等各种因素的影响，全聚德只能做真空鸭。但随着直播等网络营销方式的兴起以及物流的日益完善，我们可以完全不用担心这些因素。所以，我们现在推出了全聚德手工片制烤鸭、酱鸭等各种适合直播的产品，并通过各大网络商城及在视频号上全新打造的“全聚德星厨甄选”直播间进行销售，取得了良好的效果。有一场直播，仅酱鸭产品组合就卖了300多万元。

**东榕集团总经理陈昌胜：**直播不仅改变了餐饮行业的营销模式和与客户互动方式，还在提升品牌知名度、增强顾客信任感等方面产生了积极的影响。尤其是在推广上，能对品牌进行实时营销，让展示更直观，直接打消消费者的疑虑；同时，消费者可参与进来，实现更高效的互动和传播；进一步形成品牌的口碑，达成品销合一的转化，为公司的增长创造了新通道。

**原味主张创始人练坚：**直播目前是餐饮业不可或缺的一个品宣渠道和获客渠道，其实它的作用不光是卖几个套餐，它还超越了以往的路边广告、电梯广告，包括地铁的广告；它不光是在发传单做广告，它的互动方式还可以让更多的人了解餐饮品牌的细节和内涵。在品牌的价值方面，它可以让更多人了解很多品牌内在的一些精彩的地方、与众不同的地方，而且是跨地域的、没有边界的、不局限于一城一市的，这个对餐饮品牌发展来讲很重要。

原味主张创始人练坚

柒小螺螺蛳粉联合创始人盛文明：直播目前对于柒小螺而言，主要是品宣、营销和流量曝光的作用，2.0 阶段可能会向营收结果靠拢，搭建整个营销链条。直播也是当下的风口，为餐饮企业探索更多可能提供了机会。

**Q:** 您认为对餐饮人来说，做直播最大的挑战是什么？

上海大富贵酒楼有限公司总经理、中国注册烹饪大师奚伟中：我个人也曾上过直播间。对于我而言，最难的是镜头下的表达能力和应对能力，比如和主持人的交流、和用户的交流等，有的时候表达得并不一定准确。所以，后续我们将会加强直播方面的培训，提升直播的质量。

中国全聚德（集团）股份有限公司党委书记、董事、总经理周延龙：对于餐饮企业而言，做直播最大的挑战是人才。找头部主播带货可以带来一时的品牌效应，但如果想可持续发展，就需要建立自己的直播团队，培养懂直播、会直播的厨师。举个例子，全聚德直播间的主播如果是一个美女主持，就算她美丽大方，又懂外语，但她和全聚德没有任何关系。而如果直播间里是一名优秀的厨师，这种感觉就会不一样。全聚德的厨师对全聚德品牌文化和产品的理解是美女主持无法超越和替代的，他们更容易和消费者产生共情。

东榕集团总经理陈昌胜：对于预期做直播的餐饮人来说，最难的有两点：第一个难点是内容创新与持续吸引力：直播发展到现在，形式多样，内容丰富，以什么样的内容去杀出重围，吸引住观众是需要去思考的；第二个难点是技术、设备、人才的投入：做过直播的都知道，高质量的直播需要相应的硬件设备和稳定的网络环境支持，而这是绝大多数餐饮商家不具备的。

原味主张创始人练坚：对餐饮人来讲，直播这种形式有些时候是让人又爱又恨，恨是因为总感觉是在薅羊毛，爱是因为这些薅羊毛的人又是帮你宣传的人。对于我们而言，最困难的就是如何让这些人满意，给出好的评价、好的观感，从而产生复购，成为我们的私域流量，让更多的人来我们这里消费。但我们现在的系统又很难把这些人转化成私域的客人，转化成帮我们宣传的客人。

柒小螺螺蛳粉联合创始人盛文明：直播形式对餐饮企业或者餐饮人来说，思维转变很难，尤其是面对一个未知领域，1.0 阶段也很难预估最终的营收结果，需要联合创始人足够笃定、足够坚持，同时愿意投入成本。同时，当下的直播比较偏向低价，而柒小螺不做低价，打造“质价比”对品牌而言挑战性尤其大。最后，直播对专业度要求高，需要品牌更加贴近年轻化、创新化，贴近时代变化，这也给我们提出了更高的餐饮经营要求。

**Q：**餐饮企业做好直播需要做哪些功课？有什么经验可以分享？

**西安饮食股份有限公司党委书记、董事长靳文平：**对于老字号的直播一定是品牌和销量要同时关注的，品牌是老字号的核心竞争力之一，在直播中品牌形象、口碑和信誉等方面的展示和传达非常重要。通过直播，可以向观众展示自己的品牌文化和产品特色，提升品牌知名度和美誉度，吸引更多潜在消费者。而销量也是我们直播的一个重要目标，通过互动、优惠券、限时折扣等方式刺激观众的购买欲望，提高销售额。在其他方面，直播中还可以与观众进行互动，收集反馈和建议，改进产品和服务，提升客户体验。这也是非常重要的。

**上海大富贵酒楼有限公司总经理、中国注册烹饪大师奚伟中：**首先要研发适合于直播的产品。目前，我们也在围绕直播，有针对性地调整产品。其次是团队的搭建和培训，要进行专业化的运营。我们已经为直播开辟了专属的研发和培训场地。在我看来，这不是选择题，而是必修课。因为，时代潮流推着你必须去做这件事。

**东榕集团总经理陈昌胜：**首先是人才，能够帮助企业在直播上精准定位的人才可遇难求。其次，直播也需要注意控制风险。其中最大的就是无法全面控制口碑风险。直播带来的大量围观，导致直播中可能出现的突发事件（如菜品制作失误、顾客负面评价等）会被进一步发酵，使品牌形象受损。因此，对直播过程中的危机管理能力要求较高。

## 2. 跨界联名，跨的是场景，联的是圈层

**Q：**您是如何理解跨界联名等营销新形式对餐饮企业的价值的？

**广州酒家集团股份有限公司党委书记、董事长徐伟兵：**当下年轻人逐渐成为消费的主力群体，更加注重消费的体验。产品是品牌直接触达消费者的主要介质，通过在

产品上融入品牌联名，可以年轻化的方式实现品牌的升级。联名活动不仅能借助其他品牌的知名度，制造营销话题、吸引流量，还能赋予品牌新的活力，实现年轻化。

**后火锅创始人牟建：**跨界联名对餐饮企业来说确实是一个值得关注的策略。我相信餐饮企业品牌化，都是希望能够让更多的消费者认识自己，从而喜欢自己；通过与不同领域的品牌合作，餐饮企业可以拓宽市场、增加品牌曝光度，同时吸引更多新的顾客。就像 2024 年 1 月初我们跟知名 IP“闪耀暖暖”跨界合作，就让很多的次元玩家知道了后火锅，从而走进后火锅感受地道的重庆味道。

后火锅创始人牟建

这种合作还可以带来创意和新鲜感。我们也经常因为跨界联名而创意研发出更多消费者喜欢的产品，为顾客提供独特的体验和产品。在与“闪耀暖暖”合作时，我们匹配门店销售，推出了 1.2 万条联名款的围裙，在活动的第 3 天就全部售空。当然，成功的跨界联名需要深入了解目标顾客的需求和喜好，以及找到合适的合作伙伴。

对于我们而言，在川渝火锅同质化相当严重的情况下，创新的营销策略对于吸引顾客和提升品牌形象至关重要。跨界联名通过结合不同领域的品牌特点，创造出新颖、有趣的产品和体验，能够激发顾客的好奇心和购买欲望。此外，这种合作也有助于提高品牌的知名度和美誉度，从而增加顾客忠诚度和品牌价值。

**珮姐老火锅董事长颜冬生：**伴随 Z 世代年轻人成为消费市场主流，他们喜欢尝试与挑战新的事物，这也驱动了 姐在不断寻求年轻人喜欢的玩法，敢于不断地创新与发展。一个品牌好玩是不够的，两个品牌产生联系，会产生一加一大于二的效应。

**Q:** 餐饮品牌在选择跨界联名的合作伙伴时，应该从哪些维度考量？

**广州酒家集团股份有限公司党委书记、董事长徐伟兵：**一是从品牌价值维度，需要有一定的知名度和用户基础，这样跨界营销才有可能在较大范围的用户群体中引发共鸣和讨论。二是品类方面，选择合作的品牌需要具有话题性和自带流量。跨界行为出人意料，才能引发大众的好奇心，不断传播发酵。三是利益点方面，产品利益点互补。跨界的品牌、品类之间需要存在某种品牌共性，跨界行为才能发挥品牌之间的协同效应。

**后火锅创始人牟建：**后火锅在甄选合作品牌时，通常会考虑以下几个维度：品牌形象和定位是否与后火锅相契合，能够共同创造符合市场需求的产品和体验；目标顾客群体是否有交集，能够共同扩大市场份额；合作伙伴的品牌价值和市场影响力是否能够提升后火锅的品牌形象和市场地位。

相应地，我们对于跨界合作的落地性要求非常高。对于合作伙伴来说，我们一直坚持“双向奔赴，群策群力”，保证合作方的品牌体验，实现共同向上，这也是后火锅对于合作伙伴的承诺。

**珮姐老火锅董事长颜冬生：**首先，需要筛选合适的品牌。我们对品牌的选择是比较严谨的，对于不适合的品牌，不会强行去做联动。筛选标准是有一定行业影响力且形象年轻化的品牌。比如，2024 年　姐上海万象城店开业，我们与联合利华联合开发了酸木瓜锅底，并在新店开业首发，一经推出，便备受顾客喜爱。

其次，根据对方品牌调性和双方自有资源，有针对性地去开发合作形式。比如，2023 年我们联合门店已有的酒类品牌喜力，创新开发了夜宵场景。喜力提供我们每家门店一定数额啤酒，联名夜宵主题套餐上架　姐大众点评，联名套餐大受顾客喜爱。

姐老火锅董事长颜冬生

# 七、“一带一路”十年耕耘，餐饮走出去、请进来有了“高速公路”

走出去、请进来，对餐饮人并不是什么新鲜话题。过去一年，不少餐饮品牌纷纷出征国际市场，试图通过开拓海外市场，找到新的增长曲线。对于餐饮品牌而言，2024 年及未来是出海的好时机吗？机遇，也往往意味着风险。餐饮品牌又该如何做好风险管理？面对文化差异巨大的海外市场，供应链、人员培训与管理等难题又该如何解决？

*以下内容为访谈实录。*

## 1. 中国餐饮借“一带一路”牵手世界

**Q:** 2023 年是提出“一带一路”倡议 10 周年，随着共建“一带一路”的推进，中国与沿线国家之间的餐饮联系也越来越密切，各种特色美食也在沿着丝路穿梭。您如何看待“一带一路”带来的美食与文化交流？您认为“一带一路”的文化融合对餐饮行业有哪些实际的助益？

西安饮食股份有限公司党委书记、董事长靳文平：“一带一路”的建设，为餐饮行业的发展拓展了新的空间。比如，2023 年中国—中亚峰会上，长安葫芦鸡、同盛泡馍和西安饭庄黄桂稠酒等名菜名点，让陕西的“本地菜”和“家乡酒”惊艳亮相，且蕴藏于峰会细节上的西安元素、西安魅力、西安味道等，让千年古都绽放出新时代的荣耀和风采，为西安经济发展和文化传承带来了新的历史机遇。

近年来，西安饮食抢抓“一带一路”建设、西安国家中心城市建设、西安国际消费中心城市创建、打造世界级旅游目的地、“一刻钟”便民生活圈建设、乡村振兴等重大机遇，提出了“餐饮主业 + 食品工业叠加式双轮驱动”发展战略，坚持“文化体验项目 + 社区便民连锁项目”发展模式，聚焦主业强结构、协同资源补短板，坚持“产品主义”“长期主义”“好吃原则”，树立老字号“文化自信”，将老字号非遗美食、匠心传承、大师手工的文化标签不断地做精、做细，让老字号产品更精美，更能满足消费者对美好生活的追求。

西安饮食非遗美食

同时，西安饮食借力服务保障中国—中亚峰会的社会效应，稳步实施“老字号振兴”工程，一手抓老字号品牌提升改造，让存量项目更亮丽；一手抓项目拓展，扩大市场占有率和品牌影响力。近年来，门店由原来主要集中在西安，已经发展至上海、成都、海南等地，数量由之前的40多家发展到140多家。

朱光玉火锅首席创始人梁熙桐：最近几年，中国餐饮品牌为什么纷纷出海？我们认为最重要的一个原因就是随着共建“一带一路”的深入开展，海外对中国的认知越来越强，对中国文化的接受度越来越高。春节期间，我们去泰国考察火锅市场和中餐市场，用四个字形容，就是“欣欣向荣”。更为关键的是，那里春节的氛围感和接受度，可能比国内还要强。也就是说，“一带一路”的发展为中国餐饮出海创造了良好的社会环境。

西部马华创始人马华：西部马华一直围绕着“丝路美食”概念发展，如今已经有 36 年。丝路美食，是指将丝绸之路沿线各个国家、地区的食品原料、烹饪技艺、餐饮器具、餐饮环境、饮食习俗与礼仪、饮食思想等相互融合所制成的美食，带有鲜明的国际性与文化特性。

随着共建“一带一路”的推进，丝路美食逐渐被市场认知。哈马尔罕餐厅从装修风格到菜品研发，都是重走丝绸之路后独创研发的。餐厅设计上，吊灯、桌椅、餐具等都充分体现丝路特色，所有餐厅包间的名字也是以丝路沿线重要节点城市命名的。菜品更是将丝路沿线的香料、特色食材和烹饪技艺相融合，让客人不出国门就能享受到丝绸之路上的各色美食。

此外，我们也致力于推进丝路美食文化的交流互鉴。2023 年，首届“一带一路 · 丝路美食文化节”在北京哈马尔罕餐厅举办，来自 28 个国家的驻华大使和外

西部马华丝路美食

交使节等共聚一堂，探讨交流、包容、合作、共赢的丝路精神。哈马尔罕品牌也被联合国教科文组织“一带一路”文化互动中心授予了“国际丝路美食文化交流中心”的荣誉。

小小集渔泰式大排档董事长陈伟：“一带一路”之于餐饮，我的理解就是：走出去、带回来。民以食为天，全世界都一样。吃各国之间的美食，聊各国之间的美食文化，不仅会促进各国之间的发展，也会促进各国人民之间的感情。美食助力“一带一路”发展，“一带一路”推动了美食无国界发展。餐饮也因此变得更加多元化。

SUSU 创始人李雪柏：随着“一带一路”的推进、物流等基础设施的完善，我们可以更便捷、更低成本地获取越南、泰国等东南亚的特色原料。越南菜中，虽然有许多原料现在已经可以在国内找到替代产品，但还是有一些原料需要进口。比如小青柠，如果用海南的青柠，味道就会有变化。十几年前的时候，我们只能等待一周两次机运的机会。现在，共建“一带一路”把民间的原料完全产业化了，将地方的菜市场变成了国际菜市场，有效降低了我们的成本，使我们的菜品既能保持原汁原味，又在菜式创新上有了更多选择。

楼兰秘烤董事长马帅：共建“一带一路”推动了餐饮业的创新和升级。一方面，本地餐饮业在吸收外来元素的同时，推出融合了本地特色的新菜式或新概念餐厅，丰富了餐饮供给，提高了餐饮质量。另一方面，外来食材、烹饪方法等的引入，使消费者有机会体验不同风味，带动了相关产业链的发展。

此外，共建“一带一路”还催生出了一些具有旅游特色的餐饮企业，将餐饮业推向美食旅游新方向。楼兰秘烤正是共建“一带一路”的受益者。2012 年创立楼兰秘烤品牌时，我们的想法仅仅是养活自己。在“一带一路”的推动下，越来越多的人认识了新疆美食，认识了楼兰秘烤，源源不断的客流让我们从一家为了生计的餐饮小店，成为一个拥有多个品牌的餐饮企业。

WD GROUP CEO 执行董事、拉蒂娜·南美牛排馆品牌联合创始人孟楠：“一带一路”倡议为中国与沿线国家之间的文化和美食交流提供了宝贵的机会。随着与沿线国家的联系加深，我们看到不同地域的特色美食通过这个平台在中国得以发展，也有更多中国美食传播到其他国家。这种文化融合不仅丰富了人们的饮食体验，还促进了跨文化的理解与尊重。对于餐饮行业而言，这为我们提供了更广阔的市场，同时也激发了创新和多样性，使顾客能够品尝到更多地域的美味。

楼兰秘烤

太食兽泰式茶餐厅董事长邵虹飞：随着沿线国家之间联系的增强，我们可以更轻松地获得各种特色美食的原料和技术，同时也能全面地学习不同国家的餐饮文化。文化融合不仅可以丰富消费者的味蕾体验，还能促进友好交流与合作。在餐饮行业，这种文化融合可以带来更多元化的菜品选择，满足不同消费者的需求，同时也非常好地促进了餐饮业的创新和发展。

一粉一城新疆炒米粉创始人张琪

一粉一城新疆炒米粉创始人张琪：在“一带一路”的共建中，美食和文化交流最显著的特点是让丝路好物、特色美食和中华文化走进了寻常百姓家。我们通过电视节目可以看到，沙特阿拉伯和克罗地亚的一些普通家庭里，都出现了我们中国美食和文化的影子，当地人民对中国传统文化魅力的向往和喜爱，其实就是最好的写照。

共建“一带一路”对餐饮行业实际可行的助益，其实就是为我们中华美食“走出去”找到了最充沛的理由和最坚实的落点。有了这座不同文化理解交流的桥梁，中华美食走出国门、走进海外群众的视野，会变得更加直接！

## 2. 中国餐饮出海正当时

**Q:** 2023 年被称为中国餐饮品牌出海的元年，您如何看待这一现象？贵企业在这方面有哪些进展？未来会如何布局？

眉州东坡总裁梁棣：早在 2013 年，眉州东坡就迈出了“走出去”的步伐，将门店落地在美国。坦率地讲，国外的竞争没有国内大。在国内餐饮日益内卷的背景下，餐饮出海是一个必然的结果。就像一些西式快餐品牌，在自己国家卷无可卷的时候，一定会去卷国外市场。2024 年，我们在美国的团队还要选址开店，我也会把精力投入国际化这件事情上。在此基础上，我们再逐步加快出海的脚步。

朱光玉火锅首席创始人梁熙桐：当餐饮品牌的全国门店数量及品牌势能达到一定高度的时候，出海是一个非常好的选

朱光玉火锅

小厨娘
淮扬菜

**小厨娘**

择。2023 年，朱光玉宣布进军海外市场。2024 年 1 月 1 日，我们发布了全新的海外版本“沸腾华人”，希望通过这个全新的版本对出海进行测试。2024 年，我们预计会在东南亚地区落地 5 家门店。

小厨娘负责人：过去，餐饮出海都是瞄准欧美国家，但随着“一带一路”的推进，我们意识到“一带一路”沿线国家反而是一个很好的选择，因为这里面不仅有政策的支持，还有华人这个庞大的消费群体。

我们认为，未来 5~10 年，餐饮企业的眼光应该放在海外。一方面，国外很多中餐店都是以夫妻店的形式存在，一定会被现在的集团化所取代。另一方面，随着中国与“一带一路”沿线国家之间的联系越来越密切，很多国家对中国文化、中国餐饮越来越感兴趣。这也意味着，中国餐饮未来将会加速出海。淮扬菜是国宴菜，小厨娘是知名品牌，我们自己的愿景也是希望让全世界的人都喜欢吃淮扬菜。因此，我们也在为出海做积极的准备工作。

一粉一城新疆炒米粉创始人张琪：2023—2024 年的计划是从亚洲国家起步，先在家门口把脚跟站稳了，再继续开拓欧洲、南美洲、北美洲、大洋洲等市场，在六大洲都有一粉一城的门店。目前，我们已经在菲律宾开出新门店，营收状况也很可观，超出我们的预期。现在，我们也正在和日本、韩国、泰国等几个国家的投资者接触，很快就会落店。

**Q：** 在餐饮出海这方面，面临的挑战有哪些？有哪些经验可以分享？

眉州东坡总裁梁棣：我每次从美国回来都累得筋疲力尽。很多事情和我们想象的不一样，我们对当地的法律法规、人文风情是没有掌控的、缺乏感知的，哪怕是和当地土生土长的华人交流，也是非常困难的。因此，餐饮企业出海，一定要把出海目的地研究透彻，一定要用当地的资源和人，不能拍脑门决定。

在菜品上，要提供一些外国人认知度较高的菜品，比如饺子、炒饭、烤鸭、宫保鸡丁等，把这些菜品做到位、做好了，打开国外市场就会容易很多。

朱光玉火锅首席创始人梁熙桐：第一个挑

战是供应链。火锅品牌出海，走出去的是底油底料，但是调理肉制品却出不去。因为每个国家的检验制度都不一样，而餐饮品牌的肉制品很难对每个国家进行输出。因此，我们用了1年左右的时间对相关产品进行拆分。比如，拆成AB包的概念，一个是蘸料包，一个是腌料包。

第二个挑战是管理半径。举个例子，如果品牌门店开在美国，管理人员是不可能每个月飞到美国的。我们的应对办法是数据化管理，我们上线了AI巡检系统，这套系统不仅可以随时查看当地员工的行为，还能够通过数据管理对他们进行赋能。

西部马华创始人马华：从我们的经验看，餐饮出海要做好“四储备、二坚守、一改变”。

“四储备”。一是法律知识储备：对国内和当地所在国家的法律法规有非常清晰的了解和认识，是在海外长期正常运营的基础保障。二是人才储备：具备在海外独立开展业务能力的管理人员，在当地国家能够招聘和运营需求人员是发展动力。三是产品储备：在海外市场要有充分的市场调研，需要将国内优秀菜品和食材结合当地情况进行调整和升级，并不是一成不变地复制国内产品。四是资金储备：了解当地货币汇率和物业租金、劳动力成本，在当地要预留一些保障资金。比如，前期开店要用到的市场宣传等资金，都要做到充足的储备。

“二坚守”。一是坚守我们的文化理念和文化自信；二是坚守我们的管理标准。

“一改变”。我们要积极顺应市场，对我们的产品和服务进行升级。

**Q：** 过去，中国餐饮出海，面向的消费者更多是海外华人。今天，海外门店的消费客群是否有所变化?

眉州东坡总裁梁棣：从整体上看，受益于中国影响力的逐步扩大以及外国人对中国了解的日益加深，中餐在国外的受欢迎程度也在日益提高。比如，眉州东坡比佛利店的客群中，外国人的占比已经超过了华人；洛杉矶店客群的外国人占比也比较高。

朱光玉火锅首席创始人梁熙桐：我们在曼谷考察了很多火锅店，从客群上看，基本上是华人和当地人各占一半。也就是说，当地人已经接受了中国的火锅，接受了中国的菜品。这也是我们去海外市场进行拓店的信心所在。

一粉一城新疆炒米粉创始人张琪：中国餐饮在海外开店，第一批顾客肯定是华人。但餐饮品牌要想在海外市场站稳脚跟，实现可持续发展，就必须吸引当地顾客。我们的菲律宾门店开业已有一年，在这期间，我们做了很多活动和美食文化宣导，去吸引当地顾客。到现在，华人顾客和当地顾客的比例基本能达到7：3，这个客群占比在菲律宾当地的中国餐厅里还是比较优秀的。

## 3. 文化开道，海外美食端上中国餐桌

**Q：** 什么契机使您决定将海外美食引入中国，开设特色美食餐厅？在经营异域美食方面，有哪些经验可以分享？

小小集渔泰式大排档董事长陈伟：当下，世界各国美食在国内并没有多元化发展，国人只了解几个大国饮食文化。我们希望通过在国内开设异国料理餐厅，让国人吃到世界各国美食，了解各国饮食文化。

至于经验，首先，中国地理环境多样，每个地方的居民都有独特的喜好。这就要求我们的门店开到哪里，就要根据当

小小集渔泰式大排档董事长陈伟

地人喜好，对菜品进行改良，将泰式风味和当地口味融会贯通。其次，美食和与之对应的文化是密不可分的，脱离了文化，美食就是昙花一现。因此，我们在经营过程中，也特别重视泰国美食文化的传播，让更多的人了解泰国文化。

SUSU 创始人李雪柏：我们的经验是“无文化、不美食”。经营异域美食，一是要深挖菜品背后的文化和故事。因为有故事的菜品更容易受到消费者的青睐。比如，我们的“姜公吕望烤鱼”之所以十几年都是爆品，一度占据了我们三分之一的营收，就是因为我们不仅还原了这道菜的味道，更还原了菜品背后流传了几千年的故事。这个故事的主人公吕望就是中国历史上的姜太公，在越南也流传着这个英雄人物的故事。越南人吃鱼的时候，旁边就供奉着吕望的雕像。二是将异域美食引入中国以后，一定要进行升级。这种升级不是味道上的升级，而是审美上的升级、文化上的融合。举个例子，和传统上大家对越南餐馆的认知不一样，我们的门店没有挂越南灯笼，也没有让服务员穿越南的传统服饰

SUSU 创始人李雪柏

“奥黛”，而是将越南美食文化和北京的传统文化融合。这也是我们将首个门店开在北京四合院的原因。因为，四合院是最能代表北京文化的元素之一。我们的菜式又多以西餐的形式摆盘，充分融合，凸显国际化的特点。

此外，我们认为，寻找增量很重要，但珍重存量更重要。好多品牌为了拉新，会打折促销。对于我们而言，我们“喜新不厌旧”，更愿意把优惠给到老客人，因为他们赏识我们，喜欢我们。当然，在寻找增量上，该做的事还要做，但我不会把重心放在拉新上，我还是想把 10 年的老客人找回来，让他们第二次、第三次回来，尝尝这个新菜，看到我们的进步。

WD GROUP CEO 执行董事、拉蒂娜·南美牛排馆品牌联合创始人孟楠：随着生活水平的提高，人们对用餐体验的要求也不断提升，对更多元、创新的美食有着强烈的需求。引入巴西烤肉正是出于对中国消费者多样化口味的认知，也是看中了中巴两国在文化和餐饮方面的共通之处。在引入美食的过程中，我们首先进行了一定的本地化调整，以更好地迎合中国消费者的口味和文化习惯。我们融合了一些本地食材和调味方式，确保巴西烤肉在保持原汁原味的基础上更符合当地人的口味需求。其次是对品质的追求。我们一直致力于提供优质的用餐体验，包括高品质的食材、独特的烹饪方式和舒适的用餐环境。

WD GROUPCEO 执行董事、拉蒂娜·南美牛排馆品牌联合创始人孟楠

太食兽泰式茶餐厅董事长邵虹飞：首先，要有对美食的热爱与执着。我们负责研发的小伙伴每年几乎一半的时间都在泰国发现并学习各类美食，他们穿越大街小巷，寻找不同的美食，从皇室御厨到临街人气摊贩，都是他们学习的对象。其次，异域美食经营的不仅是美食，也是城市文化。不能把餐厅简单地视为一个享受美食的场所，而是要将其定位为认识一座城市的开始。最后，要注重本地化调整，以满足中国消费者的口味和文化习惯。针对中国消费者的口味偏好，我们会对传统泰式菜品进行一定程度的调整和改良，使之更符合中国人的口味。例如，泰国当地人喜甜、辣，烹饪方式更喜欢炸烤类，还原到国内，我们会调整菜品的辣度、甜度，以迎合国内消费者。我们在菜单设计和食材选择上也进行了本地化调整。除了保留泰式经典菜品外，我们还尝试引入了一些符合中国人口味的泰式概念新菜品，或者将泰国食材与中国食材进行结合创新。同时，我们也注重选择新鲜、优质的原材料，确保菜品的口感和口味。

## 八、中外美食融合：合的是食材，融的是文化

2023 年，中式汉堡迎来狂飙式发展，成为消费者心目中的网红品牌以及被资本看好的对象。事实上，不只是中式汉堡，中外美食融合还在更多的赛道展开，中外食材、口味、文化的创新融合，为新晋餐饮人带来了别样的机会。在此过程中，中外元素该如何平衡？口感和文化表达又该如何协调？融合菜如何才能更懂中国人的胃？

以下内容为访谈实录。

**Q:** 2023 年，中外美食结合的趋势在多个餐饮赛道表现突出，您认为是什么原因促成餐饮品牌尝试中外美食融合？

THE WOODS CEO 陈斯琦：餐饮产品本身具有很强烈的地域性。餐饮产品受地域特征、气候环境、风俗习惯等因素的影响，在原料、口味、烹调方法、饮食习惯上有不同程度的差异。而好吃是消费者的一致追求，中外美食融合恰好能缩小这种差异，更好地满足消费者对于好吃的追求。

红公馆创始人歌子：美食是一种世界语言，在全球化的背景下，餐饮界不可避免会考

红公馆创始人歌子

虑怎样让“中餐走出去”。我认为现今国际上对中餐仍然缺乏足够的认知，中外餐饮融合是“走出去”的一种方式。2018 年开始，我们就在全球进行寻味之旅，到访过法国，在和当地美食爱好者交流的过程中发现他们对美食的第一反应可能是法国菜、意大利菜、日本料理等，中餐在他们心目中的位置还不是很靠前，很多人对中国菜肴的丰富性和多样性仍然不了解，中餐背后还有很多故事等待发掘。我相信，假以时日，中餐在人们心中的地位肯定会改变。

黑珍珠餐厅指南负责人唐燕：近两年，也有更多来自不同国家及地区、更丰富的菜系品类，出现在中国精致餐饮市场，丰富人民的美食生活。像印度菜、越南菜、葡国菜，均有餐厅陆续成为黑珍珠餐厅，这都是改革开放、经济持续发展的结果。

**Q：** 您的品牌在哪些领域尝试了中外结合，这些创意灵感是如何产生的？

THE WOODS CEO 陈斯琦：中外饮食的交融不只体现在食物上，文化也是很重要的一个方面。比如，餐厅的装修布置不再局限于纯粹的西方或者东方的风格，而是取各家之长，以“中国味蕾偏爱的西式融合料理”为品牌基调，结合“森系空间美学”的餐厅设计，致力于为现代都市人提供健康餐食和情绪释放的城市栖息地。

饮品上我们也做到了融合。比如，我们以高香茶基底的融合作为切入点，将东方茶元素与独家拼配咖啡豆结合，“山茶花冷萃”随之诞生并广受消费者的喜爱与支持。这些创意灵感都出自 THE WOODS 自品牌创立以来就秉持做中国味蕾喜欢的西式餐饮的理念。

红公馆创始人歌子：我们会使用来自全球的不同食材、不同国家的料理方式，和中餐进行碰撞。像我们的黑珍珠餐厅紫金山院，有一道必点的招牌菜——榛果鹅肝酱葱油饼。当业内在热捧“樱桃鹅肝”的水果清新感时，我们就尝试着作了改良，用传统黄酒代替白酒，做出了不一样的“番茄鹅肝”，去搭配东方传统面食葱油饼。

红公馆、紫金山院、行宫、艺文空间还有很多像这样做了中外美食融合的创新菜，我觉得“中西合璧”不仅仅是食材的组合，更需要注重五感搭配和饮食美学，做到一种“举重若轻”的感觉。

**Q：** 中外美食结合时，该如何平衡中外元素，以确保口感和文化表达的协调性？

THE WOODS CEO 陈斯琦：THE WOODS 产品有一套完整的产品生命周期管理方法。产品在上市之前，会邀请客户进行产品测试，根据客户反馈不断调整产品；产品上市之后，根据消费者的评价进行产品和表达的及时调整，确保口感和文化表达的协调性。

红公馆创始人歌子：100 年前的徐珂在《清稗类钞》里将世界饮食分成中国、日本与欧洲三类，日本菜肴“宜于目”，欧洲食品“宜于鼻”，而中国饮食“宜于口”。中西方美食受各自文化和历史的影响，在视觉、嗅觉、味觉、听觉和触觉方面各有所长，我们在融合创新的尝试过程中，也是兼顾考虑到五感，取之所长，避之所短。

THE WOODS CEO 陈斯琦

**Q:** 对于创新餐饮领域，您对未来的发展有何规划和展望？是否有一些新的创新项目或方向？

THE WOODS CEO 陈斯琦：不断地给客户带来惊喜的感受，是品牌一直追求的方向，我们期望的融合不单单是中西融合，更希望带来全球不同国家、国内不同地域饮食的多方融合尝试。

红公馆创始人歌子：就在去年，我们有一个全新的项目落地了，是在当年康熙、乾隆下江南所建行宫的原址上复建而成。我们在这里打造了一个集精致餐饮、服装珠宝、咖啡酒吧为一体的美学体验空间，并命名为"行宫"。在这个空间里，我们致力于挖掘传统中餐的潜力，将现代烹饪技术与传统食谱相结合，欲打造出令人惊喜的菜品。除此之外，我们尝试打造一种独特的用餐体验，将餐饮与艺术、文化、娱乐等元素相结合，为顾客提供全方位的感官体验。

当然，我们也在探索其他不同的创新

项目和方向。未来，我们对私人定制、素食领域、餐饮＋零售等模式都会有布局和探索，增加品牌的多元化，给顾客带来全新且独特的体验。

## 九、场景突破，餐饮业画出“增长新曲线”

2023 年，面对存量时代下的经营挑战，餐饮品牌纷纷改变思维，拓展多元化就餐场景，寻求增长的“第二曲线”：有的布局早餐场景，以抢占更多时段和客流；有的打破传统餐饮场景的限制，深入年轻人的生活娱乐场景；有的向“满足各方需求的小正餐形态”进化。拨开场景突破的迷雾，我们看到的真相是什么？布局休闲娱乐场景，卷的是价格，还是文化？对于快餐和正餐品牌而言，“小正餐形态”的挑战在哪里？

以下内容为访谈实录。

**Q：** 2023 年，很多餐饮品牌开始尝试多元化的场景布局，比如布局早餐场景、深入露营、夜市等年轻人的生活休闲场景，小吃快餐正餐化、正餐则快餐化。您认为，这些布局背后的思考是什么？

紫光园总裁刘政：正餐快餐化的本质和核心是重新定位，是对快餐的重新定义。以紫光园为例，我们的小馆有快餐的属性“快”，但比快餐又上升了一个维度，即口味更好，品类更多。

萍姐火锅联合创始人王一涵：驱动这一现象的原因有两个。一是餐饮行业的内卷。现在的餐饮行业，不仅卷产品，卷价格，也在卷场景。萍姐火锅的思维就是把行业卷的东西全部卷进来，实现一个全方位的升维：大家都在卷产品的时候，我们把模式做大，大家都在靠一个爆品出圈的时候，我们把整个模型用爆店的方式打出来。

紫光园总裁刘政

上海大富贵酒楼有限公司

二是迎合消费者的需求。很多人将我们称为“场景界的天花板，火锅场景界的体验屠夫”。我们就是要用这种爆店模式，迎合消费者的需求，把他们吸引过来，再用我们的基础——好的产品、好的组织力、好的研发能力和稳定的锅底口味，去做支撑。

上海大富贵酒楼有限公司总经理、中国注册烹饪大师奚伟中：餐饮经营的本质是从消费者需求出发。餐饮品牌尝试多元化的场景布局，本质上是消费需求的多样化以及消费场景的多样化。以大富贵为例，我们是上海市第一批早餐示范工程建设单位，近年来我们又在这上面叠加了长者食堂服务功能。这并不是一个简单的公益项目，而是为老年人这一特殊群体创造一个具有获得感的消费场景，让他们在家门口就可以消费。以此为出发点，我们可以聚集更多的流量，把跨年龄的餐饮消费做到日常化，从而做大做强品牌势能。

罗妈砂锅创始人杨勇：从消费端看，用快餐的消费额度享受正餐的产品，是每一个消费者的需求。消费者永远都会追求更好的性价比、更高的产品质量以及更完美的消费体验。对于餐饮品牌而言，客户的需求是什么，餐饮品牌就应该去做什么，这样成功率才会高。罗妈砂锅正是我们经过多年的技术沉淀后，作出的一个创新、一个更加适合普通大众的调整，即把消费场景变得更加简洁，让顾客以简餐消费级别享受正餐技术产品。

湘下佬老长沙吃货铺总经理景小凯：小吃品牌正餐化是指小吃品牌通过提升品质、增加菜品选择、优化服务和环境等方式，从传统小吃转为正餐，提供更具特色和品质的正餐服务，价格又比较亲民，丰俭由人。小吃快餐正餐化，其重要原因是随着顾客需求的变化，越来越多的消费者开始关注性价比，寻求物美价廉的餐饮选择。近三年来大家外出消费的频率有所降低，对餐饮的性价比尤为看重，也就促使小吃快餐化进一步加剧。小吃快餐品牌通过提供正餐体验，可以满足消费者对于品质和体验的追求，同时在价格上保持亲民和竞争力。

湘下佬老长沙吃货铺总经理景小凯

方砖厂69号炸酱面董事长马俊杰：这一现象反映了餐饮市场的变化和消费者的需求。随着人们生活水平的提高和餐饮业的发展，消费者对餐饮的需求也越来越多样化。传统的小吃快餐品牌为了满足消费者的需求，纷纷开始强化正餐体验，提供更加丰富、高品质的食品和服务。在餐饮行业竞争持续加剧的背景下，小吃快餐强化正餐体验可以吸引更多的消费者，扩大市场份额，让品牌在日益激烈的竞争中突围。

柒小螺螺蛳粉联合创始人盛文明：柒小螺目前是24小时营业，当初的思考也是基于一定的时代背景，随着互联网平台兴起，开始意识到流量的重要性。24小时营业既可以增加品牌露出时段，强化消费者品牌记忆，构建更好的单店盈利模式，同时增加营业额。现在，24小时营业已经成为柒小螺独特的记忆点。未来柒小螺要100%布局24小时营业，同时进行更多元化的布局，将品牌塑造成六边形战士（产品、场景、营销、供应链、数字化、组织力）。

柒小螺螺蛳粉联合创始人盛文明

**Q:** 早餐市场前景广阔，但竞争也相当激烈。布局早餐场景，餐饮企业应做好哪些功课？

上海大富贵酒楼有限公司总经理、中国注册烹饪大师奚伟中：做餐饮，打动消费者的始终是好产品，早餐同样不会例外。作为第一批参与上海市早餐工程建设的企业，大富贵一直在加大早餐产品的研发力度，目前可供应约 50 种早餐单品和 8 个早餐特色套餐。同时，我们与光明乳业、清美等早餐工程企业积极开展资源共享，引入特色产品，丰富早餐品类。

成本高、毛利低、费时费力，一直以来都是早餐经营面临的痛点和难点。这也意味着，经营早餐，效率至关重要。在此方面，我们探索出了“两房一厅模式”，一厅是堂食，两房是两个外卖窗口，一个卖卤味，一个卖点心。这种模式不但受到老百姓的欢迎，也打破了坪效桎梏。因为客人带走的这个坪效是在外面的公共面积，和我们门店坪效没有关系。

柒小螺螺蛳粉联合创始人盛文明：布局 24 小时营业，开展多时段经营，在初期我们也是遇到了一些问题，比如人员夜班安全性问题、出餐时效问题。在营业的过程中我们快速调整优化。24 小时营业的模式需要我们更加关注产品是否匹配品牌的营业模式，包括考量核心的营业平台选哪一个。柒小螺主要是团购和外卖，其对于运营侧精细化地去制定线上线下的运营策略非常重要，对于营运侧保障人员、资金、财产、物品和食品安全也要求更高，所以柒小螺充分应用了数字化系统赋能，实时监控分析外卖、堂食、供应链、营运数据等，进一步提高人效，帮助门店经营。

**Q:** 和传统的经营模式相比，餐饮品牌布局休闲娱乐场景需要注意哪些点？

萍姐火锅联合创始人王一涵：布局休闲娱乐场景，要增加产品线、要把后端厨房迁移到前端场景，这不可避免地会带来人力等成本的增加。因此，餐饮品牌在布局休闲娱乐场景时，一定要把其中的关系想明白。像萍姐火锅，就是因为将公路夜市复刻进火锅店，才有了这个爆店的新模式。对于我们而言，这些新增的成本其实就是营销费用。

再者，布局休闲娱乐场景，卷的一定不是价格，而是文化。中国文化是最强的，中国的文化原力是无穷无尽的，如果我们能够在中国文化上借到力，就一定可以大展拳脚。

萍姐火锅

**Q:** 小吃快餐正餐化、正餐快餐化过程中，遇到过哪些挑战？有哪些应对经验可以分享？

紫光园总裁刘政：我们刚开始做小馆的时候，因为有档口加持，怎么干都赚钱。但是当时做的模型其实一点都不成功，完全是按正餐理念去打造小馆。很多客人觉得我们既不“快”，也不“中”。但是现在我们思路清晰了，将快餐的本质和中餐的基因进行了融合。比如，我们现在加了砂锅，不仅带来了效率，也增加了烟火气。再如，快餐就是 2~3 人吃，所以我们推出了小份菜，价格也随之降低。现在，紫光园小馆不仅快，还会让消费者感受到小馆的仪式感和体验感。

罗妈砂锅创始人杨勇：快餐和正餐是不同的消费场景，逻辑上有一定的差异。罗妈砂锅有很多产品并不符合快餐的逻辑。但正餐简餐化，必须保证产品的质量，要用正餐的标准要求产品。其中的一个挑战是：很多菜品之前是由高级烹饪师制作的，我们如何把它调整到适合更加普通的技术人员，同时还要保证质量不变形？在这方面，我们前后做了 3 个多月的产品测试。在测试过程中，我们发现只要保证客单价在 30 元左右，技术呈现、顾客消费体验就会达到一个平衡点。这也让极致的性价比成为罗妈砂锅的标签。需要强调的是，极致性价比并不仅仅是用价格打动消费者，而是在一个价格下，让消费者得到极致的消费体验。

湘下佬老长沙吃货铺总经理景小凯：近三年，我们有一个很明显的产品结构变化，就是调整了菜品结构，增加了砂锅系列。比如，砂锅拌粉、砂锅饭等热饭热菜，增加了菜品和口味的多样性，满足了顾客对正餐品质和口感的需求。2019 年，湘下佬小吃品类占总收入的 50% 以上；2023 年，小吃占比已经下降到 40% 以下，而正餐的占比在逐年上升。这就说明了顾客

罗妈砂锅创始人杨勇

的消费习惯和选择在发生变化，大家越来越追求性价比，在追求品质和服务的同时，还会考虑价格方面的因素。我们要懂得透过数据看到背后的本质问题，去顺应市场的变化和需求，提升自身的竞争力，满足消费者的需求，创造新的增长点，从而在竞争激烈的市场中获得更好的发展机会。

方砖厂 69 号炸酱面董事长马俊杰：小吃快餐品牌在强化正餐体验时需要注意保持品牌的特色和优势。小吃快餐品牌通常以快捷、方便、价格实惠等特点吸引消费者，如果过分强调正餐体验而失去品牌的特色，可能会导致消费者失去兴趣和忠诚度。因此，小吃快餐品牌需要在保持品牌特色的基础上，不断创新和提升食品质量和服务水平，以满足消费者的需求。举个例子，我们针对时间不怎么宽裕的客人，推出了烤鸭卷这一产品，做起来相当快速，价格也只有 35 元。时间比较宽裕的客人则可以直接点烤鸭，但我们省去了现场片鸭的过程。此外，我们也会选择一些操作相对比较简单、品质比较好把控的菜品，在店里现场制作，既可以让上菜速度得到保证，

方砖厂 69 号炸酱面董事长马俊杰

也可以让产品品质稳定输出。

优化环境、升级服务也是重要的一环。虽然快餐往往给人以快速、便捷的印象，但如果能在环境布置和氛围营造上下些功夫，如提供舒适的座位、优美的音乐等，也可以提升消费者的用餐体验。在保证出餐速度、接待速度的前提下，我们在设计、用材和施工上花了很多心思，客人来到我们这里之后，他不会觉得进的是一个快餐店。

## 十、反食品浪费和小份菜变得更有技术含量

2023 年，在各地、各部门、各企业的推动下，反食品浪费持续深入，省钱又不浪费的小份菜成为众多消费者的性价比之选，我国也形成了“厉行节约、反对浪费”的社会风尚。与此同时，餐饮品牌在菜品研发、后厨管理等各个环节持续创新，让反食品浪费和小份菜变得更有技术含量。

作为反食品浪费的重要举措，反食品浪费和小份菜下一步的推广工作重点是什么？反食品浪费和小份菜又将给餐饮企业和平台带来哪些机遇？

*以下内容为访谈实录。*

**Q：** 反食品浪费是餐饮业的必修课。在这方面，贵企业做了哪些工作？

**香港洪氏集团副主席、合兴集团控股有限公司执行董事兼行政总裁洪明基：** 我非常反对食品浪费，也赞赏小份菜的推出。吉野家也在努力让顾客品尝到更多产品，并且以小份菜的方式推出，让顾客吃得更丰富，同时也不浪费。

**北京华天饮食控股集团有限公司党委书记、董事长贾飞跃：** 北京华天所属各老字号餐厅通过门店宣传品、服务人员引导等途径大力倡导、宣传“节约光荣、浪费可耻”的健康消费理念。同时，以实际行动引领“文明消费、节约用餐”风尚。

在后厨，通过提高食材利用率、提高能源使用率、降低污染率，引入厨余垃圾减量装置，打造“绿色环保”厨房。京城江苏风味的同春园饭店就是其中之一，店里将鱼身做成鱼片，将鱼头做成砂锅鱼头，将鱼尾做成红烧划水，既不影响使用，又减少了厨余垃圾。同和居饭店也有不少提

高食材利用率的妙招。该店每日接待消费者数千人，食材使用量很大，为了减少浪费，店里发动厨师不断进行菜品创新，提高食材利用率。比如，将常见的食材笋笋身做成干烧冬笋，笋尖做糟熘三白的辅料。再如，将雪梨挖出来的球做成醉雪梨，将其余部位熬成雪梨银耳汤。

在前厅，通过倡导适量点餐、剩餐打包，推出小份菜、半份菜，推行光盘奖励，打造“文明消费餐厅”。北京华天所属鼓楼马凯餐厅、同春园、华天二友居肉饼、庆丰包子铺等企业即通过倡导适量点餐、剩餐打包等举措来倡导节约，避免浪费。为了避免浪费，不少餐厅推出小份菜，既避免了浪费，又能让消费者享用多样的菜品。此外，北京华天所属各老字号餐厅坚持推行“光盘行动”，通过设置优惠活动奖励“光盘”消费者，引导节约用餐。

在避免食材使用不充分、消费者过量点餐等造成浪费的同时，北京华天所属鼓楼马凯餐厅、新川面馆、惠丰酒家等餐厅陆续引入垃圾减量装置，厨余垃圾最高可减量八成。此外，华天各直属门店全部安装了节水设备，从源头减少资源浪费；灶具一律升级为清洁燃料，努力建设“绿色厨房”。

美团青山计划负责人田瑾：站在美团视角，我想分享一下美团外卖在监管部门的指导下，贯彻《中华人民共和国反食品浪费法》，发挥平台示范引领作用，推出的八大切实举措。

一是在消费者“点餐”“提交订单”“完成订单”三大环节所有页面都实现了“适量点餐”的提醒，并上线功能支持商户一键配置节约提示海报。

二是牵头制定了外卖行业首个规范餐品描述信息内容的国家标准《外卖餐品信息描述规范》，并增加消费者餐后关于分量的问卷小调研，以便于消费者合理点餐、避免浪费。

三是推动更多商家提供“小份菜”“小份饭”，鼓励“拼好饭”“一人食”等新模式，为消费者提供更丰富的餐品选择。

四是不再在“满减凑单”展示主食类餐品，重点促进保障粮食安全。

五是连续面向平台用户进行减少食品浪费主题宣传，并发布《携手行业各方，美团持续推进反对食品浪费行动》《剩饭的告别》等宣传视频，在央视、央视网和视频号不断宣传曝光。

六是通过文章、视频、宣传长图等多种形式面向平台餐饮商户开展多轮“反食品浪费”线上专题课程培训；推广商户应用“碳足迹计算管理”小程序。

七是联动行业组织、餐饮品牌，发起行业减少食品浪费行动倡议并完善相关标准指引、规范行业准则。

八是联合清华大学环境学院、中国连锁经营协会、中国饭店协会等机构发布《小份菜洞察报告》《中国餐饮行业减少食物浪费路径量化评估研究》报告，探索“多方共治”可行路径。

中国全聚德（集团）股份有限公司党委书记、董事、总经理周延龙：在反食品浪费方面，全聚德通过加强宣传教育、引导文明消费、创新服务模式、加强内部管理等方式，从各个环节避免浪费行为，营造浪费可耻、节约为荣的餐饮“新食尚”。

首先，我们在醒目位置张贴了“光盘行动”宣传画，倡导宾客勤俭节约。我们的服务员在客人落座后，会询问用餐宾客人数，在点餐时主动给顾客提出建议。

其次，我们组建了“制止浪费监督员”队伍，积极号召消费者餐前少点、吃完再点、剩餐打包、避免浪费。

再次，我们会通过提高厨师烹饪技艺、投料标准上墙、客流预判、物尽其用等方式在源头防止浪费的产生。

最后，我们还推出了小份菜，让顾客既能品尝到美食，又能避免浪费。

**Q：** 在减少食品浪费行动中，小份菜以其性价比受到消费者的欢迎。在您看来，小份菜给平台和餐饮企业带来了哪些机遇？

美团青山计划负责人田瑾：正如我们在《小份菜洞察报告》中总结的，小份菜是一场“需求侧和供给侧的双向奔赴”。对餐饮企业来说，伴随着消费者对于小份饭、小份菜的需求偏好不断增强，打造适合市场需求的小份菜、小份饭供给，开发适合小份菜、小份饭的运营策略，已经成为餐饮商家解锁增长曲线的新密码。对平台来说，小份菜实现了平台商业利益和社会公益的兼得，既满足消费者需求、提升用餐体验，又服务好餐饮企业供给、提升经营增长，还创新了反食品浪费的新载体、实现平台社会责任。

**Q：** 您认为，作为反食品浪费重要举措的小份菜，下一步的推广工作重点是什么？

美团青山计划负责人田瑾：展望小份菜在社会中的进一步持续推广，其工作重点可以从“平台助力”转变为“社会发力”。当前，在平台的推广牵引下，小份菜、小份饭正在成为商家和消费者的“共同选择”。下一步，一方面政府、协会、研究机构等多方共同发力，形成小份菜供给与消费的“社会风潮”，将反食品浪费的公益性、政策性与食品消费的商业性、自主性有机结合；另一方面，围绕着小份菜的商业模式，从小份菜、小份饭，进一步创新小份套餐（一人食套餐）、小份拼团定制（以拼团方式实现菜品分量的定制）。

# 第二部分

中国餐饮年度观察和大数据 2024

# 年度餐饮大数据 2024

# 01

# 行业概览篇

# 一、经济总体向好，餐饮新活力涌现

2023 年是三年新冠疫情防控转段后经济恢复发展的一年，各地区各部门深入实施扩大内需战略，积极推出一系列提振消费政策举措，推动消费市场回升向好，市场规模稳步扩大，城乡市场同步增长，网络购物占比提高，餐饮类、旅行类和文娱类消费快速增长。

2024 年 1 月份发布的国家统计局数据显示，2023 年，我国 GDP 为 1260582 亿元，比上年增长 5.2%。分产业来看，第三产业增加值为 688238 亿元，增长 5.8%，对经济增长的贡献率为 60.2%。三次产业增加值占 GDP 的比重分别为 7.1%、38.3% 和 54.6%。从环比看，经季节因素调整后，四季度 GDP 环比增长 1.0%。环比增速连续 6 个季度增长，经济总体呈现恢复向好态势。

2023 年，我国全年社会消费品零售总额 471495 亿元，比上年增长 7.2%，规模再创历史新高。全年餐饮业总收入 52890 亿元，较上年同比增长 20.4%（见图 1–1）；12 月餐饮业收入 5405 亿元，增长 30.0%（见图 1–2）[①]。

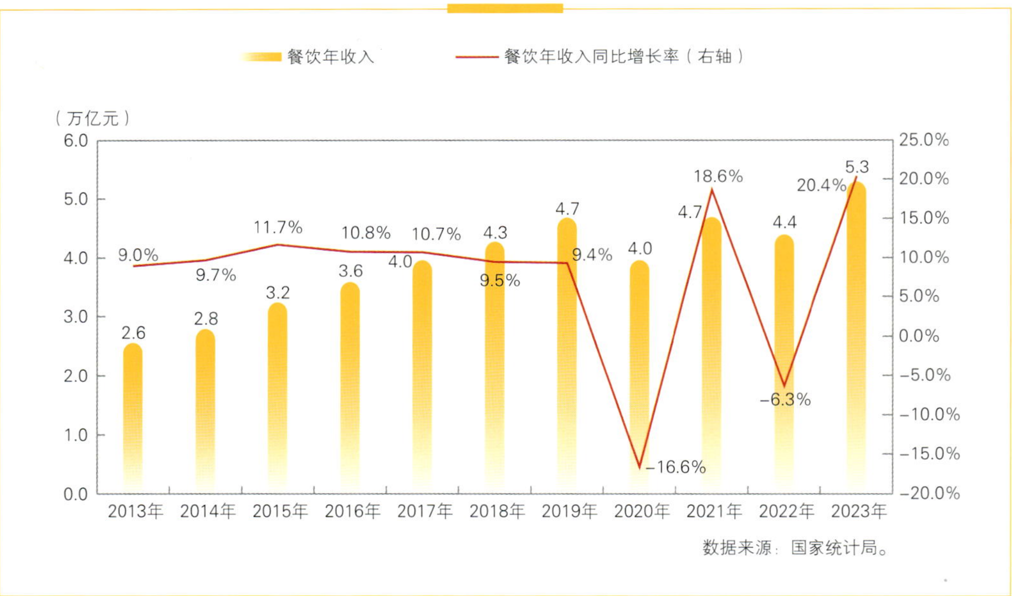


**图 1–1　近 10 年全国餐饮收入及年同比增长**

①俞炳彬 . 消费市场持续恢复回升　新场景新模式发展向好 [EB/OL]. 中国经济网，2024–01–18.

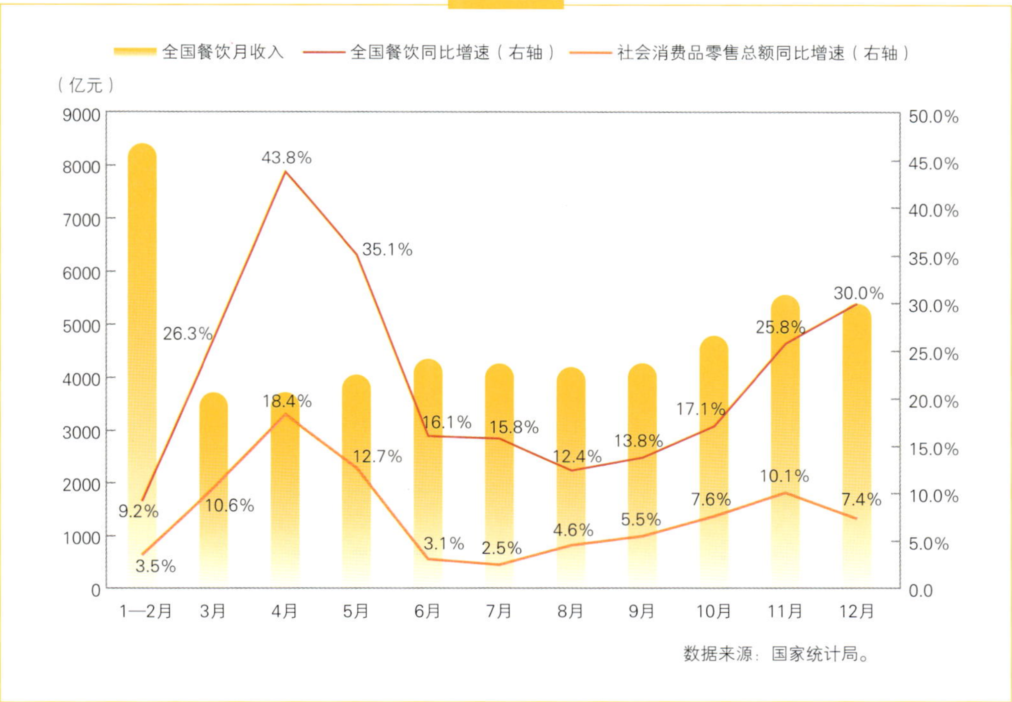


图 1-2　2023 年全国餐饮月收入趋势及同比增长

## 二、线上消费较快增长，餐饮进一步“触网”升级

国家统计局数据显示，2023 年全国网上零售额 154264 亿元，比上年增长 11.0%。其中，实物商品网上零售额 130174 亿元，增长 8.4%，占社会消费品零售总额的比重为 27.6%，较上年提高 0.4 个百分点；在实物商品网上零售额中，吃类、穿类、用类商品分别增长 11.2%、10.8%、7.1%。消费新业态持续活跃，新兴服务业快速增长。

美团数据显示，2023 年全国在线餐饮销售额比上年增长约 30%，相较于全国餐饮销售额比上年增长的 20.4%，在线餐饮展现了更强的市场活力（见图 1-3、图 1-4）。

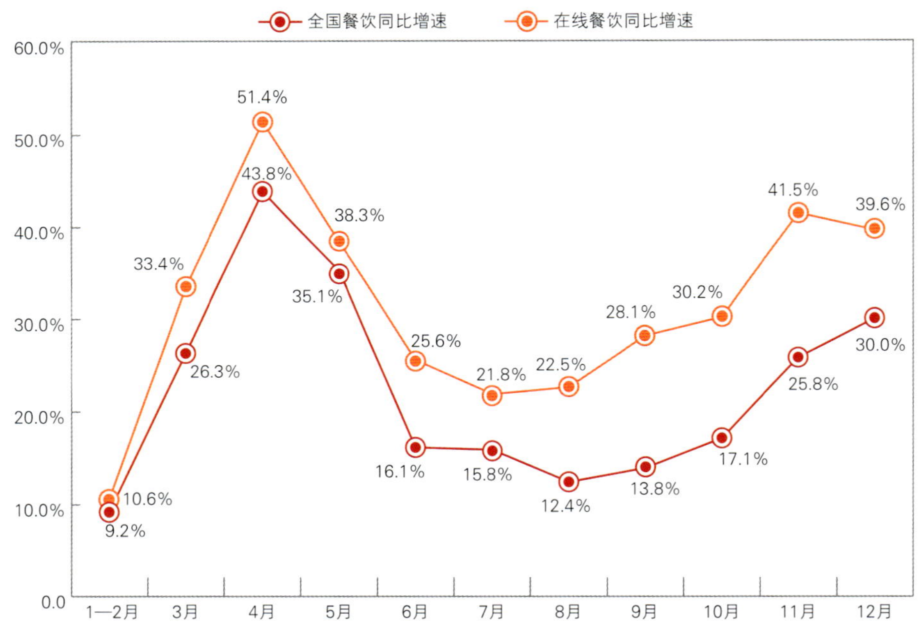


数据来源：国家统计局、美团。

图 1-3　2023 年按月份全国餐饮同比增速

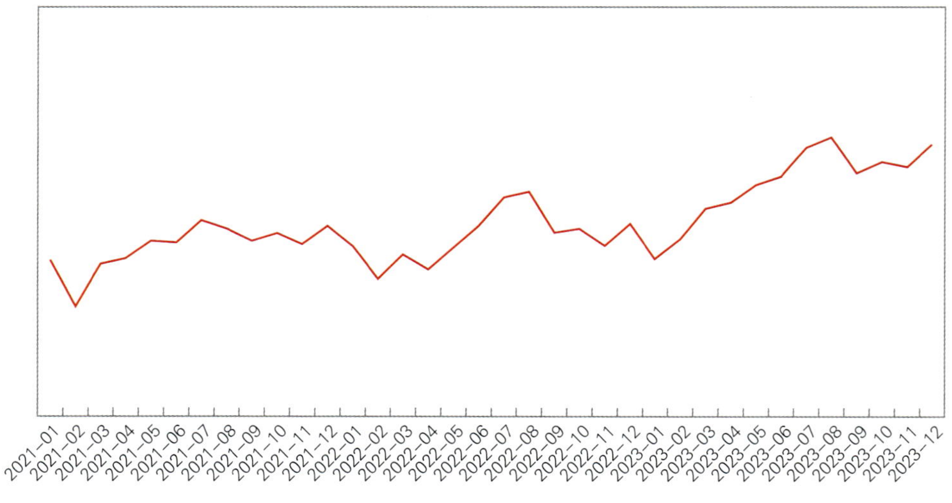


数据来源：美团。

图 1-4　2021—2023 年中国在线餐饮订单量月走势

# 三、城乡市场共同壮大，县乡消费市场增速凸显

国家统计局数据显示，2023 年全国居民人均可支配收入 39218 元，比上年实际增长 6.1%，较上年的增长速度提升了 3.2 个百分点。按常住地分，城镇居民人均可支配收入 51821 元，比上年实际增长 4.8%，较上年的增长速度提升了 2.9 个百分点。农村居民人均可支配收入 21691 元，比上年实际增长 7.6%，较上年的增长速度提升了 3.4 个百分点（见图 1-5）。城乡居民人均可支配收入比值为 2.39，比上年缩小 0.06。按全国居民五等份收入分组，低收入组人均可支配收入 9215 元，中间偏下收入组人均可支配收入 20442 元，中间收入组人均可支配收入 32195 元，中间偏上收入组人均可支配收入 50220 元，高收入组人均可支配收入 95055 元。全国农民工人均月收入 4780 元，比上年增长 3.6%。

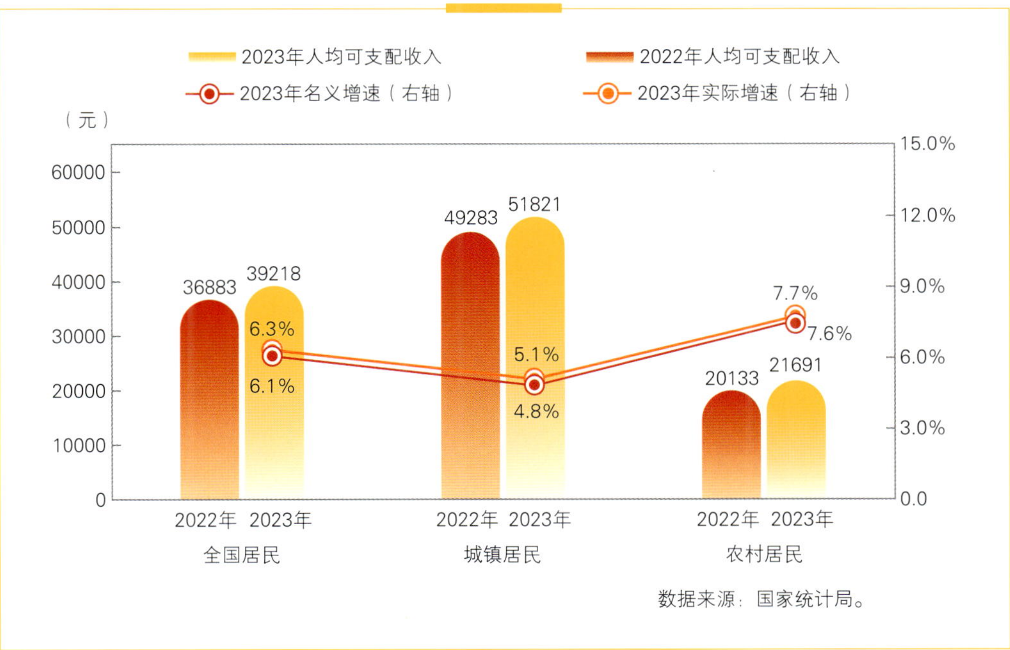


图 1-5　2023 年全国及分城乡居民人均可支配收入与增速

## 四、整体消费支出增长加速，基础生活消费理性增长

国家统计局数据显示，2023 年全国居民人均消费支出 26796 元，比上年实际增长 9.0%。分城乡看，城镇居民人均消费支出 32994 元，实际增长 8.3%；农村居民人均消费支出 18175 元，实际增长 9.2%。

2023 年，全国居民人均食品烟酒消费支出 7983 元，比上年增长 6.7%，占人均消费支出的比重为 29.8%；人均生活用品及服务消费支出 1526 元，比上年增长 6.6%，占人均消费支出的比重为 5.7%（见图 1–6）。

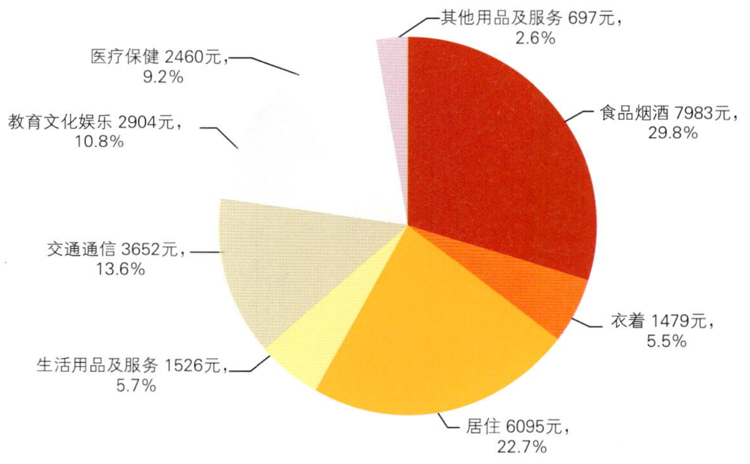


数据来源：国家统计局。

图 1–6　2023 年全国居民人均消费支出及构成

国家统计局数据显示，2023 年全国城镇消费品零售额同比增长 7.1%；乡村消费品零售额同比增长 8.0%，消费重新成为经济增长的主动力，基础性作用更加显著。

2023 年，全国居民用于教育文化娱乐、其他用品及服务与医疗保健的年同比增长位居前三（见图 1-7）。对比城镇与乡村居民来看，乡村居民的医疗保健、食品烟酒、生活用品及服务消费增速高于城镇居民（见图 1-8）。

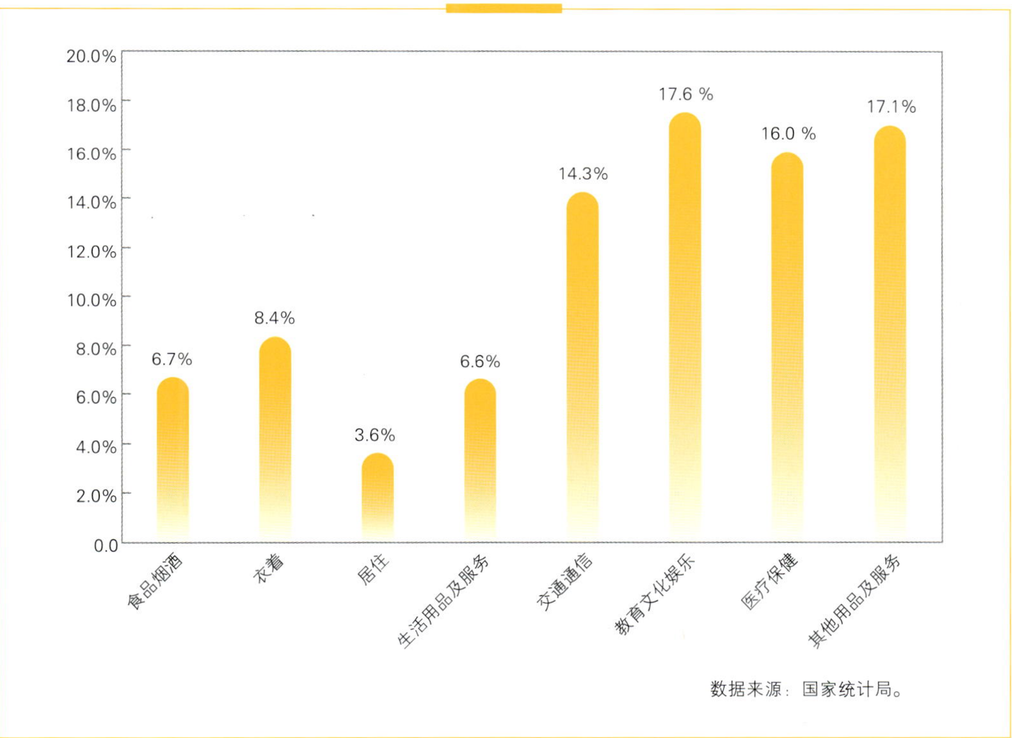


图 1-7 2023 年全国居民人均消费支出年同比增长（按消费类别分）

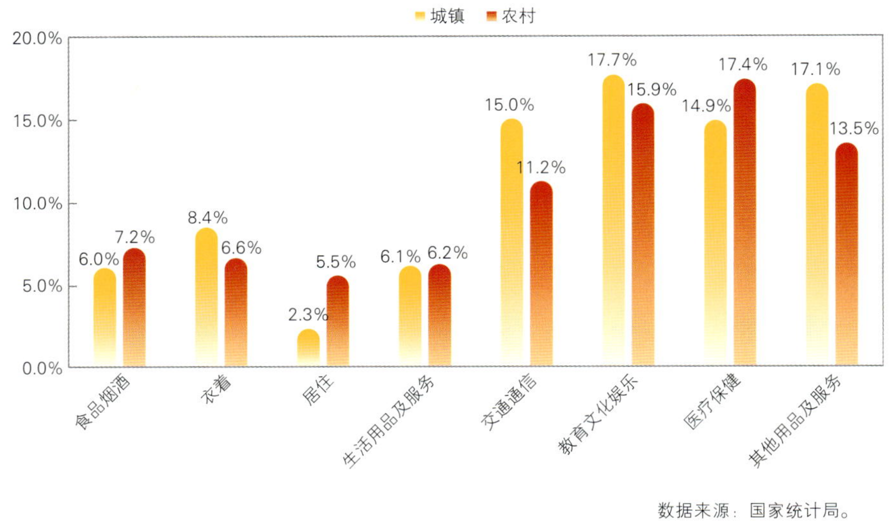


图 1-8　2023 年全国城乡居民消费支出年同比增长（按消费类别分）

## 五、餐饮行业金融信贷持续发力，投融资事件与金额逐步收紧

截至 2023 年年末，中国人民银行统计口径的普惠小微贷款余额 29.4 万亿元。国家市场监督管理总局统计的全国登记在册个体工商户 1.24 亿户，占经营主体总量的 67.4%。以中小型餐饮经营者为代表的个体工商户，作为产业链和消费链的“毛细血管”和市场的“神经末梢”，稳定发展守住了街头巷尾的人间烟火气，维持了亿万家庭的生计，显示出我国经济的强大活力和韧性。

在餐饮投融资领域，投融资逐步收紧。IT 桔子数据显示，2023 年全国餐饮行业相关领域投融资事件数和披露融资金额分别为 112 件与 62.62 亿元（见图 1-9、表 1-1），涉及供应链、餐饮服务、烘焙、茶饮等细分领域，餐饮行业相关领域投融资热度仍呈低位。从 2023 年餐饮行业相关领域投融资事件及金额月度分布来看，3 月投融资事件达到峰值，为 22 件；5 月投融资金额达到峰值，达 13.44 亿元（见图 1-10）。

在披露金额的融资事件中，超亿元的融资事件有 21 起；千万元级的融资事件有 57 起。

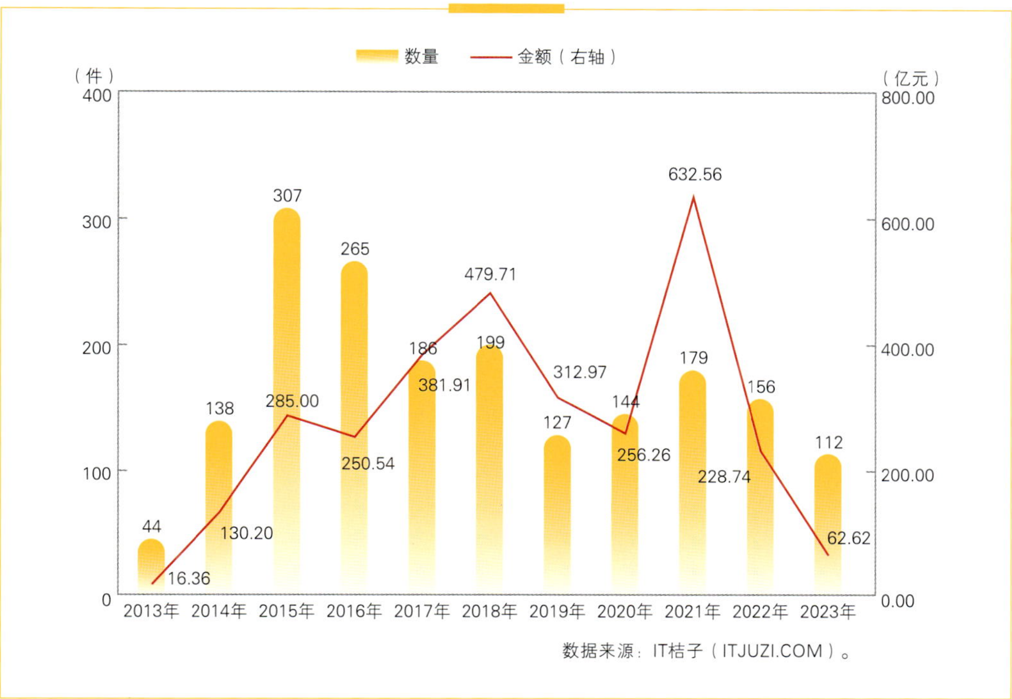


**图 1-9 近 10 年全国餐饮行业相关领域投融资事件统计**

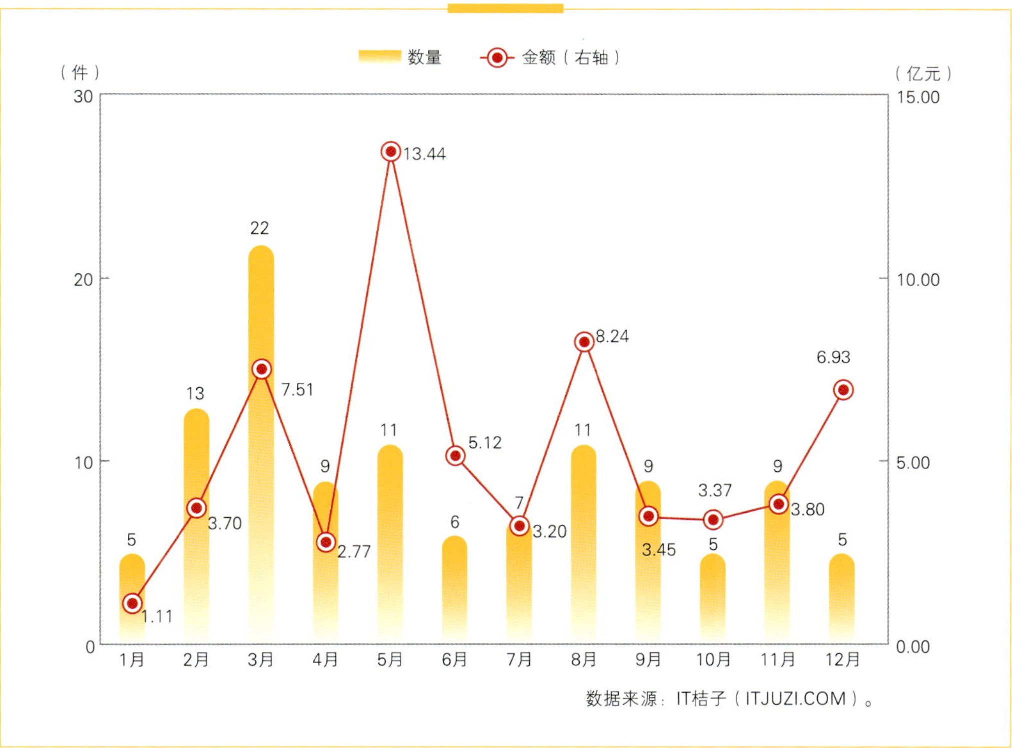


**图 1-10 2023 年全国餐饮行业相关领域投融资事件及金额统计**

表 1-1　2023 年全国餐饮行业相关领域投融资事件

| 序号 | 品牌 | 品类 | 融资时间 | 轮次 | 融资金额 | 投资方 |
|---|---|---|---|---|---|---|
| 1 | 沙拉食刻 | 餐饮业 | 2023-12-26 | A 轮 | 1 亿元 | 不惑创投 |
| 2 | 鹤所 | 餐饮业 | 2023-12-20 | Pre-A 轮 | 数千万元 | 麟阁创投 |
| 3 | 小菜园 | 餐饮业 | 2023-12-19 | 战略投资 | 数亿元 | 加华资本 |
| 4 | 饭团外卖 | 餐饮业 | 2023-12-06 | C 轮 | 4000 万美元 | 元璟资本、Celtic House Venture Partners、GrubMarket、JSD Capital |
| 5 | 堂上堂 | 餐饮业 | 2023-12-04 | 天使轮 | 数百万元 | 番茄资本 |
| 6 | 乐饮创新 | 餐饮业 | 2023-11-30 | B 轮 | 未透露 | 盛景网联（盛景嘉成）、黑蚁资本、合享创投、苏州趋势基金 |
| 7 | 十八客 | 餐饮业 | 2023-11-29 | 天使轮 | 3000 万元 | 未透露 |
| 8 | 弄咖咖啡 | 餐饮业 | 2023-11-24 | 战略投资 | 1.2 亿元 | 坚果创投、诸葛基金 |
| 9 | 茶愿说 | 餐饮业 | 2023-11-21 | A 轮 | 未透露 | BARBIEGO |
| 10 | 锋味人间 | 餐饮业 | 2023-11-20 | Pre-A 轮 | 3000 万元 | 米雷资本 |
| 11 | 肯卫汀 | 餐饮业 | 2023-11-15 | 战略投资 | 1000 万元 | 中募投资 |
| 12 | 茉酸奶 | 餐饮业 | 2023-11-09 | 战略投资 | 未透露 | 君乐宝 |
| 13 | 探果餐饮 | 餐饮业 | 2023-11-08 | A 轮 | 2000 万元 | 未透露 |
| 14 | 居尚餐饮 | 餐饮业 | 2023-11-07 | Pre-A 轮 | 2000 万元 | 香港地州控股 |
| 15 | 城墙胡同 | 餐饮业 | 2023-10-30 | 战略投资 | 数百万元 | 纽康恩食品 |
| 16 | 龙合凤 | 餐饮业 | 2023-10-27 | 天使轮 | 数百万元 | 点赞创投 |
| 17 | 肯卫汀 | 餐饮业 | 2023-10-17 | 种子轮 | 未透露 | 未透露 |
| 18 | 茶中喜 | 餐饮业 | 2023-10-13 | Pre-A 轮 | 3000 万元 | 皓玥资本 |
| 19 | 乐禾食品 | 餐饮业 | 2023-10-08 | F 轮 | 数亿元 | 和智资本、广州基金、广东省农业供给侧结构性改革基金、粤茂基金、白云金控 |
| 20 | 苏南后勤集团 | 餐饮业 | 2023-09-20 | A 轮 | 9000 万元 | 中财产业基金、中蓝资本 |
| 21 | 虎头炸 | 餐饮业 | 2023-09-20 | 天使轮 | 数百万元 | 集味创业 |
| 22 | 解忧婆婆 | 餐饮业 | 2023-09-15 | 天使轮 | 未透露 | 君盈创投 |
| 23 | 禾嘉同创 | 餐饮业 | 2023-09-11 | 天使轮 | 8000 万元 | 未透露 |
| 24 | 茶花絮 | 餐饮业 | 2023-09-08 | Pre-A 轮 | 1000 万元 | 中南金服 |
| 25 | 沙朗阿甘 | 餐饮业 | 2023-09-08 | 天使轮 | 近千万元 | 奈雪的茶 |
| 26 | 椰力丫 | 餐饮业 | 2023-09-07 | 种子轮 | 未透露 | 周敬良 |
| 27 | 新梦想餐饮 | 餐饮业 | 2023-09-07 | 战略投资 | 5000 万元 | 国正资本 |

续表

| 序号 | 品牌 | 品类 | 融资时间 | 轮次 | 融资金额 | 投资方 |
|---|---|---|---|---|---|---|
| 28 | 啡行家 | 餐饮业 | 2023-09-07 | 战略投资 | 未透露 | 良品铺子 |
| 29 | 唐饮 | 餐饮业 | 2023-08-31 | 天使轮 | 未透露 | 深圳龙智创投中心 |
| 30 | 魔豆司咖啡 | 餐饮业 | 2023-08-24 | 天使轮 | 未透露 | 黑蚁资本 |
| 31 | peekoo coffee | 餐饮业 | 2023-08-21 | A 轮 | 未透露 | 天图投资、内向基金 |
| 32 | 吮芝味 | 餐饮业 | 2023-08-21 | 战略投资 | 3000 万元 | 玄元投资 |
| 33 | 沪上阿姨 | 餐饮业 | 2023-08-09 | B 轮 | 数亿元 | 嘉御资本、熠美投资、金镒资本、知一投资 |
| 34 | 京腔调 | 餐饮业 | 2023-08-08 | 战略投资 | 未透露 | 滴灌通 |
| 35 | 哗啦啦 | 餐饮业 | 2023-08-07 | 战略投资 | 2.5 亿元 | 亿阳信通 |
| 36 | 腿老大 | 餐饮业 | 2023-08-07 | 天使轮 | 400 万元 | 未透露 |
| 37 | 幸典餐饮 | 餐饮业 | 2023-08-04 | 战略投资 | 5000 万元 | 凯撒基金 |
| 38 | 两瑞咖啡 | 餐饮业 | 2023-08-03 | 战略投资 | 6000 万元 | 贝恩资本 |
| 39 | 抖乐惠 | 餐饮业 | 2023-08-03 | 天使轮 | 800 万元 | 未透露 |
| 40 | 简而盐 | 餐饮业 | 2023-07-27 | 天使轮 | 数百万元 | 源数资本 |
| 41 | 粉大大 | 餐饮业 | 2023-07-26 | 天使轮 | 数百万元 | 卓尔资本 |
| 42 | 布兰熊 | 餐饮业 | 2023-07-23 | 天使轮 | 未透露 | 香港百福禧食品控股有限公司 |
| 43 | 啡途咖啡 | 餐饮业 | 2023-07-18 | 战略投资 | 2500 万美元 | 未透露 |
| 44 | 佳喻沪晓餐饮 | 餐饮业 | 2023-07-17 | 战略投资 | 1 亿元 | 橡树基金 |
| 45 | 双美豆沙牛乳 | 餐饮业 | 2023-07-06 | A 轮 | 未透露 | 窄门学社 |
| 46 | 晓桐快餐 | 餐饮业 | 2023-07-04 | 战略投资 | 数千万元 | 平安云厨 |
| 47 | 茶百道 | 餐饮业 | 2023-06-19 | 战略投资 | 2000 万元 | 中金资本 |
| 48 | 小咖 | 餐饮业 | 2023-06-16 | B 轮 | 4.48 亿元 | 清望资本 |
| 49 | 小胖黎 | 餐饮业 | 2023-06-15 | 天使轮 | 数百万元 | 翰畔创投 |
| 50 | 味极天骄 | 餐饮业 | 2023-06-09 | 天使轮 | 千万元级 | 未透露 |
| 51 | 巴狗鲜食 | 餐饮业 | 2023-06-05 | A 轮 | 数千万元 | 安朴资本 |
| 52 | 凌麒麟大口茶 | 餐饮业 | 2023-06-02 | 天使轮 | 未透露 | 未透露 |
| 53 | 宅家吃饭 | 餐饮业 | 2023-05-30 | Pre-A 轮 | 3000 万元 | 泰明创投 |
| 54 | 郭氏花旦茶 | 餐饮业 | 2023-05-23 | A 轮 | 数千万元 | 瀚晟基金 |
| 55 | 串斗辣 | 餐饮业 | 2023-05-23 | A 轮 | 3000 万元 | 世腾资本 |
| 56 | 鹤所 | 餐饮业 | 2023-05-22 | 天使轮 | 未透露 | 鞍羽消费 |

续表

| 序号 | 品牌 | 品类 | 融资时间 | 轮次 | 融资金额 | 投资方 |
|---|---|---|---|---|---|---|
| 57 | 茶百道 | 餐饮业 | 2023-05-22 | 战略投资 | 9.5 亿元 | 兰馨亚洲、正心谷资本、番茄资本、草根知本 |
| 58 | 高能集食 | 餐饮业 | 2023-05-17 | A 轮 | 3000 万元 | 宇宙奇点 |
| 59 | 榴小夏 | 餐饮业 | 2023-05-17 | A 轮 | 数千万元 | 德玥基金 |
| 60 | 花田萃 | 餐饮业 | 2023-05-12 | Pre-A 轮 | 未透露 | 合享创投 |
| 61 | ZR 自燃元素 | 餐饮业 | 2023-05-09 | Pre-A 轮 | 5000 万元 | 中南金服 |
| 62 | TAGSIU | 餐饮业 | 2023-05-09 | 天使轮 | 千万元级 | D1M |
| 63 | 星茵咖啡 | 餐饮业 | 2023-05-08 | A 轮 | 2500 万美元 | 中天资本 |
| 64 | 碗丰亭板面 | 餐饮业 | 2023-04-14 | 种子轮 | 100 万元 | 禧年资本 |
| 65 | 麦喜堡 | 餐饮业 | 2023-04-11 | A 轮 | 数千万元 | 胜达基金 |
| 66 | 星茵咖啡 | 餐饮业 | 2023-04-08 | 天使轮 | 200 万美元 | 香港誉邦投资有限公司 |
| 67 | 山东聚合科技 | 餐饮业 | 2023-04-07 | A 轮 | 3000 万元 | 赛博基金 |
| 68 | 派堡王 | 餐饮业 | 2023-04-06 | A 轮 | 3000 万元 | 伟通基金 |
| 69 | HUSHANG 沪上餐门 | 餐饮业 | 2023-04-03 | A 轮 | 未透露 | 香港 Aubac 资本 |
| 70 | 快鲜生 | 餐饮业 | 2023-04-03 | 天使轮 | 数百万元 | 东吴创投—东吴证券 |
| 71 | 好运椰 | 餐饮业 | 2023-04-03 | 战略投资 | 数千万元 | 同山投资 |
| 72 | 宏琰餐饮 | 餐饮业 | 2023-04-01 | A 轮 | 1.2 亿元 | 未透露 |
| 73 | 布鲁熊咖啡 | 餐饮业 | 2023-03-31 | 天使轮 | 未透露 | 艺领基金 |
| 74 | 轻卡鹿 | 餐饮业 | 2023-03-27 | 天使轮 | 未透露 | 黑石集团 |
| 75 | 一口十一食品 | 餐饮业 | 2023-03-27 | 天使轮 | 未透露 | 欧若拉投资 |
| 76 | 山野泡泡 | 餐饮业 | 2023-03-27 | 天使轮 | 1000 万元 | 业泰基金 |
| 77 | DEAR BOX 盲盒咖啡 | 餐饮业 | 2023-03-26 | A+ 轮 | 未透露 | Adrenalin |
| 78 | 云九仓 | 餐饮业 | 2023-03-22 | 天使轮 | 3000 万元 | 民酒酒厂 |
| 79 | 舞莓娘 | 餐饮业 | 2023-03-21 | 天使轮 | 未透露 | 香港梯构国际供应链服务有限公司、深圳市意利投资控股有限公司 |
| 80 | 小咖主 | 餐饮业 | 2023-03-20 | A 轮 | 1 亿元 | AD-VC 广告创投基金、星米资本 |
| 81 | 锅灶一气 | 餐饮业 | 2023-03-17 | 天使轮 | 5000 万元 | 未透露 |
| 82 | 吉祥馄饨 | 餐饮业 | 2023-03-16 | 战略投资 | 未透露 | 绝味网聚资本 |
| 83 | 招财猫能量茶 | 餐饮业 | 2023-03-14 | A 轮 | 5000 万元 | 泓毅基金 |
| 84 | 嗨罐咖啡 | 餐饮业 | 2023-03-14 | 天使轮 | 未透露 | 初芽创投 |
| 85 | 摇八下 | 餐饮业 | 2023-03-13 | 天使轮 | 未透露 | 健滋创投 |

续表

| 序号 | 品牌 | 品类 | 融资时间 | 轮次 | 融资金额 | 投资方 |
|---|---|---|---|---|---|---|
| 86 | 林堡堡 | 餐饮业 | 2023-03-13 | 天使轮 | 数百万元 | 陈伟星 |
| 87 | 小菜园 | 餐饮业 | 2023-03-09 | 战略投资 | 数千万美元 | 加华资本 |
| 88 | 蜗小栖茶屋 | 餐饮业 | 2023-03-07 | 种子轮 | 1000 万元 | 海南金泉 |
| 89 | 悠小咖 UPLAYER | 餐饮业 | 2023-03-07 | A 轮 | 1500 万元 | 森信基金 |
| 90 | 每食宝 | 餐饮业 | 2023-03-03 | 天使轮 | 未透露 | 深圳汉邑 |
| 91 | 豆校长 | 餐饮业 | 2023-03-02 | A+ 轮 | 5000 万元 | 山海资本 |
| 92 | 面朝大海 | 餐饮业 | 2023-03-01 | Pre-A 轮 | 千万元级 | 新创基金 |
| 93 | Au Cafe | 餐饮业 | 2023-03-01 | 种子轮 | 未透露 | 嘉州金控 |
| 94 | 墨比优创 | 餐饮业 | 2023-03-01 | A 轮 | 1 亿元 | 梅花创投、天味集团、嘉兴品创 |
| 95 | 爆爆姐螺蛳粉 | 餐饮业 | 2023-02-28 | 天使轮 | 数千万元 | 美味投资 |
| 96 | 肆月河豚 | 餐饮业 | 2023-02-24 | A+ 轮 | 3500 万元 | 华软资本 |
| 97 | 桃禧满满 | 餐饮业 | 2023-02-17 | 战略投资 | 数百万元 | 未透露 |
| 98 | 聚美味 | 餐饮业 | 2023-02-16 | 天使轮 | 100 万元 | 一亿中流 |
| 99 | 雷力咖啡 | 餐饮业 | 2023-02-14 | A 轮 | 3000 万元 | 昕晟基金 |
| 100 | 多甜食品 | 餐饮业 | 2023-02-14 | A 轮 | 3000 万元 | 盛银投资 |
| 101 | 伽那食品 | 餐饮业 | 2023-02-14 | 天使轮 | 未透露 | 黑蚁资本、内向基金 |
| 102 | AoTiger 虎闻咖啡 | 餐饮业 | 2023-02-13 | 天使轮 | 未透露 | 梅花创投 |
| 103 | 上山喝茶 | 餐饮业 | 2023-02-10 | 天使轮 | 未透露 | 天使湾 |
| 104 | 宅家吃饭 | 餐饮业 | 2023-02-09 | 天使轮 | 千万元级 | 未透露 |
| 105 | 龙门炸串 | 餐饮业 | 2023-02-08 | A 轮 | 3000 万元 | 赢多资本 |
| 106 | 美小店 | 餐饮业 | 2023-02-07 | 战略投资 | 未透露 | 饿了么、口碑 |
| 107 | 辛猫咖啡 | 餐饮业 | 2023-02-03 | A 轮 | 1500 万美元 | Bit Origin |
| 108 | 麦达仕 | 餐饮业 | 2023-01-31 | 战略投资 | 5000 万元 | 金凯基金 |
| 109 | 啤卤侠 | 餐饮业 | 2023-01-20 | Pre-A 轮 | 近千万元 | 安益资本、周洪标 |
| 110 | 虎头局渣打饼行 | 餐饮业 | 2023-01-12 | B 轮 | 数千万元 | 红杉中国、纪源资本 |
| 111 | 虎伴麻辣烫 | 餐饮业 | 2023-01-03 | 天使轮 | 100 万元 | 国宏元宇时代资本 |
| 112 | 健太拉面 | 餐饮业 | 2023-01-01 | Pre-A 轮 | 数百万美元 | 青山资本 |

数据来源：IT 桔子（ITJUZI.COM）。

# 02

# 品类篇

# 一、品类数据总览

## 1. 餐饮品类门店分布

美团数据显示，在2022—2023年餐饮品类在线门店数占比分布中，除了无法识别具体品类划分的“其他餐饮”外，小吃快餐、八大菜系（包含川菜、粤菜、徽菜、鲁菜、湘菜、苏菜、浙菜、闽菜）、饮品店、火锅、烧烤位居前列，较前一年整体分布相同。其中，2023年小吃快餐在线门店数占比位居榜首，达到41.7%，八大菜系在线门店数占比为8.1%，饮品店在线门店数占比为6.7%，火锅在线门店数占比为5.8%，烧烤在线门店数占比为5.2%（见图2-1）。

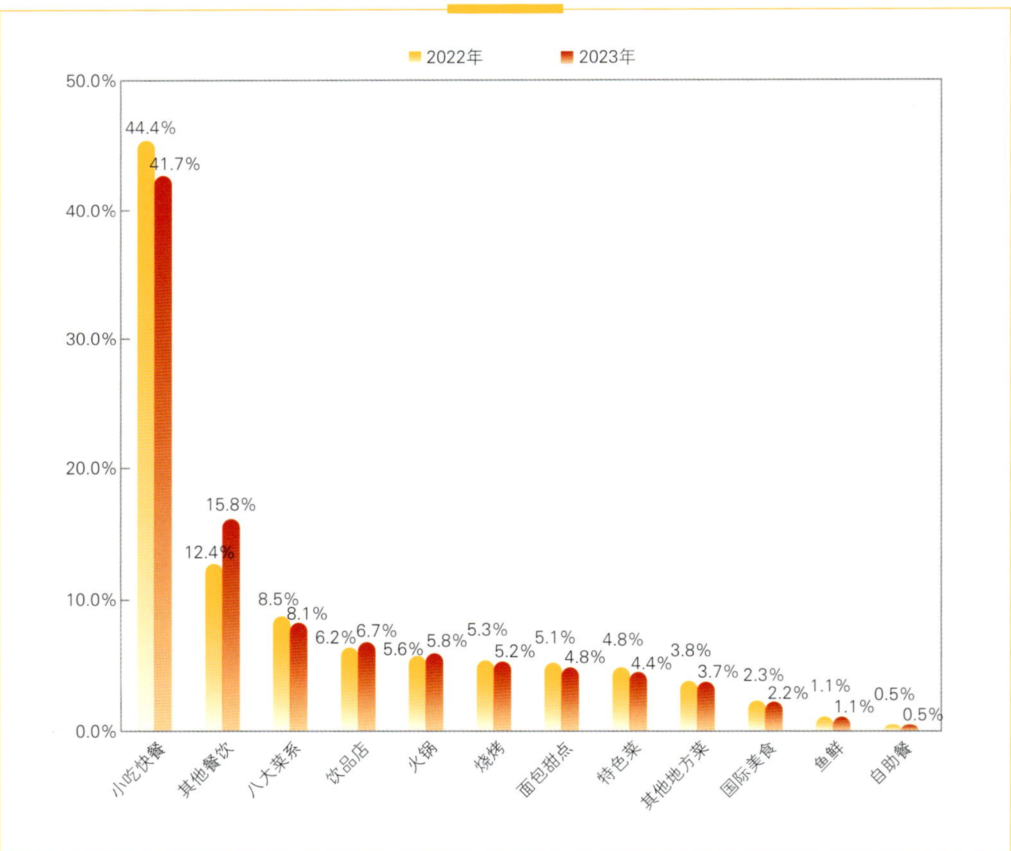


图2-1　2022—2023年餐饮品类在线门店数占比分布

## 2. 餐饮品类消费分布

小吃快餐占据半壁江山，饮品火锅市场空间逐步扩大

美团数据显示，在 2022—2023 年餐饮订单占比分布中，小吃快餐、饮品店、八大菜系（包含川菜、粤菜、徽菜、鲁菜、湘菜、苏菜、浙菜、闽菜）位居前三，小吃快餐是当下最主流的消费品类，占比超过 50%，2023 年达 51.4%。从订单占比变化来看，2023 年饮品店、火锅在消费订单的占比上有所增长，市场空间逐步扩大，八大菜系、烧烤、特色菜的消费订单占比则较为稳定（见图 2-2）。

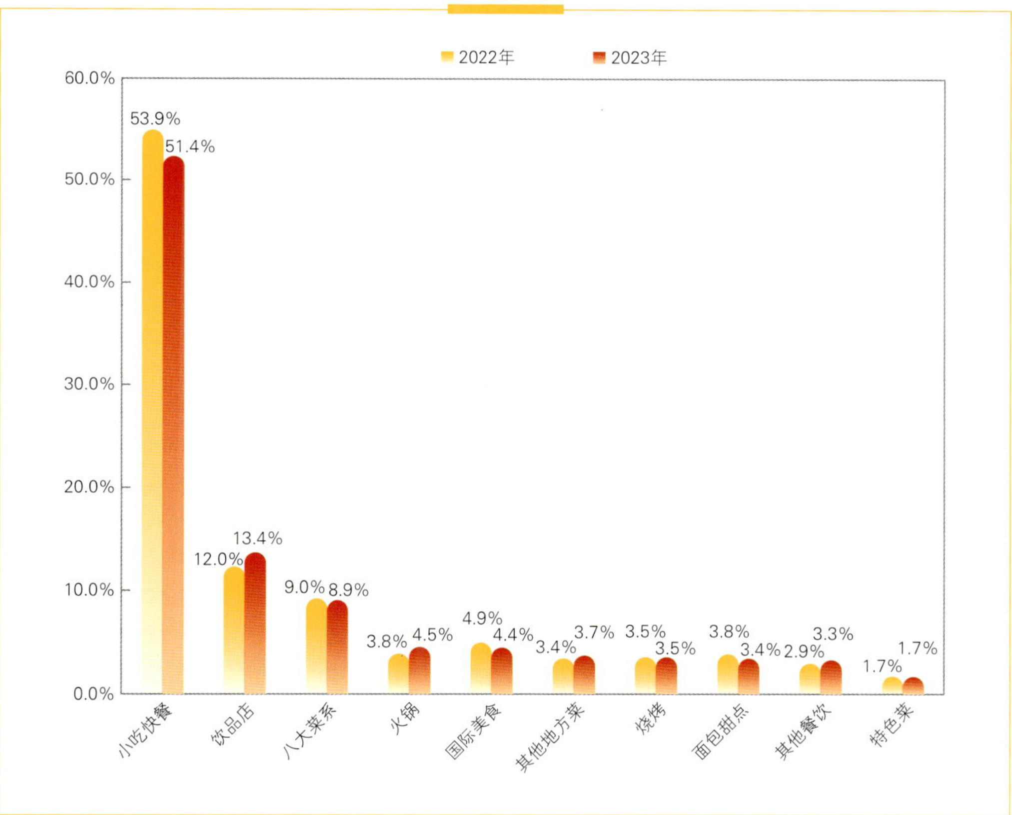


图 2-2 2022—2023 年餐饮订单占比排名前十品类

## 3. 不同消费场景下，餐饮品类发展潜力各不相同

美团数据显示，从 2022—2023 年餐饮消费订单排名前十的品类分布情况来看，无论是外卖还是到店，小吃快餐都稳居首位。2023 年，小吃快餐外卖消费订单占比达 59.7%，到店消费订单占比达 31.5%。而从各品类消费分布占比变化情况来看，2023 年外卖场景下消费分布占比提升最快的是饮品店，增长了 1.8 个百分点；到店场景下消费分布占比提升最快的则是自助餐，增长了 2.3 个百分点。这反映出在不同的消费场景下，各品类的发展潜力各有不同（见图 2-3、图 2-4）。

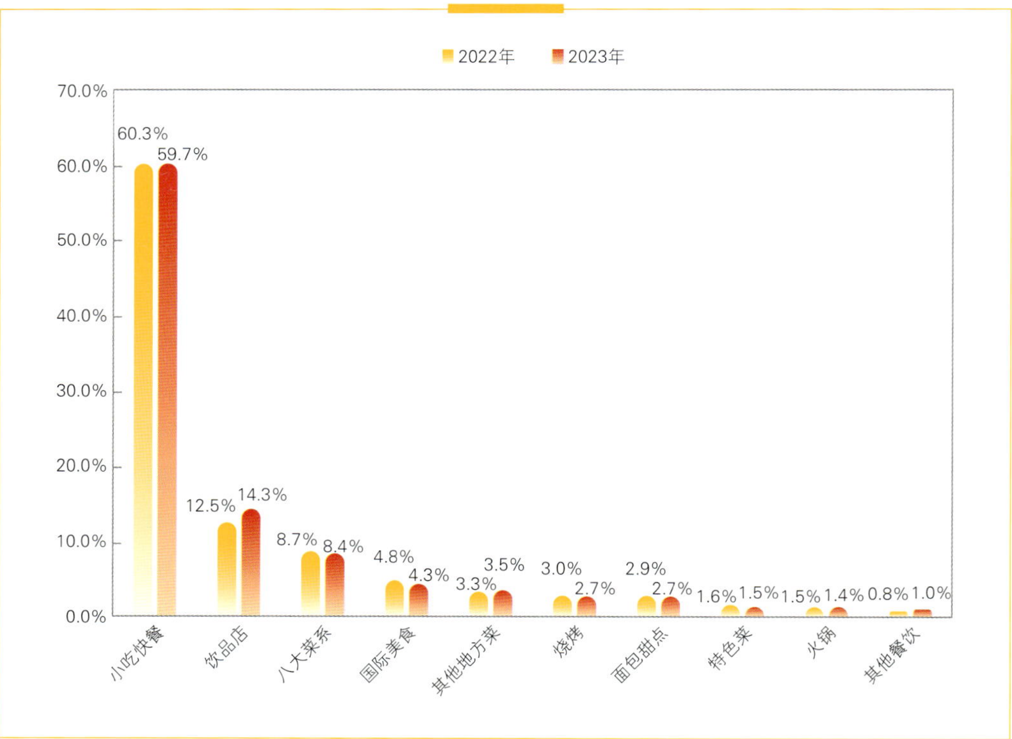


图 2-3　2022—2023 年餐饮外卖消费订单分布排名前十品类

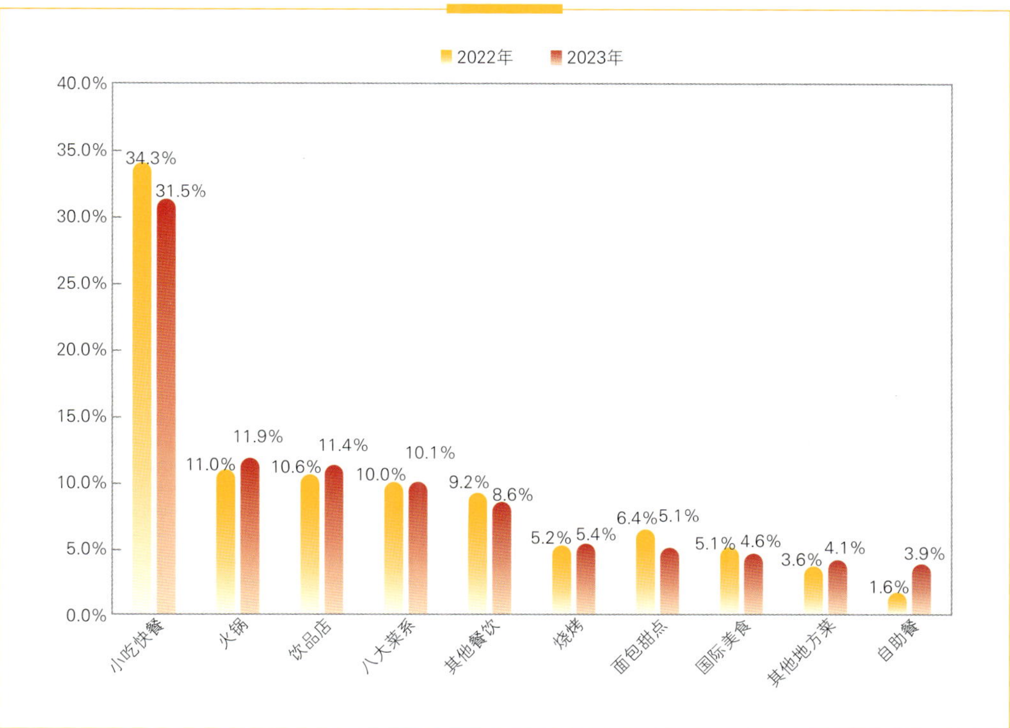


图 2-4　2022—2023 年餐饮到店消费订单分布排名前十品类

## 4. 餐饮品类人均消费变化

自助餐外卖人均消费最高，国际美食外卖人均消费涨幅最大

美团数据显示，2023 年各餐饮品类外卖人均消费排名前三的为自助餐、鱼鲜、火锅，其中自助餐外卖人均消费最高，为 104.9 元。相比之下，饮品店和小吃快餐的性价比优势明显。从不同品类外卖人均消费年涨跌幅来看，国际美食的外卖人均消费提升明显，同比增长了 3 个百分点，八大菜系、烧烤、鱼鲜品类的外卖人均消费也均增长了 2 个百分点（见图 2-5）。随着大众消费能力的提升，个性化、品质化的餐饮品类或将在外卖场景下迎来更大的发展空间。

图 2-5　2023 年不同品类外卖人均消费及年涨跌幅

## 5. 50 元以下为主流外卖人均消费区间，订单涨幅居首位

美团数据显示，2023 年，在外卖人均消费区间分布上，50 元以下区间占比近八成，其次是 51~100 元区间，占比达到 17.5%。从外卖人均消费变化来看，50 元以下订单年同比增长最快，达 18.0%，101~150 元区间和 151~200 元区间订单也有超过 12% 的涨幅，可见消费者对外卖餐饮的品质需求也在不断增加（见图 2-6）。

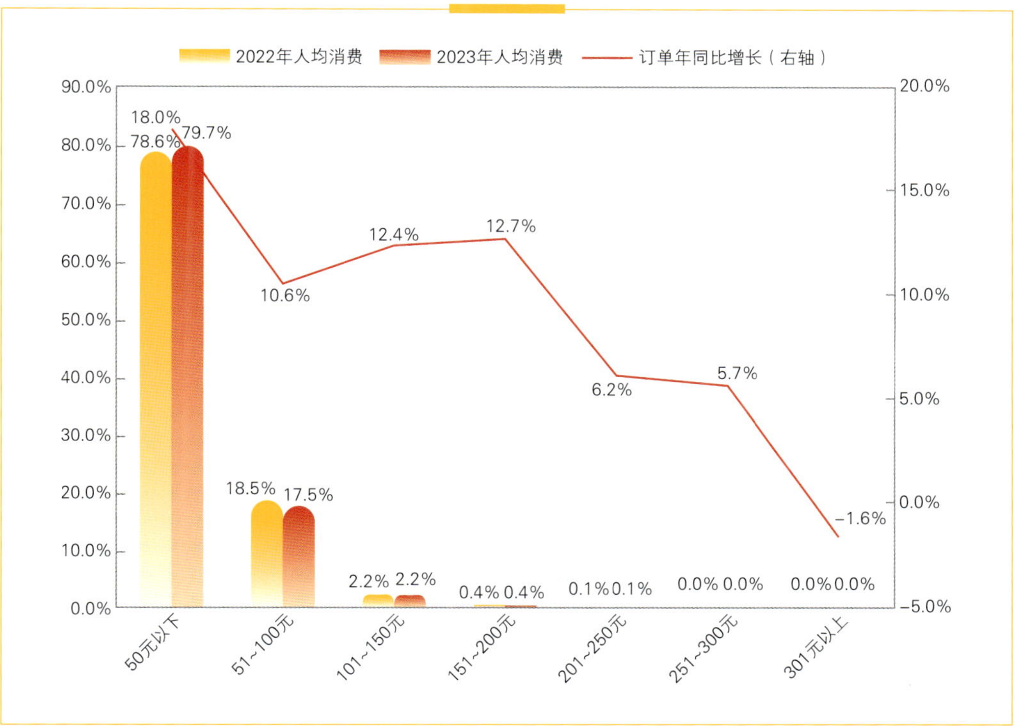


图 2-6　2022—2023 年外卖场景人均消费区间分布及订单变化

## 6. 国际美食到店人均消费最高，八大菜系到店人均消费涨幅最大

美团数据显示，从 2023 年不同品类到店人均消费情况来看，国际美食到店人均消费最高，为 138.1 元，自助餐人均消费居次位，为 111.0 元，鱼鲜居第三，为 103.4 元。从年涨跌幅来看，除饮品店和鱼鲜之外，其他各餐饮品类的到店人均消费都实现增长，其中八大菜系涨幅最高，达到 10%（见图 2-7）。

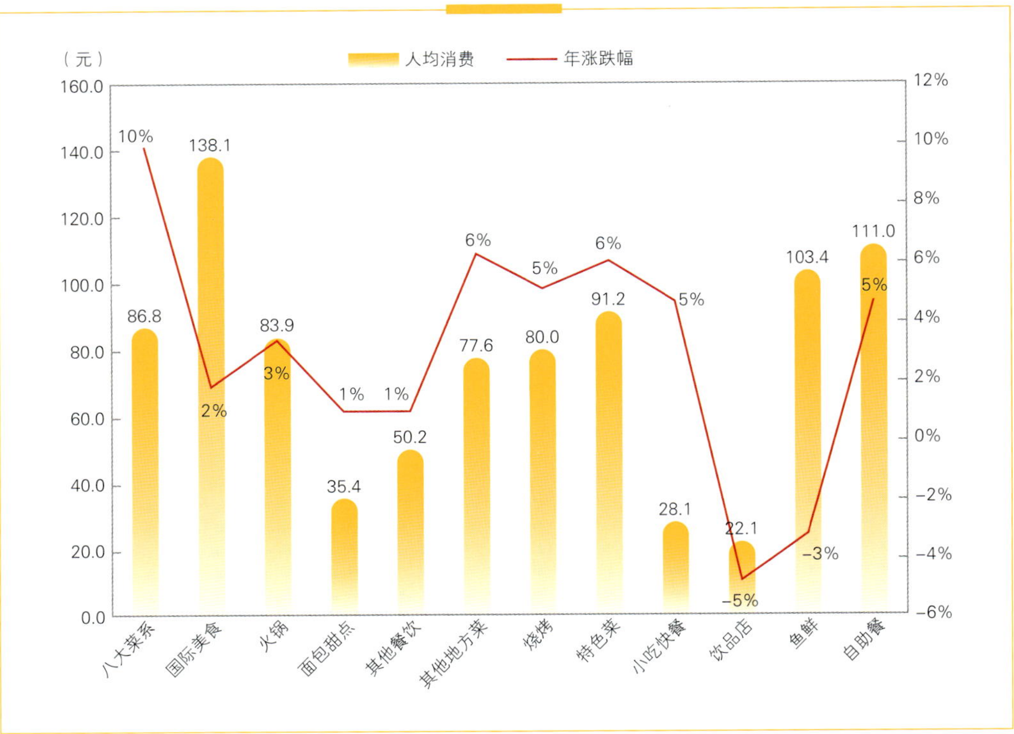


图 2-7　2023 年不同品类到店人均消费及年涨跌幅

## 7. 到店人均消费在 251~300 元区间同比涨幅达 111.0%，高品质餐饮消费趋势显著

美团数据显示，2023 年，到店场景中消费者的人均消费区间仍集中在 100 元及以下，达到 82.0%。但从 2022—2023 年到店场景人均消费区间订单变化情况来看，百元以上订单增幅明显，其中 251~300 元区间的同比涨幅达到 111.0%（见图 2-8）。由此可见，伴随着社会经济回暖向好，高品质餐饮的消费趋势更加显著。

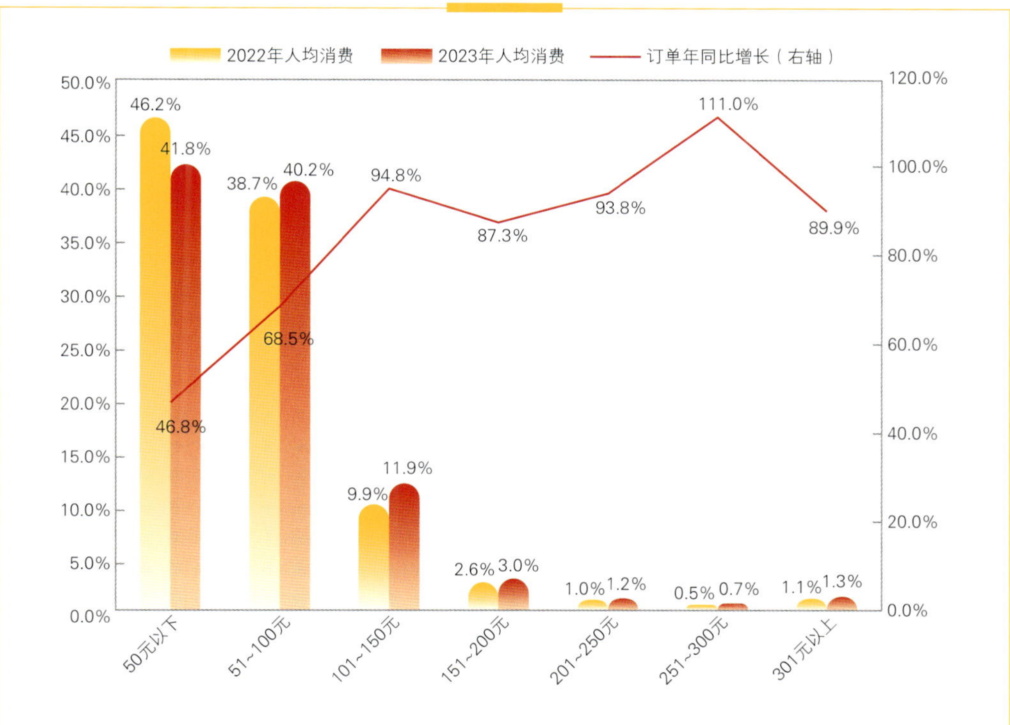


图 2-8　2022—2023 年到店场景人均消费区间分布及订单变化

# 二、火锅数据概览

## 1. 火锅品类到店订单强势增长，同比涨幅达 60.2%

美团数据显示，2023 年火锅品类整体在线订单年同比涨幅达到 48.9%，其中到店订单增长势头强劲，同比涨幅为 60.2%（见图 2-9）。火锅市场在线下迎来全面复苏。

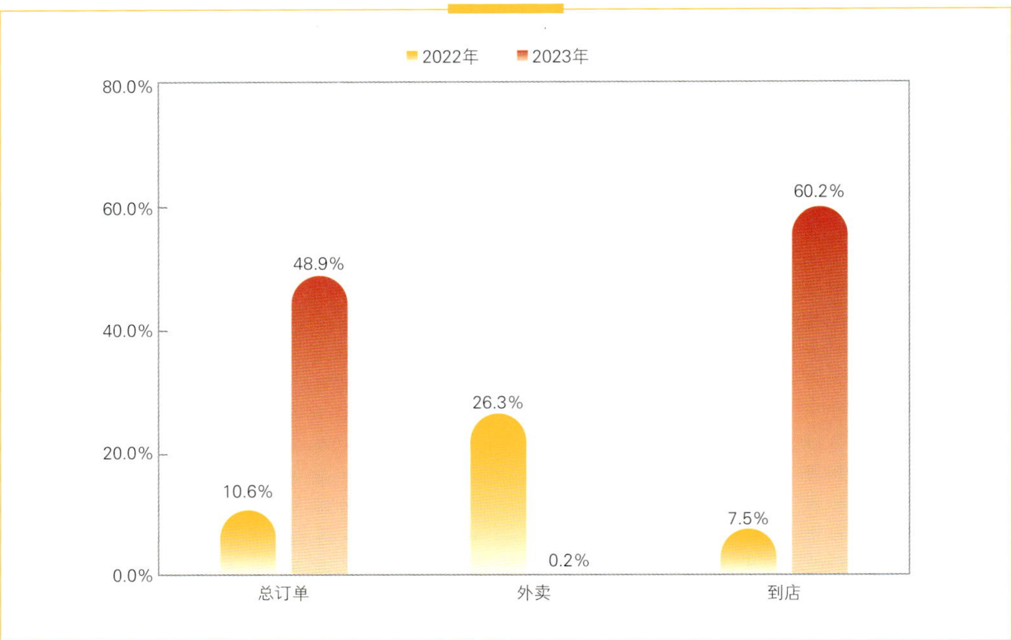


图 2-9　2022—2023 年火锅品类在线订单年同比涨幅

## 2. 火锅在线消费下半年占比更高，12 月到店订单同比涨幅达 171%

美团数据显示，2023 年，火锅在线订单整体走势呈波动上升趋势，无论是外卖还是到店场景，6 月以后月订单分布占比均超过了 8%，并在 12 月达到最高点（见图 2-10）。这既源于下半年多个节日带动聚餐增多，也与秋冬季节气温下降、人们更青睐热气腾腾的火锅这一消费习惯有关。从火锅订单月同比走势来看，到店订单月同比在 1—4 月和 10—12 月期间大幅增加，12 月同比涨幅达 171%；外卖订单则因不受室外环境影响，处于较为稳定的状态（见图 2-11）。

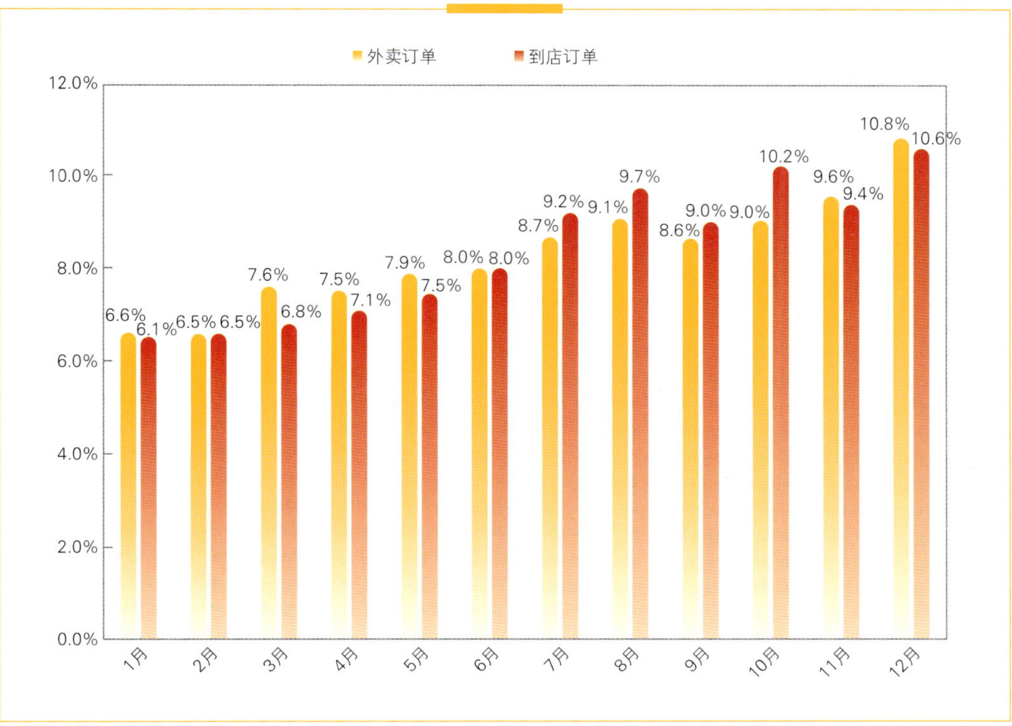


图 2-10　2023 年不同场景下火锅订单月度分布

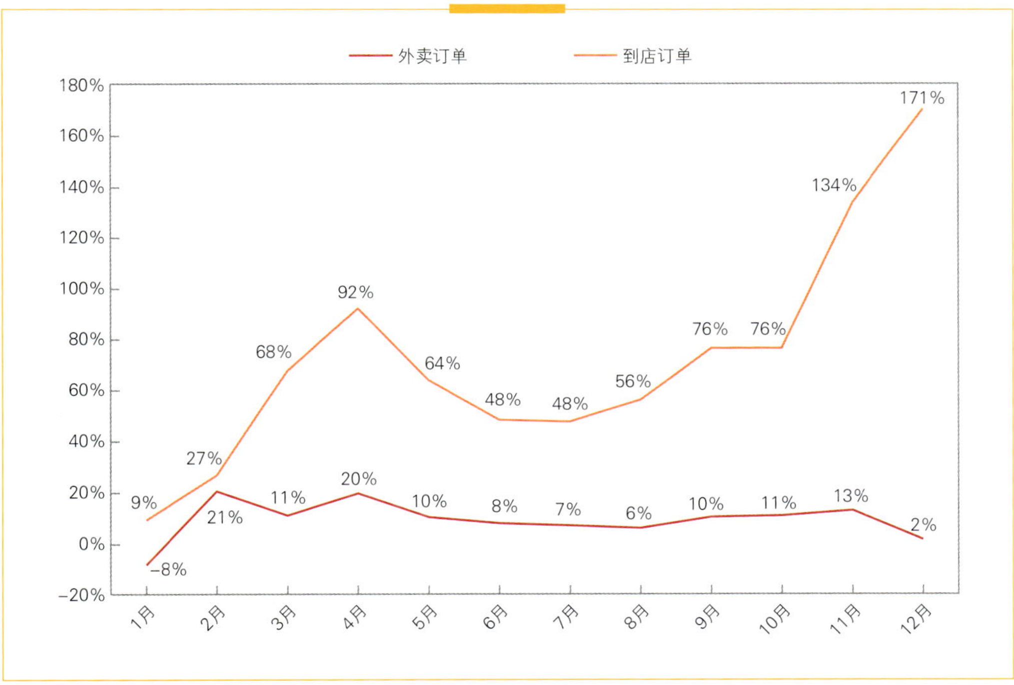


图 2-11　2023 年不同场景下火锅订单月同比走势

### 3. 火锅门店数量迎来触底反弹，全国在线门店数达 52.0 万家

美团数据显示，2021—2023 年全国火锅在线门店数走势呈“V”形曲线，在 2023 年迎来强势反弹，达到了 52.0 万家，较 2022 年的 50.2 万家有所提升（见图 2-12）。

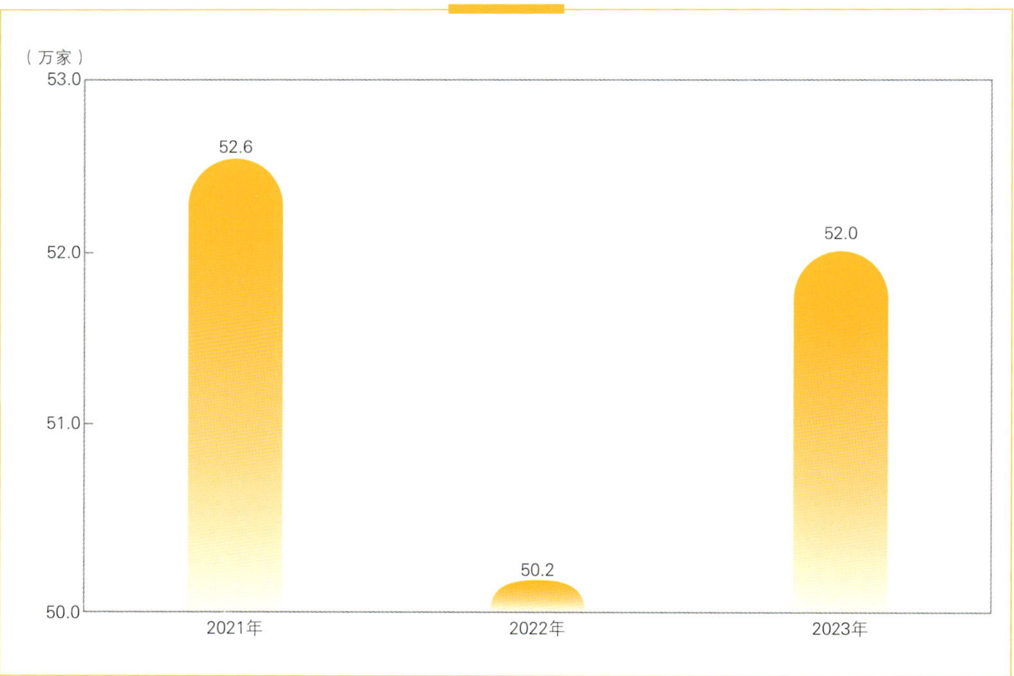


图 2-12 2021—2023 年全国火锅在线门店数走势

## 4. 约六成火锅在线人均消费为 51~100 元

美团数据显示，无论外卖还是到店，2023 年火锅品类的人均消费主流区间仍在 51~100 元。从占比变化来看，外卖场景中，50 元以下消费区间增长最快，同比增长 0.7 个百分点（见图 2–13）；而到店场景中，人均消费区间占比则在 101~150 元增长最快，同比增长达 3.2 个百分点（见图 2–14）。

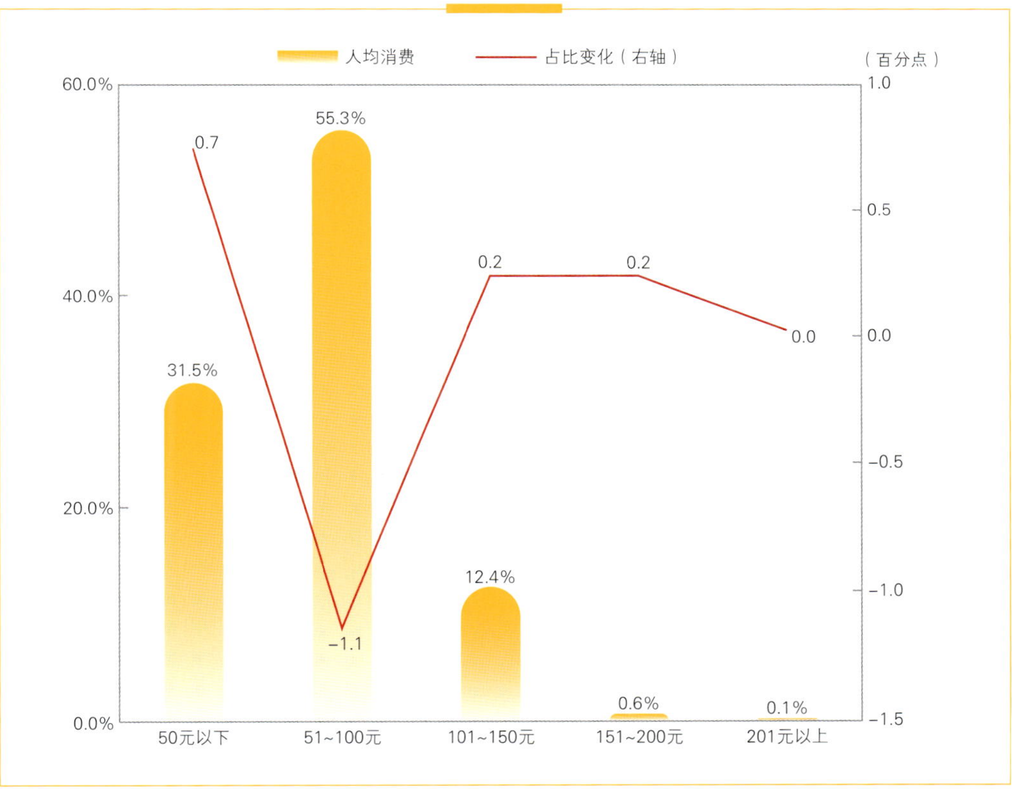


图 2–13　2023 年火锅外卖人均消费区间分布及占比变化

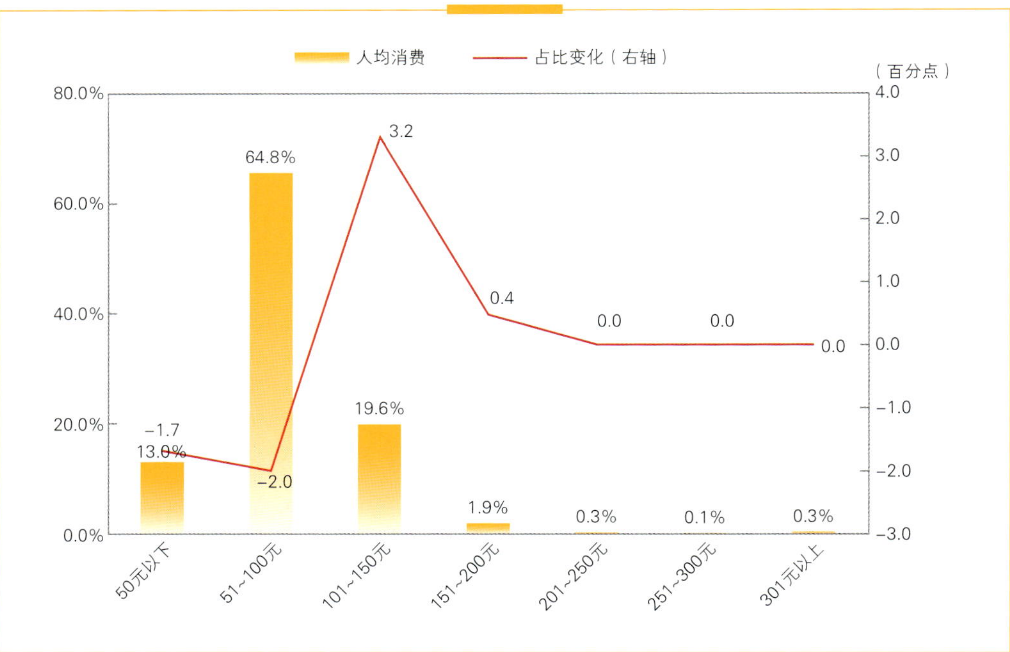


图 2-14　2023 年火锅到店人均消费区间分布及占比变化

## 5. 成渝稳居火锅赛道头部，北京在线门店数位居第三

美团数据显示，2023 年，火锅在线交易量排名前十的城市中，成都、北京、重庆位列前三。在火锅在线门店数排名前十的城市中，重庆、成都依然位居头部，在线门店数均超过了 2 万家，北京位列第三（见表 2-1）。值得关注的是，在火锅在线交易量排名前十和在线门店数排名前十的城市中，仅有成都、重庆、昆明、贵阳为西南城市，其他城市则分布于华北、华东、华南、西北和中部，可见火锅已经成功打破区域化限制，受到全国各地消费者的喜爱。

表 2-1 2023 年火锅在线交易量及门店数城市分布情况

| 在线交易量 top10 城市 | 在线门店数 top10 城市 | 门店数（千店） |
|---|---|---|
| 成都市 | 重庆市 | 28.9 |
| 北京市 | 成都市 | 22.2 |
| 重庆市 | 北京市 | 8.9 |
| 上海市 | 昆明市 | 8.7 |
| 深圳市 | 深圳市 | 8.6 |
| 广州市 | 上海市 | 8.0 |
| 西安市 | 广州市 | 8.0 |
| 杭州市 | 西安市 | 8.0 |
| 武汉市 | 贵阳市 | 7.5 |
| 昆明市 | 郑州市 | 7.0 |

## 6. 重庆火锅门店占比提升最快

美团数据显示，在 2022—2023 年火锅不同细分品类在线门店数分布中，位居前三的分别为重庆火锅、鱼火锅、串串香。其中，2023 年重庆火锅门店占比较上年增加了 2.7 个百分点，涨幅领先其他细分品类。此外，四川火锅门店占比也有较快增长（见图 2-15）。

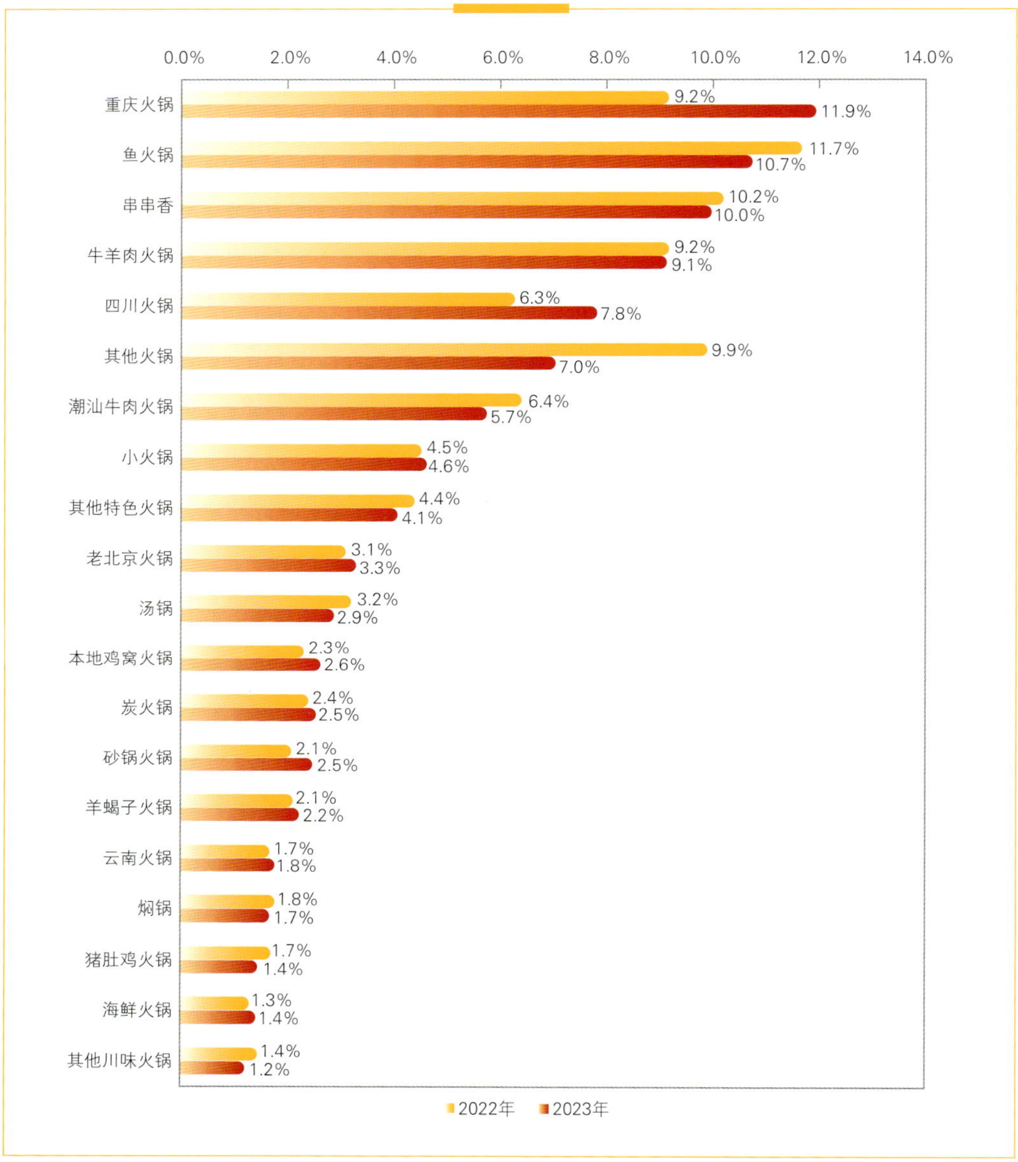


图 2-15　2022—2023 年火锅不同细分品类门店数分布变化（top20）

# 三、烧烤数据概览

## 1. 烧烤品类在线订单涨幅显著，到店涨幅达到 52.8%

美团数据显示，2023 年烧烤品类总在线订单年同比增长较 2022 年更为显著，涨幅达到 27.2%。随着社会经济进一步恢复活力，消费者堂食需求旺盛，2023 年到店在线订单年同比涨幅达 52.8%，外卖订单也呈正增长，烧烤市场持续迸发活力（见图 2-16）。

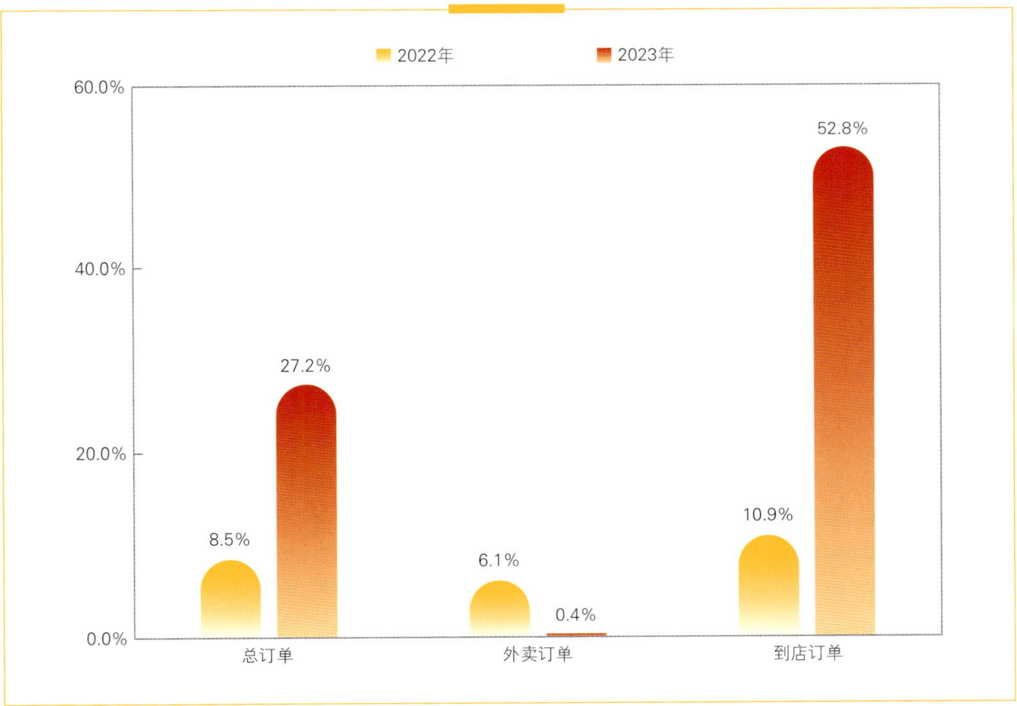


图 2-16　2022—2023 年烧烤品类在线订单年同比涨幅

## 2. 夏季为烧烤旺季，烧烤品类到店订单月涨幅高于外卖订单

美团数据显示，2023 年烧烤在线订单月度分布呈现一定的波动，无论是外卖还是到店，都在夏季的 7—8 月达到峰值，反映出烧烤品类较明显的季节消费属性（见图 2-17）。在单月订单变化上，到店订单月同比涨幅高于外卖，其中到店订单在 12 月同比涨幅最大，达到 149%（见图 2-18）。不少烧烤品牌正通过对门店体验的升级和数字化管理，探索激发消费者冬季烧烤的意愿。

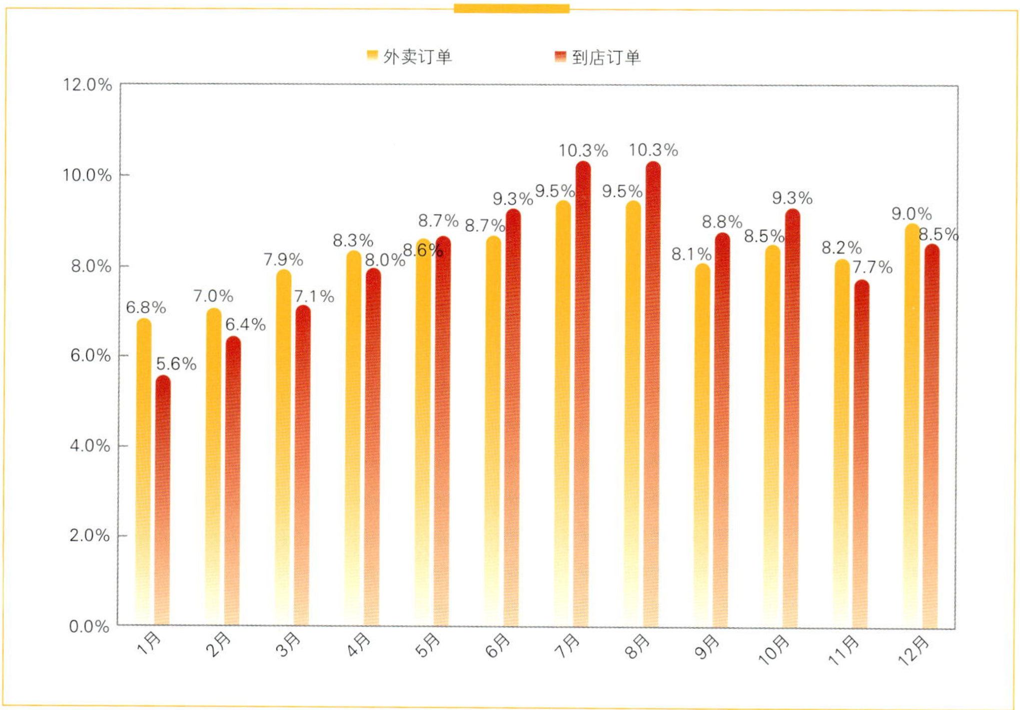


图 2-17　2023 年不同场景下烧烤订单月度分布

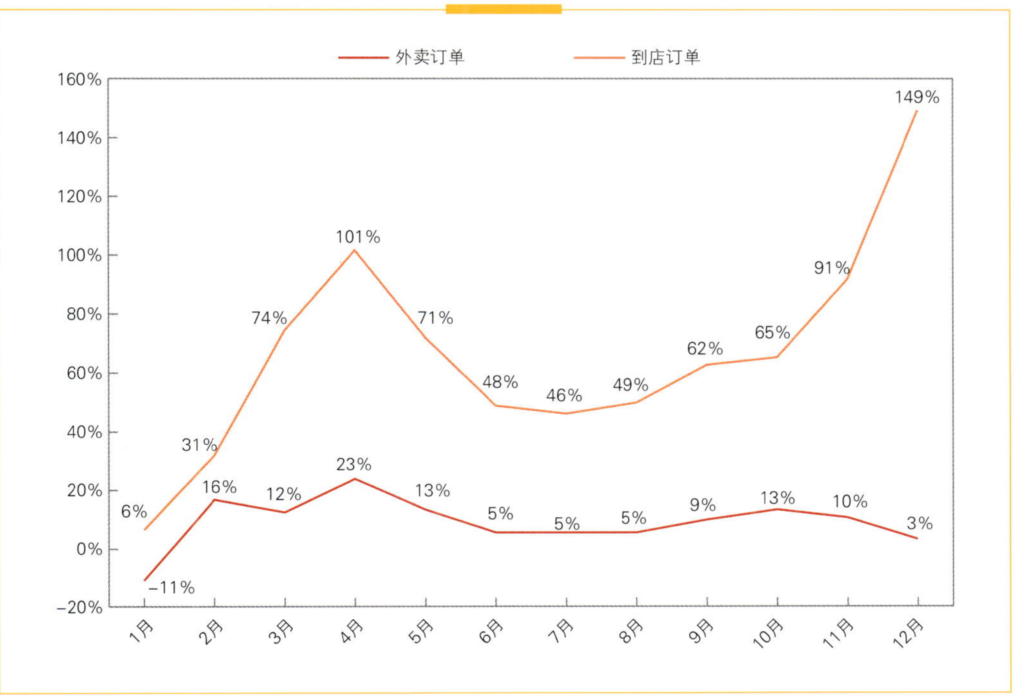


图 2-18 2023 年不同场景下烧烤订单月同比走势

## 3. 烧烤在线门店数微跌

美团数据显示，在 2021—2023 年全国烧烤在线门店数走势中，2021 年全国烧烤在线门店数为 46.0 万家；2022 年全国烧烤在线门店数为 46.8 万家；2023 年全国烧烤在线门店数则微跌至 46.7 万家（见图 2-19）。

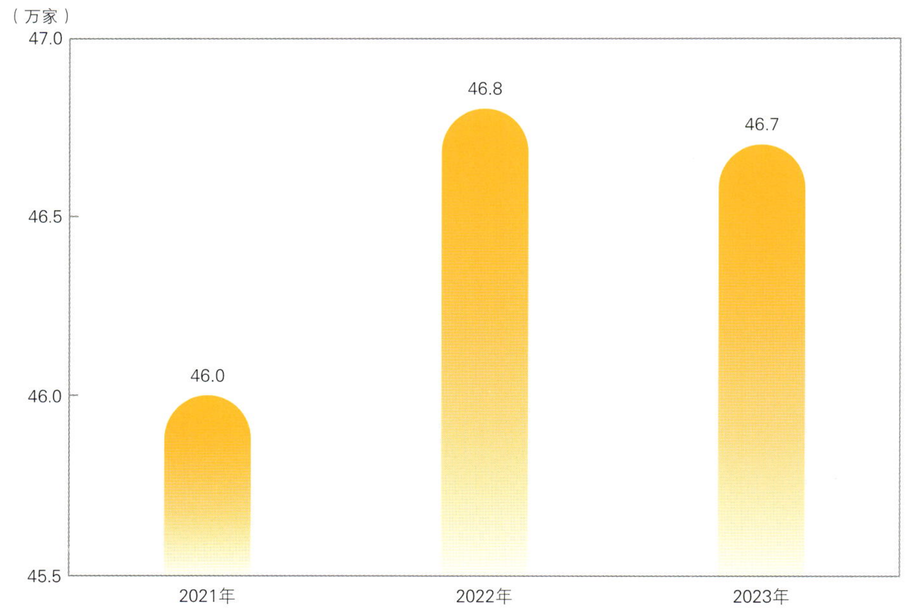


图 2-19　2021—2023 年全国烧烤在线门店数走势

## 4. 百元以内外卖人均消费区间占比超过九成，到店消费渐趋品质化

美团数据显示，2023 年烧烤人均消费区间分布主要集中在 51~100 元区间，在外卖消费场景中，这一区间的占比达到了 61.3%（见图 2-20）；在到店消费场景中，这一区间占比达到 71.8%（见图 2-21）。在人均消费区间占比变化中，在到店场景下，百元以下人均消费区间占比下降，百元以上人均消费区间占比均有增长，其中 101~150 元区间占比增长最快，增长 3.8 个百分点（见图 2-21）。不难看出，在烧烤消费中，消费者开始在到店场景中追求品质感。

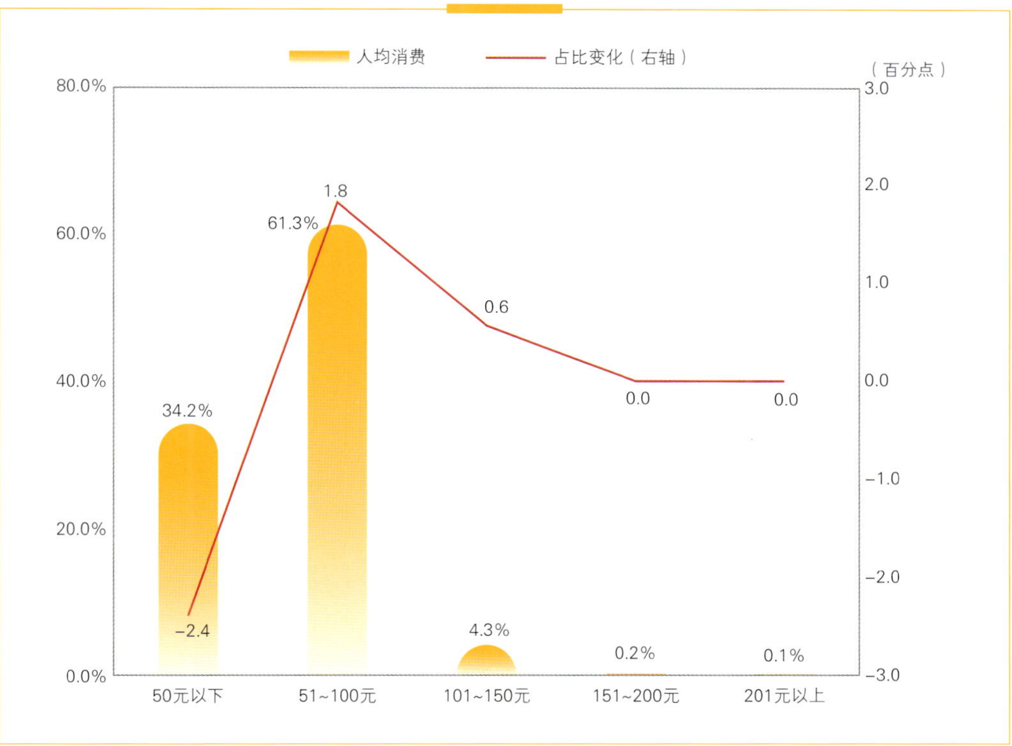


图 2-20　2023 年烧烤外卖人均消费区间分布及占比变化

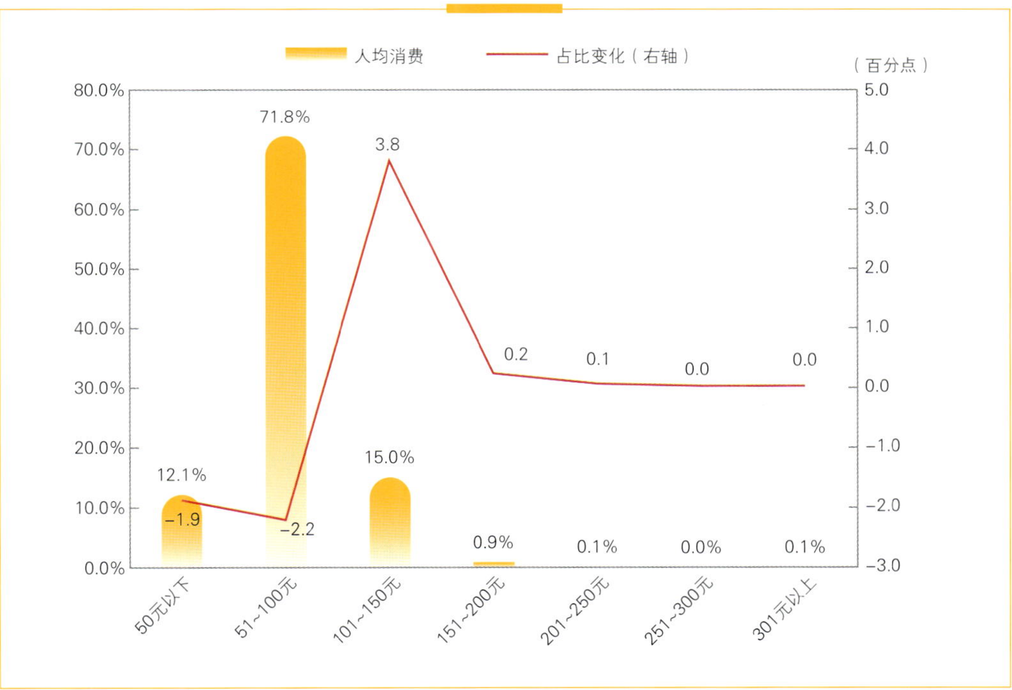


图 2-21　2023 年烧烤到店人均消费区间分布及占比变化

## 5. 一线城市在线交易量领先，西南区域烧烤实力强劲

美团数据显示，2023 年，烧烤在线交易量排名前三的城市分别为北京、上海、深圳，成都与重庆两个西南城市紧随其后。而在线门店数排名前十城市中，重庆、成都、深圳则位居前三，北京、广州、上海等一线城市次之。沈阳、长春、哈尔滨等东北烧烤紧随其后。值得一提的是，中部城市武汉也榜上有名（见表 2-2）。由此可见，烧烤这一赛道正呈现多点开花之势。

**表 2-2　2023 年烧烤在线交易量及门店数城市分布情况**

| 在线交易量 top10 城市 | 在线门店数 top10 城市 | 门店数（千店） |
|---|---|---|
| 北京市 | 重庆市 | 14.6 |
| 上海市 | 成都市 | 11.1 |
| 深圳市 | 深圳市 | 9.0 |
| 成都市 | 北京市 | 8.3 |
| 重庆市 | 广州市 | 7.2 |
| 杭州市 | 上海市 | 7.2 |
| 沈阳市 | 沈阳市 | 7.0 |
| 广州市 | 武汉市 | 6.6 |
| 武汉市 | 长春市 | 6.6 |
| 南京市 | 哈尔滨市 | 6.0 |

## 6. 烤串门店占比继续提升，达 55.3%

美团数据显示，在 2022—2023 年烧烤品类细分门店分布中，烤串是烧烤品类门店的主力，门店占比从 2022 年的 50.0% 上升至 2023 年的 55.3%，融合烤肉、拉美烤肉门店占比出现不同程度的降低（见图 2-22）。综合分析来看，社交属性更强、烟火气更浓的烤串仍是最具代表性的烧烤细分品类。

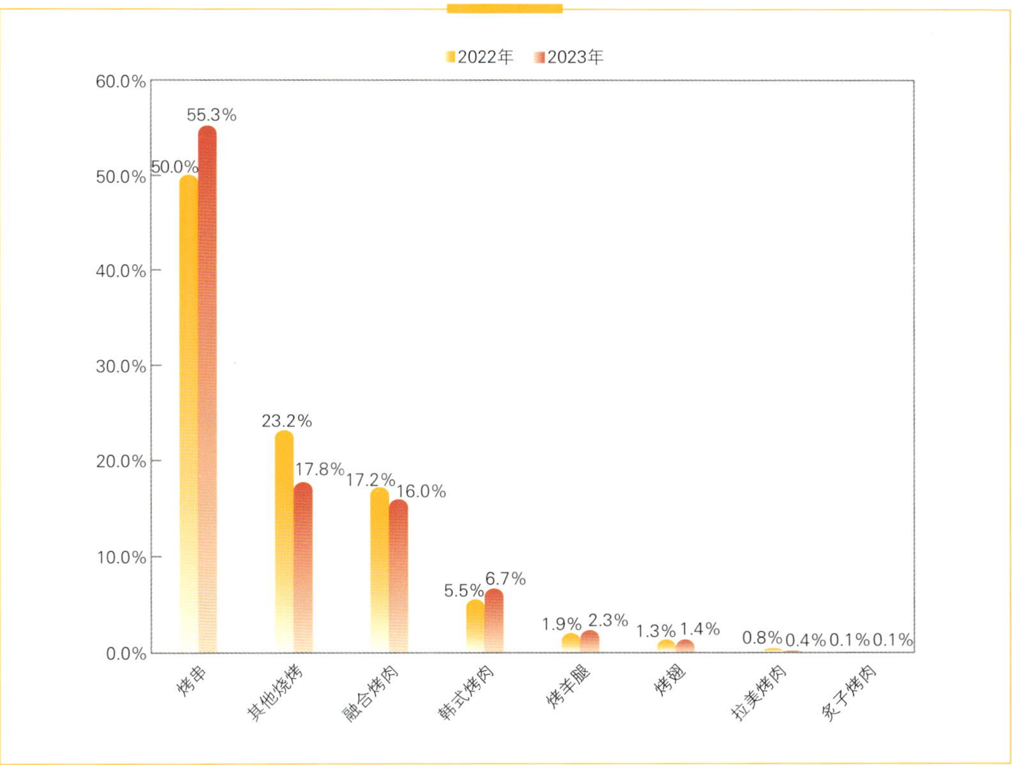


图 2-22　2022—2023 年烧烤品类细分门店占比

# 四、地方菜数据概览

## 1. 地方菜在线消费保持增长，到店订单年同比涨幅达 63.3%

美团数据显示，在 2022—2023 年地方菜在线订单年同比涨幅中，2023 年的总在线消费订单年同比涨幅为 31.6%，其中到店消费订单年同比涨幅达 63.3%，涨幅显著（见图 2-23）。

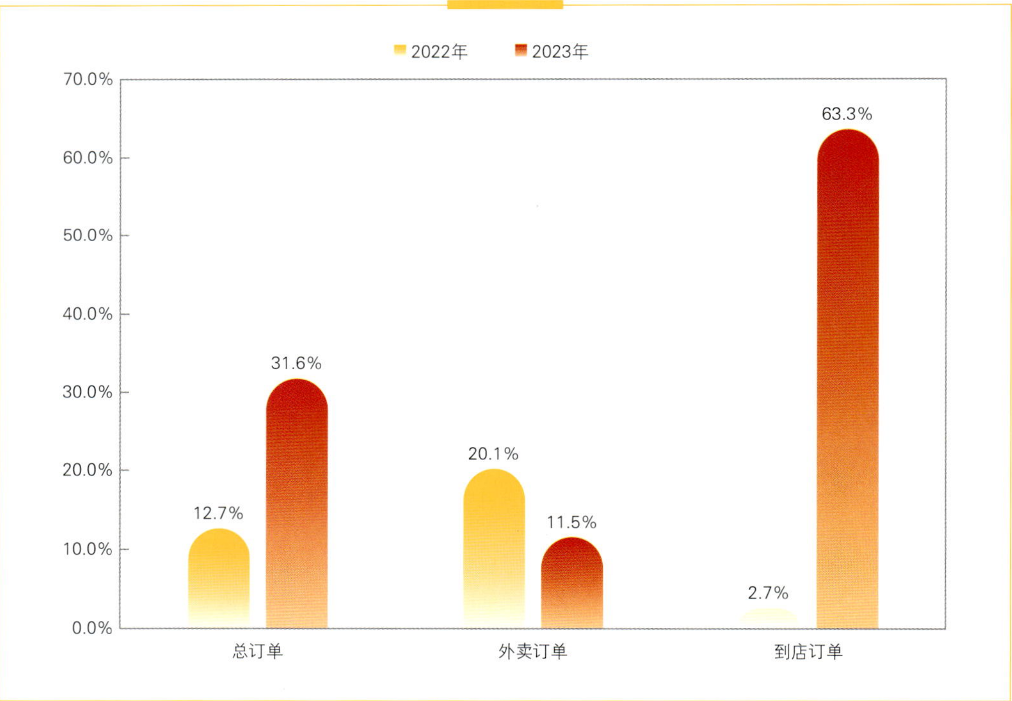


图 2-23　2022—2023 年地方菜在线订单年同比涨幅

## 2. 地方菜在线消费稳中有升，12 月到店订单月同比涨幅全年最高

美团数据显示，2023 年地方菜在线订单整体稳中有升，其中外卖订单在 12 月达到峰值，全年占比为 10.0%；到店订单在 7—8 月达到峰值，全年占比为 20.2%（见图 2-24）。从月同比走势来看，地方菜到店订单月同比涨幅比外卖订单更高，4 月和 12 月到店订单同比涨幅亮眼，分别达到 98% 和 163%（见图 2-25）。

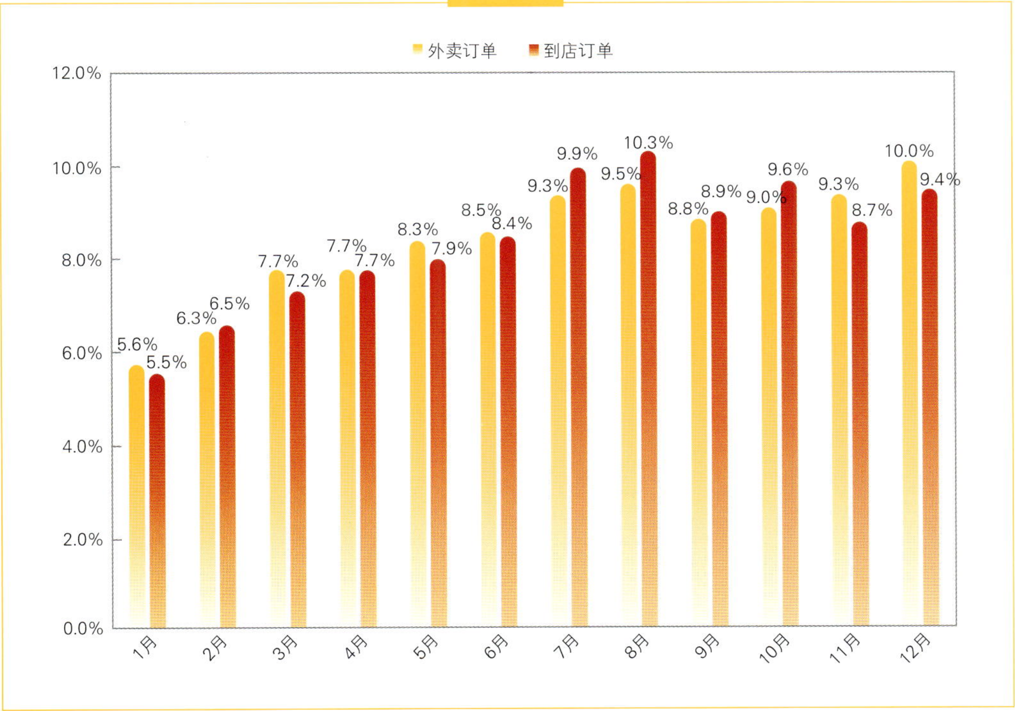


图 2-24　2023 年不同场景下地方菜订单月度分布

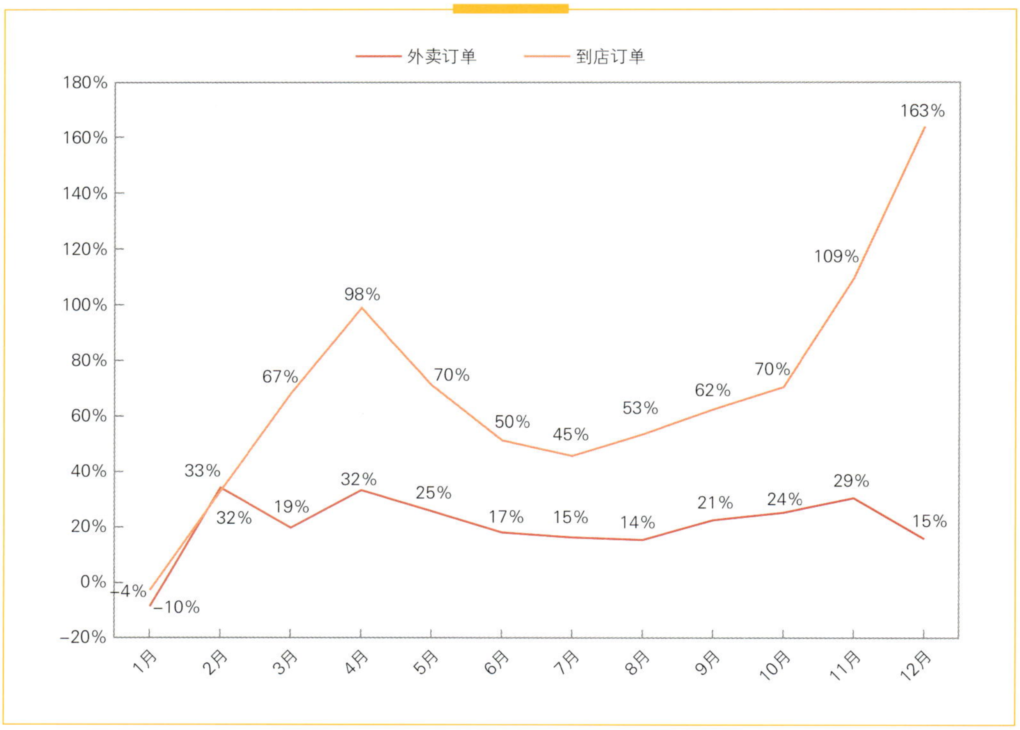


图 2-25　2023 年不同场景下地方菜订单月同比走势

## 3. 川菜在线门店数占绝对优势

美团数据显示，在 2023 年地方菜各菜系在线门店数排名中，川菜以 31.40 万家在线门店的绝对优势位居第一；粤菜在线门店数为 13.53 万家，位于榜单第二；紧随其后的是有 9.25 万家在线门店的湘菜；第四和第五分别是东北菜和苏菜，其中东北菜有 8.49 万家在线门店，苏菜有 7.23 万家在线门店（见图 2-26）。

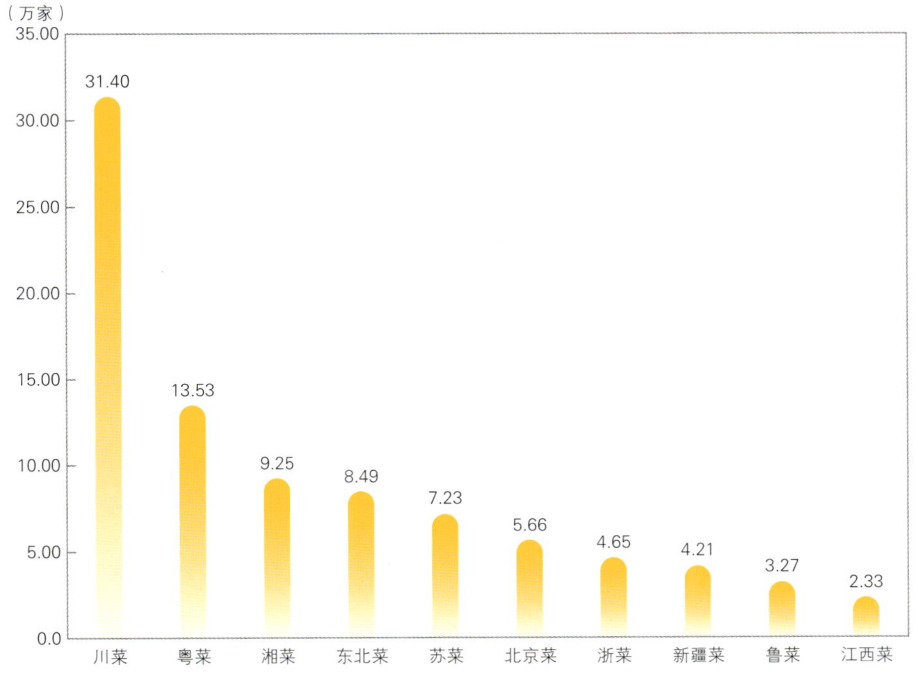


图 2-26 2023 年地方菜在线门店数排名前十品类

## 4. 川菜订单量占比最高，西藏菜订单量增速最快

美团数据显示，2023 年地方菜订单量排名前十的品类中，川菜订单量以 25.8% 的占比位居第一，粤菜占比 20.6%，湘菜占比 12.3%，东北菜占比 6.2%，北京菜占比 5.4%（见图 2-27）。纵观 2023 年地方菜订单量增速，西藏菜年同比增长 84.7%，位列第一，上海本帮菜、海南菜、内蒙古菜和闽菜位列其后，全线开花的地方菜已经成为餐饮市场重要赛道之一（见图 2-28）。

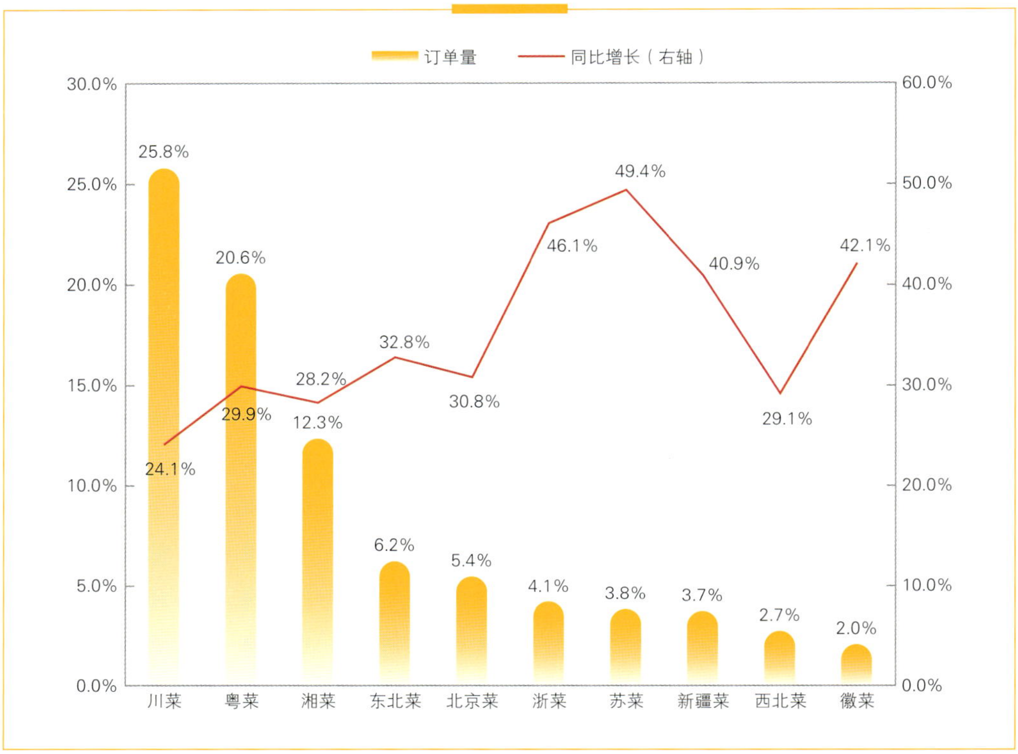


图 2-27　2023 年地方菜订单量排名前十品类及年同比增速

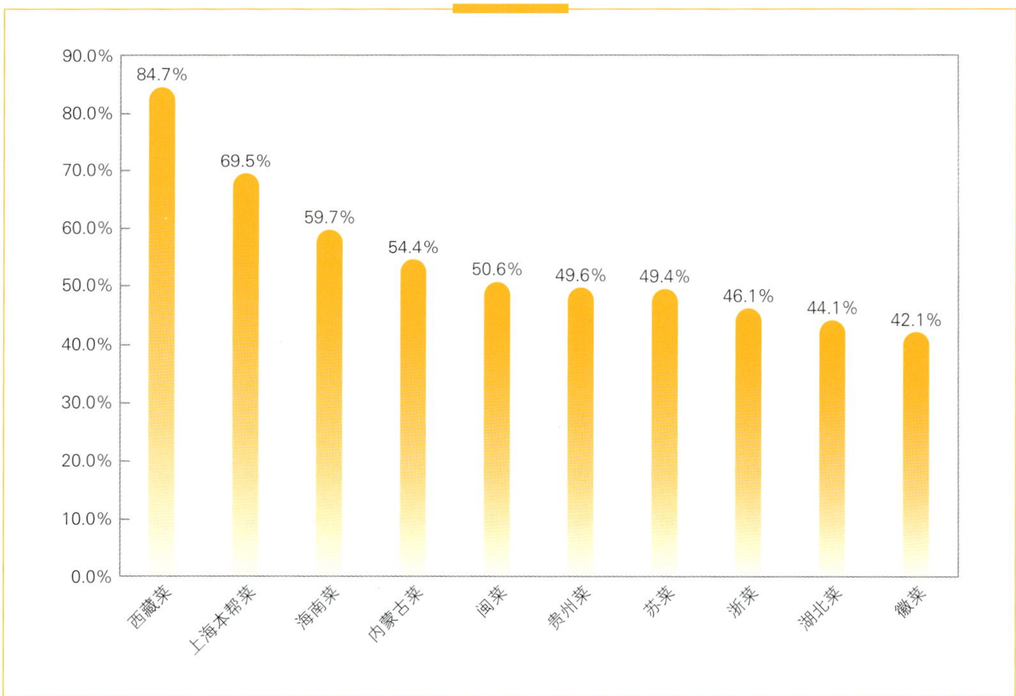


图 2-28　2023 年地方菜订单量年同比增长速度排名前十品类

## 5. 外卖场景下徽菜、新疆菜增长潜力足

美团数据显示，在 2023 年地方菜外卖订单量排名前十品类中，川菜以外卖订单量占比 27.9% 的优势占据首位，粤菜、湘菜位居第二、第三，而外卖订单量排名前十名的品类中，增速最快的是徽菜和新疆菜（见图 2-29）。仅从订单量增长的数据来看，西藏菜、河北菜、上海本帮菜、徽菜、内蒙古菜分列前五，新疆菜位列第七（见图 2-30）。结合订单排名数据来看，徽菜和新疆菜增长潜力最足。

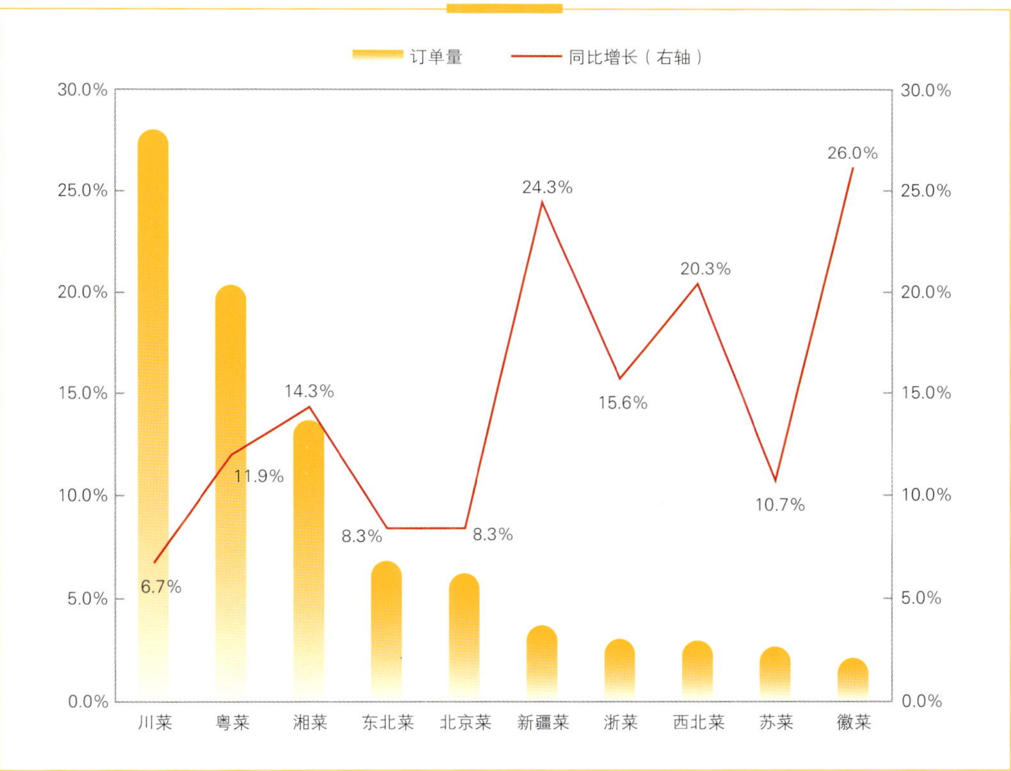


图 2-29　2023 年地方菜外卖订单量排名前十品类及年同比增速

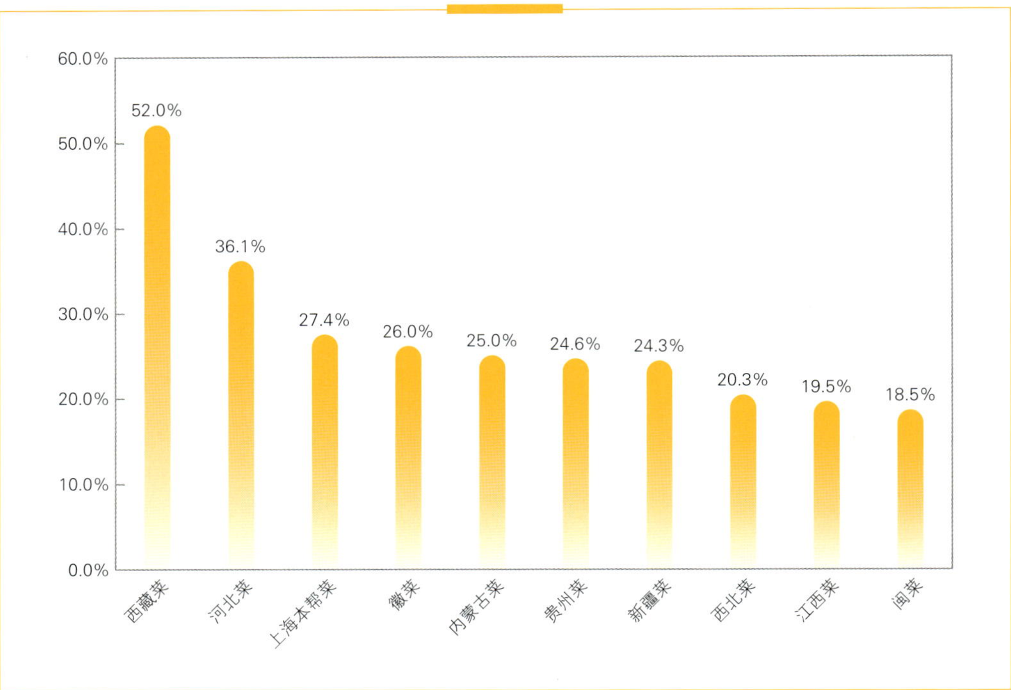


图 2-30　2023 年地方菜外卖订单量年同比增长速度排名前十品类

## 6. 到店场景下苏菜、东北菜和北京菜增长潜力足

美团数据显示，在到店消费场景中，2023 年川菜和粤菜订单量明显领先其他细分品类，其中川菜订单量占比达 26.6%，粤菜达 21.7%，湘菜、东北菜、浙菜紧随其后。而在到店订单量排名前十的品类中，苏菜、东北菜和北京菜的年同比增速均超过 80%（见图 2-31）。仅从订单量增长的数据来看，上海本帮菜同比增长翻番，达到 109.4%，西藏菜和内蒙古菜涨幅均超过 90%（见图 2-32）。结合订单排名数据来看，苏菜、东北菜和北京菜增长潜力足。

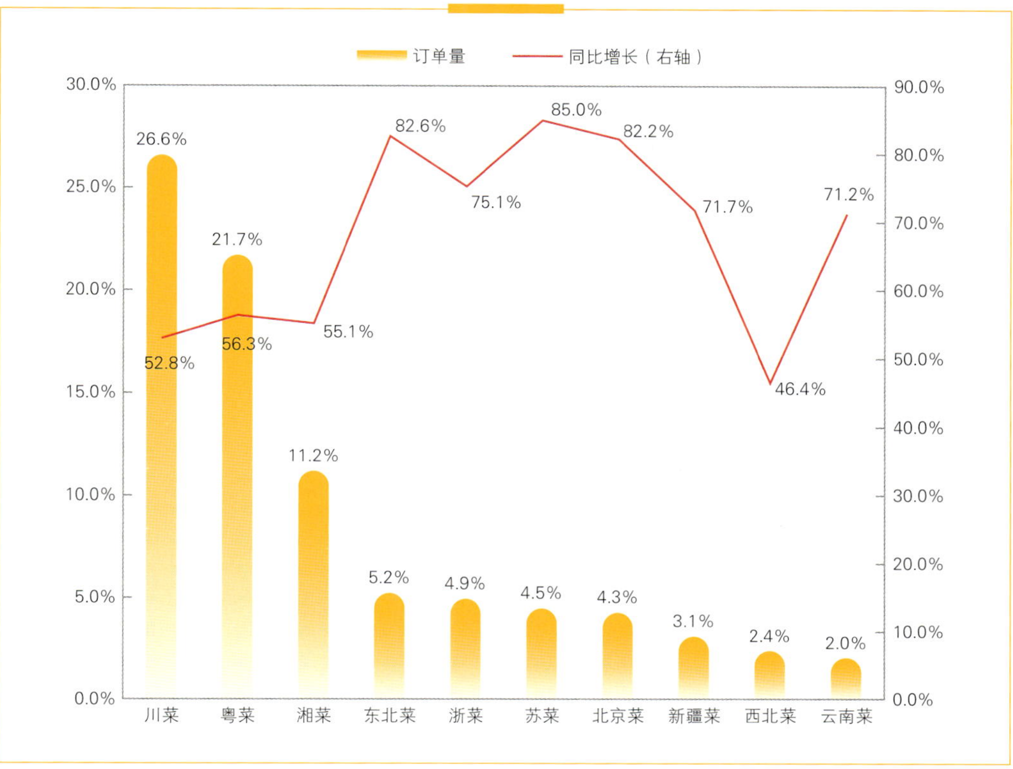


图 2-31 2023 年地方菜到店订单量排名前十品类及年同比增速

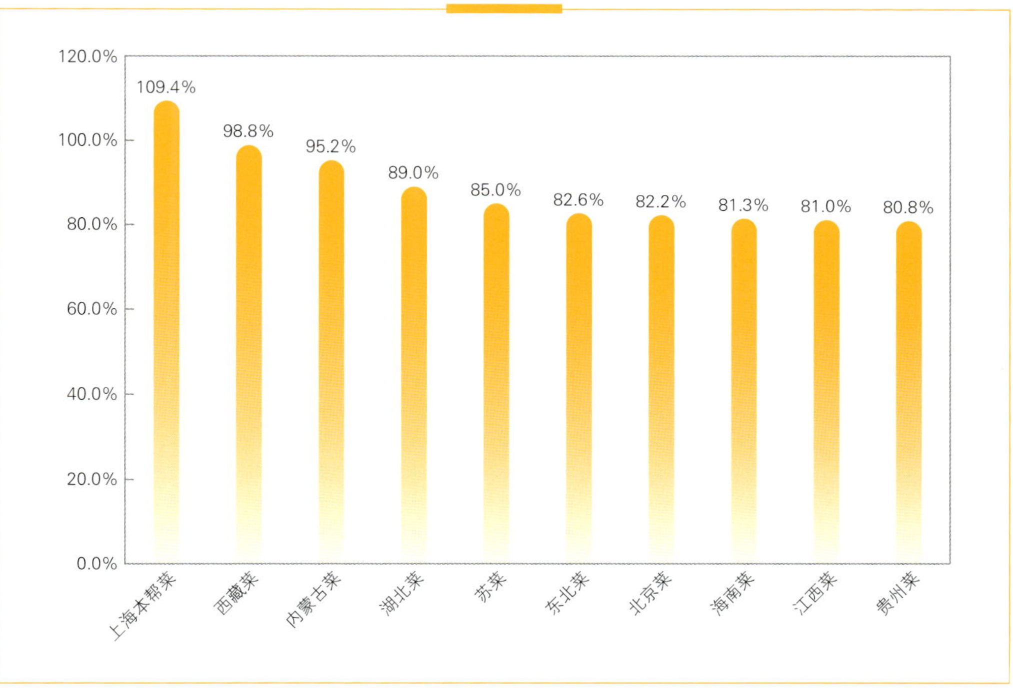


图 2-32 2023 年地方菜到店订单量年同比增长速度排名前十品类

## 7. 上海本帮菜、苏菜稳居人均消费前列，超九成地方菜到店人均消费走高

美团数据显示，在 2023 年各地方菜外卖、到店人均消费水平中，外卖人均消费排名前三名的分别为上海本帮菜 101 元、苏菜 80 元、浙菜 72 元（见图 2-33）；在到店人均消费水平中，上海本帮菜与苏菜以 132 元并列第一，闽菜以 121 元位列第三（见图 2-34）。

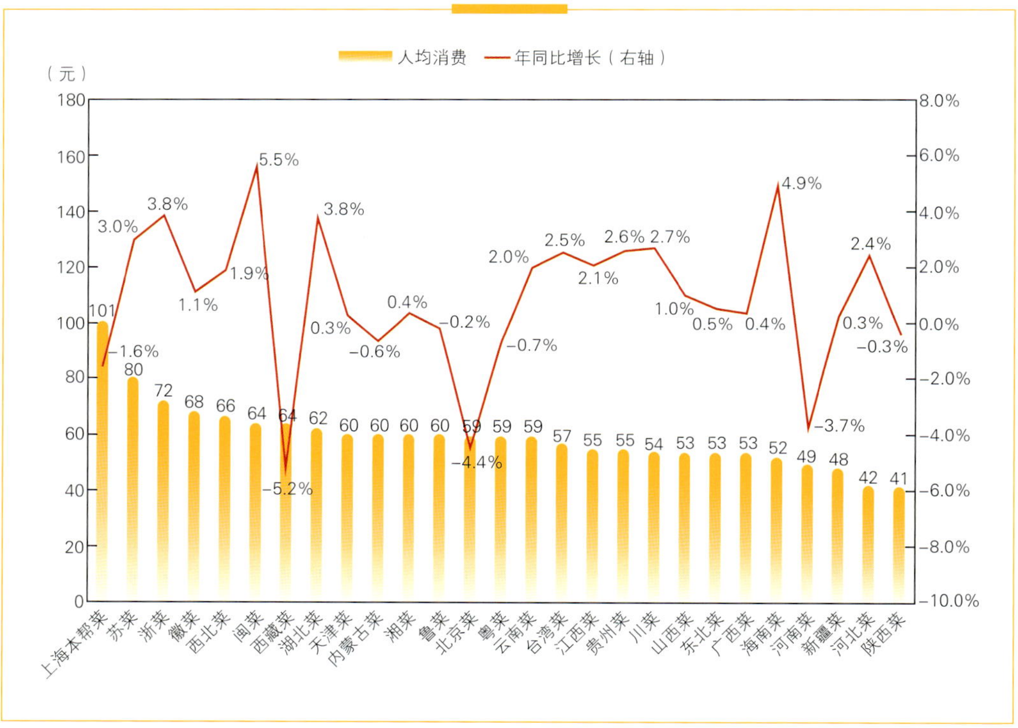


图 2-33 2023 年地方菜外卖人均消费及年同比增长

从 2023 年各地方菜品人均消费年同比情况来看，外卖场景下，年同比增长最高的是闽菜，达 5.5%，海南菜、湖北菜和浙菜位列其后（见图 2-33）；到店场景下，除内蒙古菜和广西菜之外，其他地方菜系人均消费均有所增长，人均消费涨幅较高的分别为粤菜 16.4%、新疆菜 12.5%、台湾菜 10.6% 和鲁菜 10.2%（见图 2-34）。各地方菜系人均消费呈现不同程度增长，反映出了消费者对多样化口味的追求。

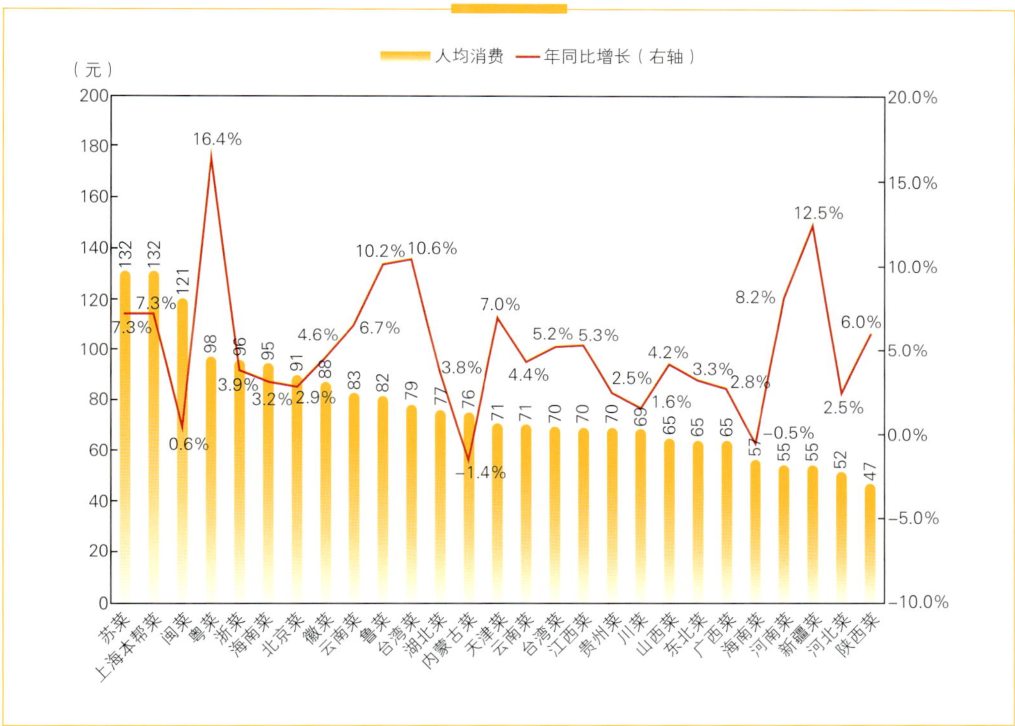


图 2-34　2023 年地方菜到店人均消费及年同比增长

## 8. 浙菜、湘菜、北京菜门店占比提升显著

美团数据显示，在 2023 年不同地方菜品门店占比中，川菜仍然领先于其他细分品类，达到 29.8%；粤菜、苏菜、湘菜、东北菜紧随其后（见图 2-35）。

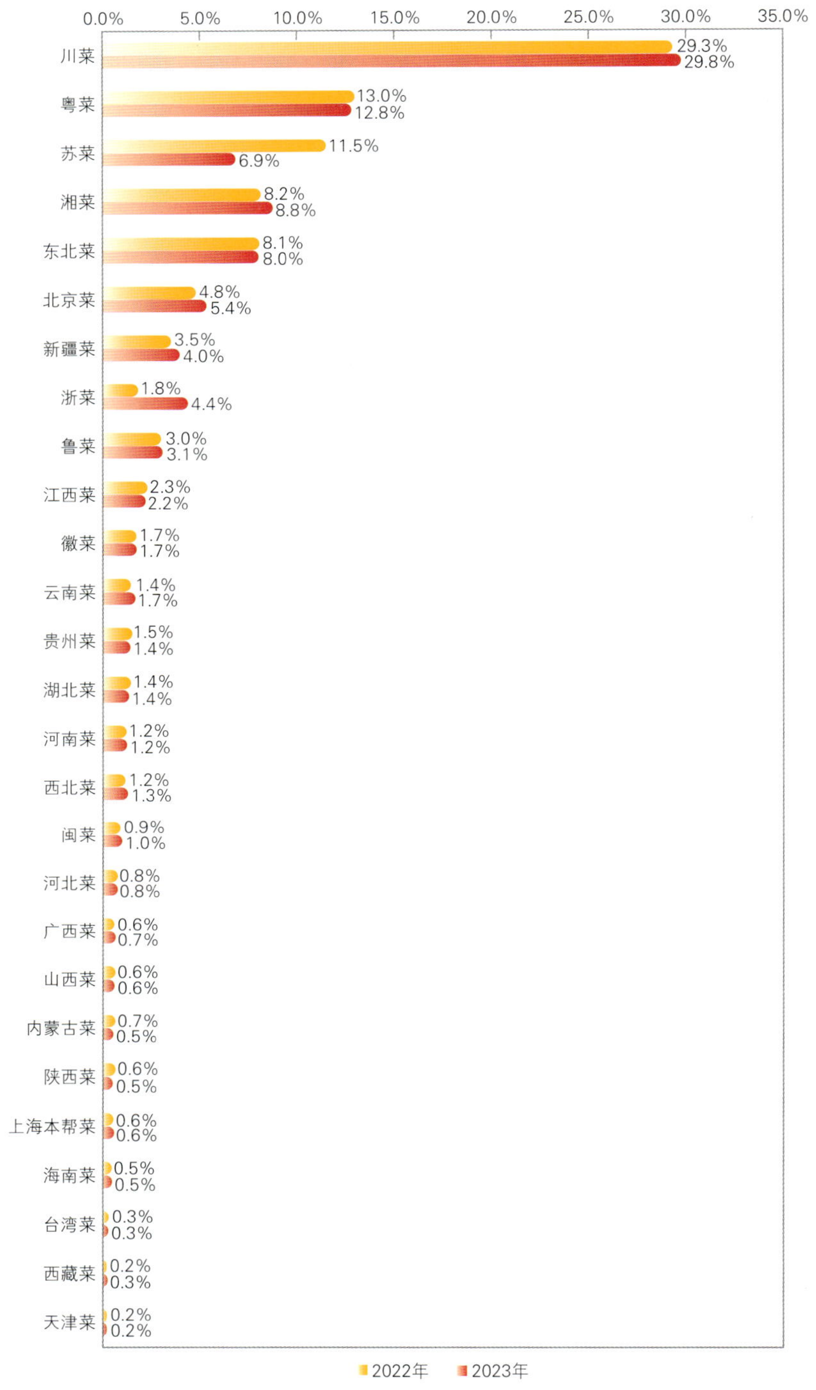


图 2-35 2022—2023 年不同地方菜品门店占比

## 9. 部分地方菜数据概览

川菜、粤菜、湘菜、东北菜、北京菜这 5 个地方菜是 2023 年在线交易量最高的 5 个地方菜系，同时在我国餐饮业内也具有一定的代表性。

### （1）川菜

**31~90 元仍是人均消费主流区间，消费者向更高消费区间迁移**

美团数据显示，2023 年川菜的外卖人均消费主流区间在 31~60 元，占比达到 43.5%，61~90 元区间的占比达到 28.4%（见图 2-36）。到店场景下，31~90 元人均消费区间的占比达到了 78.7%。从到店人均消费占比变化来看，31~60 元区间的占比较上年下降了 2.7 个百分点，而 91~120 元区间的占比较上年提升了 1.9 个百分点，121~150 元区间的占比也提升了 0.6 个百分点（见图 2-37）。不难看出，川菜消费者正在向更高的人均消费区间迁移。

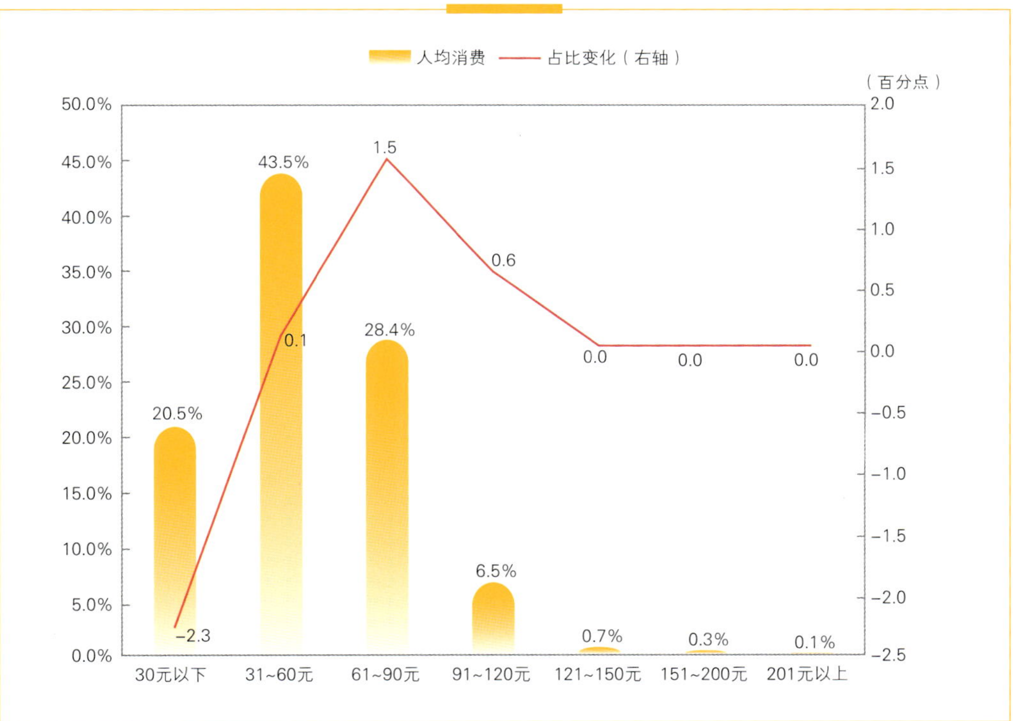


图 2-36　2023 年川菜外卖人均消费占比及年度变化

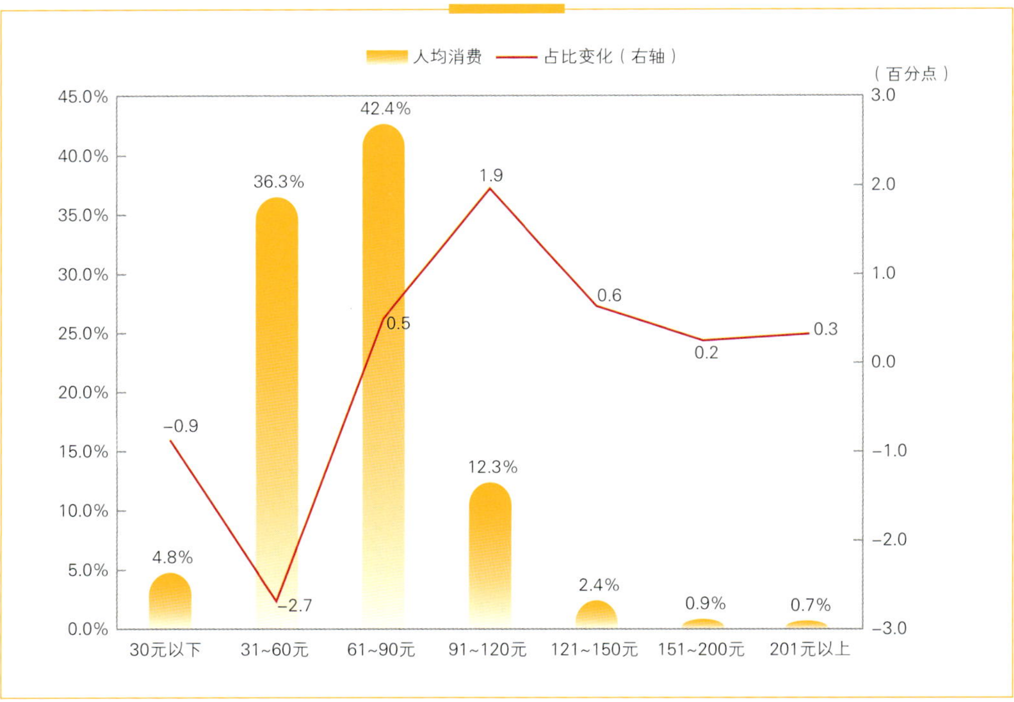


**图 2-37　2023 年川菜到店人均消费占比及年度变化**

川渝地区仍为川菜赛道主力军，一线城市川菜消费旺盛

美团数据显示，在 2023 年川菜在线门店数城市排名前十中，区域分布核心城市为重庆、成都，门店数分别为 1.87 万家和 1.68 万家，一线城市上海、广州、北京、深圳次之。而在线交易量前十城市显示，成都位列第一，北京、上海分列第二、第三，可以看出川渝地区仍是川菜赛道主力军，同时川菜在一线城市也深受消费者的欢迎（见表 2-3）。

**表 2-3　2023 年川菜在线交易量及门店数城市分布情况**

| 在线交易量 top10 城市 | 在线门店数 top10 城市 | 门店数（千店） |
|---|---|---|
| 成都市 | 重庆市 | 18.7 |
| 北京市 | 成都市 | 16.8 |
| 上海市 | 上海市 | 9.0 |
| 重庆市 | 广州市 | 6.4 |
| 深圳市 | 北京市 | 6.4 |
| 广州市 | 深圳市 | 6.3 |
| 杭州市 | 西安市 | 6.2 |
| 南京市 | 武汉市 | 5.8 |
| 苏州市 | 苏州市 | 5.3 |
| 武汉市 | 东莞市 | 5.0 |

### （2）粤菜

#### 粤菜人均消费向高位迁移，91~120 元区间占比涨幅最大

美团数据显示，粤菜外卖人均消费主流区间为 31~60 元，到店人均消费主流区间为 61~90 元。但无论外卖还是到店，91~120 元人均消费区间占比涨幅最大（见图 2-38、图 2-39）。作为传统精致餐饮的代表，粤菜因用料讲究的食材、精细的烹饪工序等特色广受消费者喜爱，人均消费水平普遍较高。

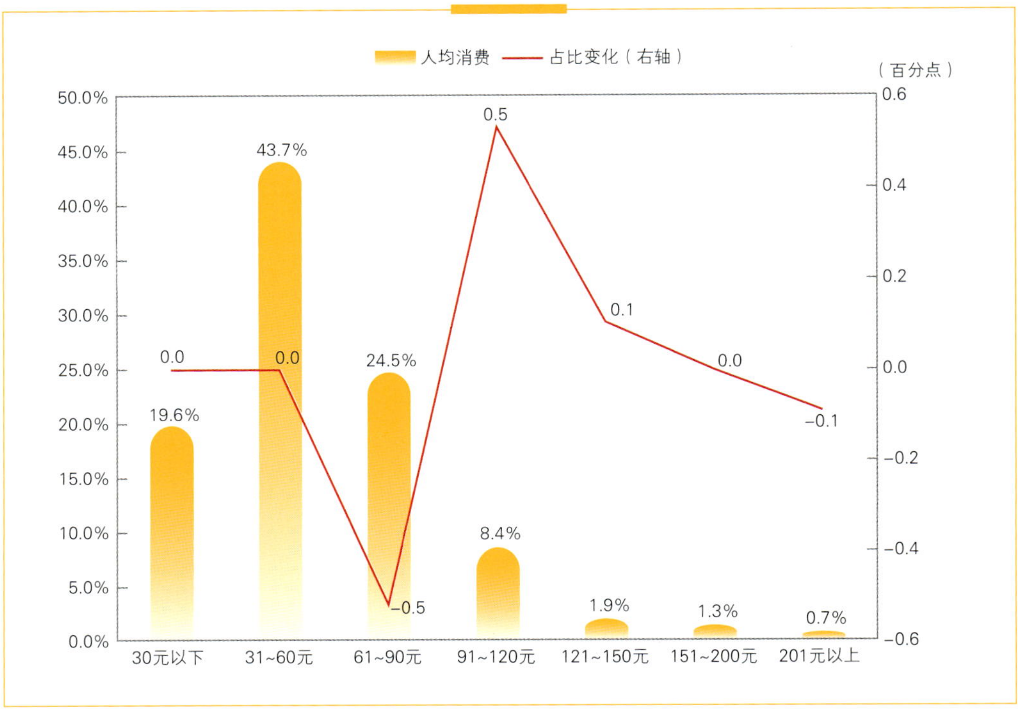


图 2-38　2023 年粤菜外卖人均消费占比及年度变化

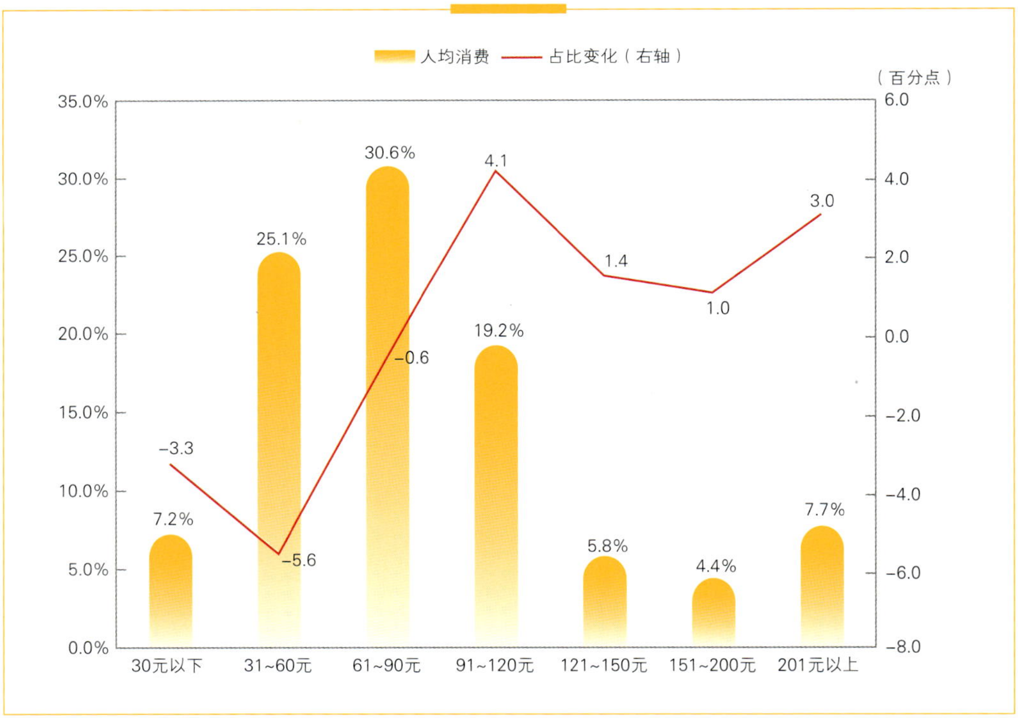


图 2-39　2023 年粤菜到店人均消费占比及年度变化

### 广东地区为粤菜大本营，上海、北京、杭州等城市入榜

美团数据显示，在 2023 年粤菜在线门店数城市排名前十中，上海成为唯一入选的非广东地区城市，广州、深圳、佛山、东莞、惠州位列前五，其中广州门店数量达到 1.73 万家。在线交易量前十的城市中，上海、北京、杭州等 3 座非广东地区城市入榜（见表 2-4）。

**表 2-4 2023 年粤菜在线交易量及门店数城市分布情况**

| 在线交易量 top10 城市 | 在线门店数 top10 城市 | 门店数（千店） |
|---|---|---|
| 深圳市 | 广州市 | 17.3 |
| 广州市 | 深圳市 | 11.5 |
| 上海市 | 佛山市 | 8.9 |
| 佛山市 | 东莞市 | 7.3 |
| 东莞市 | 惠州市 | 5.2 |
| 北京市 | 中山市 | 3.7 |
| 珠海市 | 江门市 | 3.6 |
| 惠州市 | 上海市 | 3.3 |
| 杭州市 | 珠海市 | 2.3 |
| 中山市 | 湛江市 | 2.3 |

### （3）湘菜

### 31~90 元为人均消费主流区间，到店场景中向 91~120 元区间迁移

美团数据显示，无论外卖还是到店，2023 年湘菜人均在线消费主流区间均在 31~90 元。从人均消费占比变化来看，外卖和到店场景中 30 元以下区间占比都有所下降；同时，到店场景中 91~120 元的消费区间占比增幅明显（见图 2-40、图 2-41）。可以看出，随着中国居民人均消费水平的提高，消费者在到店场景中更追求消费体验。

图 2-40　2023 年湘菜外卖人均消费占比及年度变化

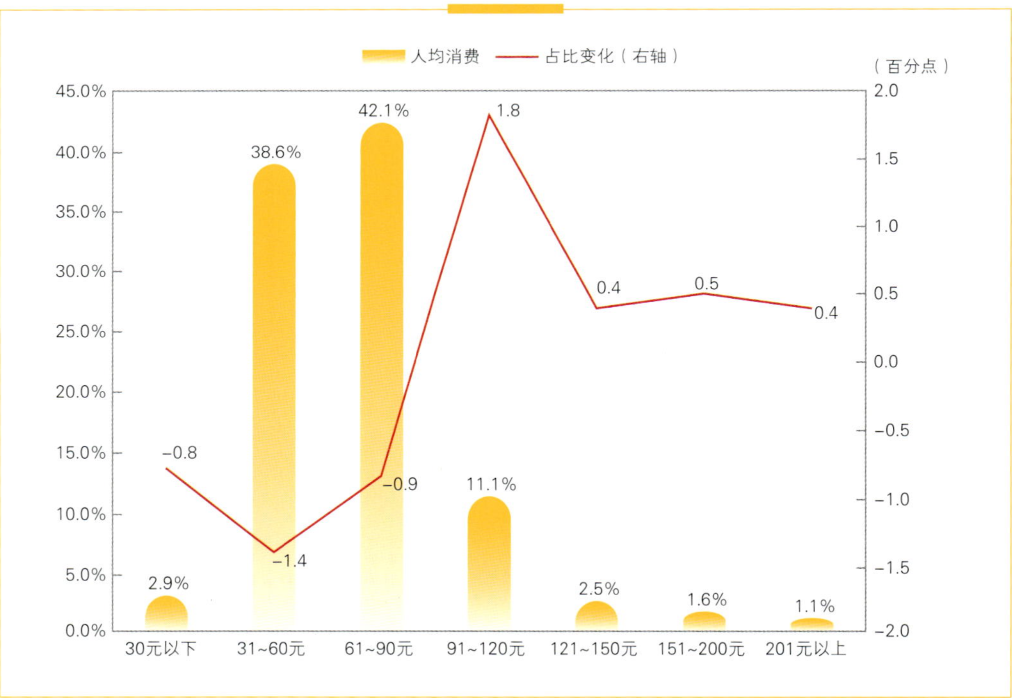


图 2-41　2023 年湘菜到店人均消费占比及年度变化

### 湘菜门店集中分布于南方，北京成交易量排名前十的唯一北方城市

美团数据显示，2023 年湘菜在线门店数排名前十的均为南方城市，其中长沙、深圳、广州位列前三。在线交易量排名前十的城市中，北京成为唯一入榜的北方城市（见表 2–5）。湘菜鲜明的口味特征形成了其在线门店与交易量的区域特色。

**表 2–5　2023 年湘菜在线交易量及门店数城市分布情况**

| 在线交易量 top10 城市 | 在线门店数 top10 城市 | 门店数（千店） |
|---|---|---|
| 深圳市 | 长沙市 | 8.7 |
| 长沙市 | 深圳市 | 5.5 |
| 广州市 | 广州市 | 4.7 |
| 北京市 | 东莞市 | 4.6 |
| 上海市 | 上海市 | 2.1 |
| 东莞市 | 佛山市 | 2.1 |
| 佛山市 | 株洲市 | 2.0 |
| 杭州市 | 岳阳市 | 2.0 |
| 武汉市 | 衡阳市 | 1.9 |
| 西安市 | 常德市 | 1.9 |

### （4）北京菜

### 北京菜外卖消费讲实惠，到店消费向精致化发展

美团数据显示，2023 年北京菜外卖的主流人均消费区间在 31~60 元，占比接近四成，且同比增长了 2.5 个百分点。与之相比，61 元以上区间的占比则有所下降（见图 2–42）。由此可以看出，在外卖场景，北京菜消费更追求实惠。在到店消费方面，2023 年北京菜到店消费中，有接近六成的订单分布在人均消费 31~90 元区间。从到店占比变化来看，60 元以下人均消费占比下降，60 元以上人均消费占比则实现正增长，说明到店消费正向着高品质、精致化方向发展（见图 2–43）。

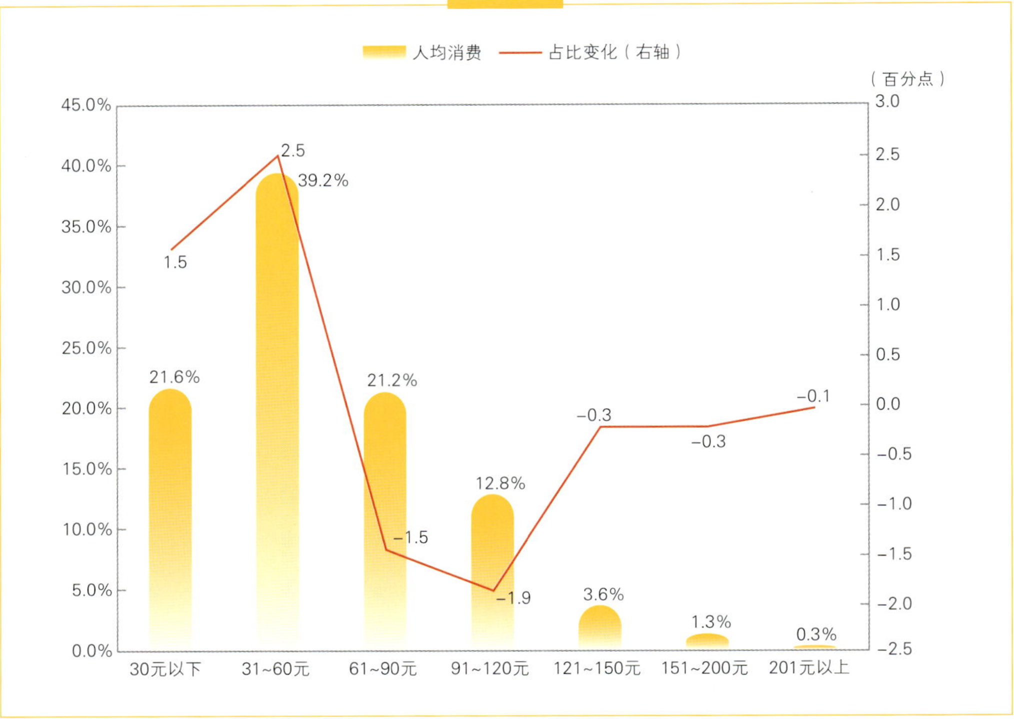


图 2-42　2023 年北京菜外卖人均消费占比及年度变化

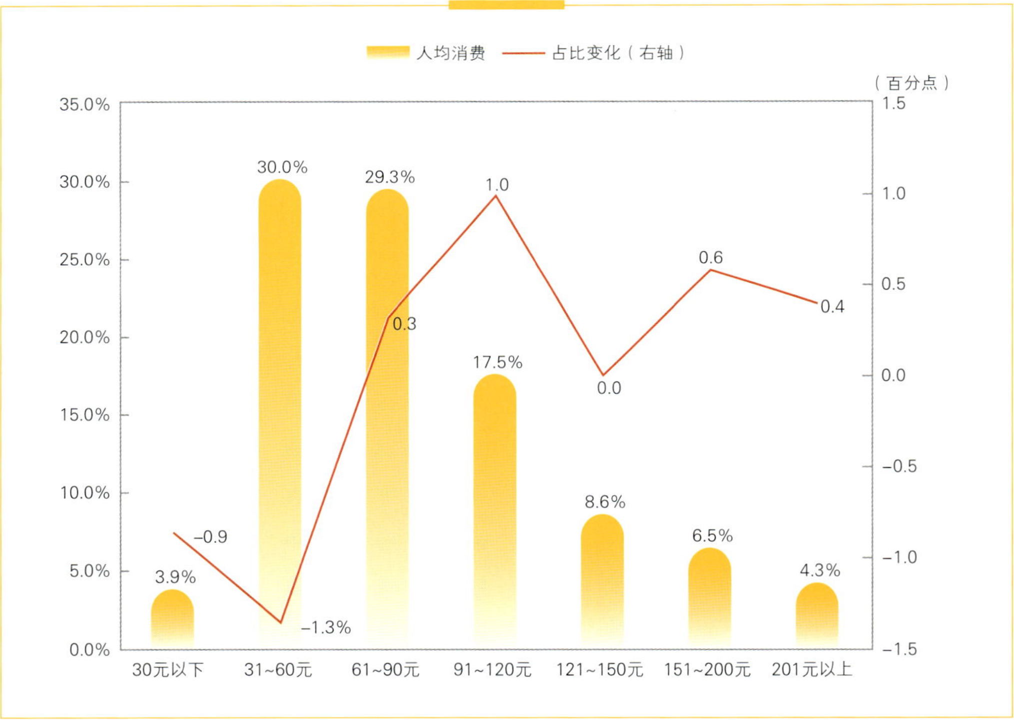


图 2-43　2023 年北京菜到店人均消费占比及年度变化

川渝加码，北京菜多点开花

美团数据显示，在2023年北京菜在线门店数排名前十城市中，区域分布核心城市依次为北京、上海、重庆、成都、苏州等。在线交易量排名前十的城市中，除北京、上海、深圳，成都和重庆也位居前列，可以看出北京菜在西南地区受到越来越多消费者的欢迎，并在更多区域爆发出潜力（见表2-6）。

**表 2-6　2023 年北京菜在线交易量及门店数城市分布情况**

| 在线交易量 top10 城市 | 在线门店数 top10 城市 | 门店数（千店） |
|---|---|---|
| 北京市 | 北京市 | 3.3 |
| 上海市 | 上海市 | 1.6 |
| 成都市 | 重庆市 | 1.5 |
| 深圳市 | 成都市 | 1.4 |
| 杭州市 | 苏州市 | 1.0 |
| 重庆市 | 南京市 | 1.0 |
| 长沙市 | 郑州市 | 0.8 |
| 武汉市 | 合肥市 | 0.8 |
| 广州市 | 武汉市 | 0.8 |
| 天津市 | 杭州市 | 0.8 |

（5）东北菜

东北菜向中高端市场渗透

美团数据显示，无论是外卖还是到店，东北菜人均消费主流区间均集中在31~60元。但从人均消费区间占比变化来看，无论在外卖还是到店场景，这一区间的占比都出现下降。与之相比，外卖场景下61~90元区间占比提升了0.6个百分点，到店场景下91~120元区间占比提升了1.9个百分点（见图2-44、图2-45）。不难看出，东北菜正在逐步向中高端市场渗透。

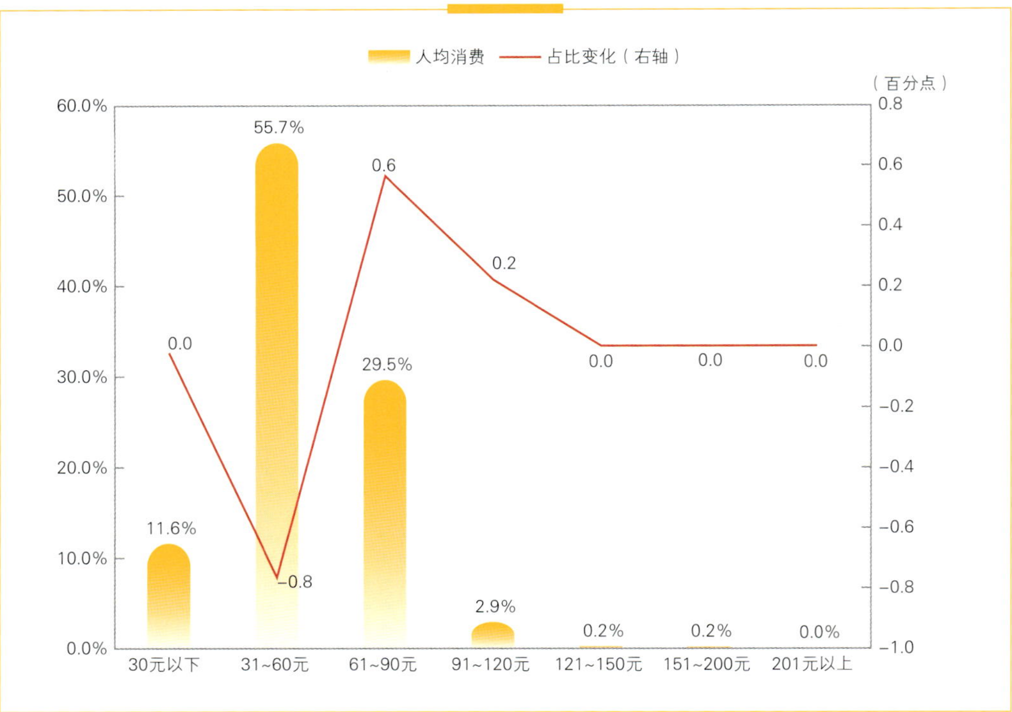


图 2-44　2023 年东北菜外卖人均消费占比及年度变化

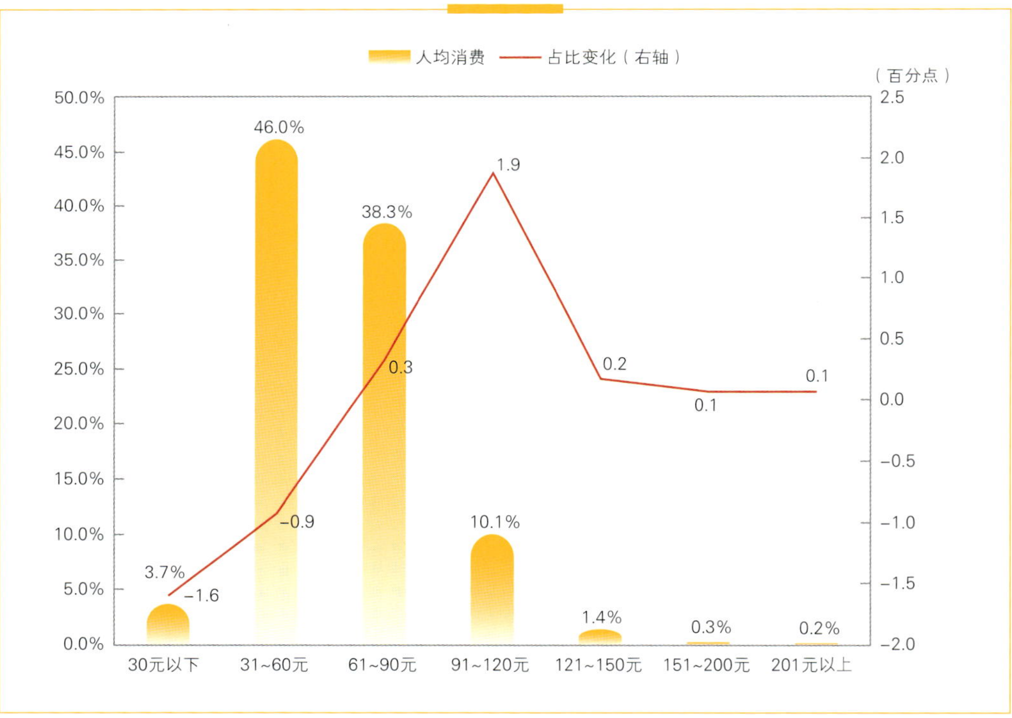


图 2-45　2023 年东北菜到店人均消费占比及年度变化

## 东北菜一路向南，上海在线门店数和交易量均领先

美团数据显示，在2023年东北菜在线门店数排名前十中，区域分布的核心城市依次为北京、上海、重庆、成都、苏州等城市。从在线交易量排名来看，上海、深圳、杭州、广州等南方城市也位居前列（见表2-7）。可见东北菜正在打破区域限制和南北饮食习惯差异，影响力不断辐射至南方地区。

**表2-7　2023年东北菜在线交易量及门店数城市分布情况**

| 在线交易量 top10 城市 | 在线门店数 top10 城市 | 门店数（千店） |
|---|---|---|
| 北京市 | 北京市 | 3.3 |
| 上海市 | 上海市 | 1.6 |
| 深圳市 | 重庆市 | 1.5 |
| 沈阳市 | 成都市 | 1.4 |
| 哈尔滨市 | 苏州市 | 1.0 |
| 大连市 | 南京市 | 1.0 |
| 长春市 | 郑州市 | 0.8 |
| 杭州市 | 合肥市 | 0.8 |
| 广州市 | 武汉市 | 0.8 |
| 天津市 | 杭州市 | 0.8 |

# 五、小吃快餐数据概览

## 1. 小吃快餐在线订单增速提升，到店订单回暖迅猛

美团数据显示，2023 年小吃快餐品类总在线消费订单年同比相较 2022 年有了更明显的涨幅，其中外卖消费同比涨幅达 17.1%，到店同比涨幅达 41.7%（见图 2–46）。小吃快餐品类迎来强势回暖。

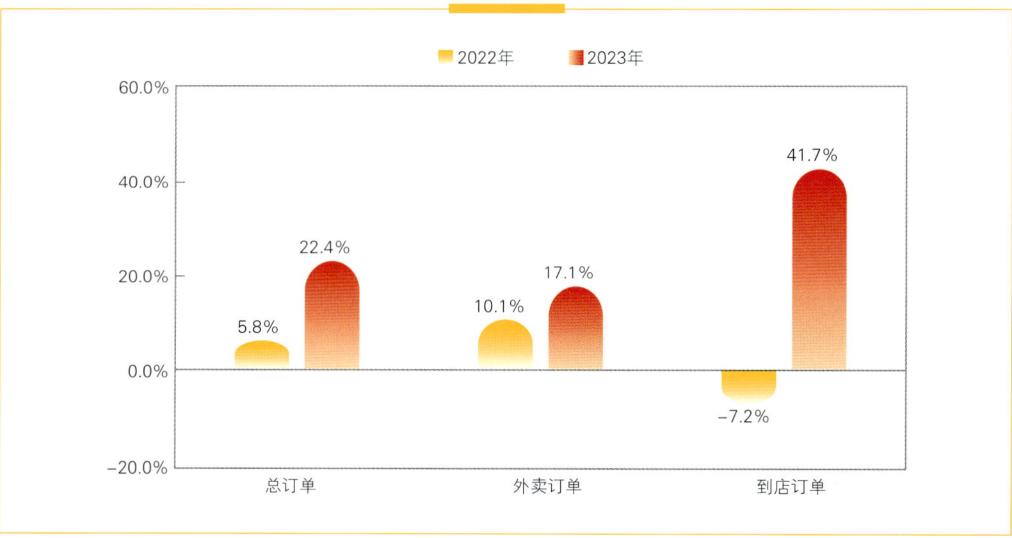


图 2–46　2022—2023 年小吃快餐在线订单年同比涨幅

## 2. 小吃快餐月订单波动增长，外部环境敏感度较高

美团数据显示，2023 年小吃快餐品类外卖与到店订单月度分布均呈波动增长趋势，其中 7 月、8 月以及 12 月订单分布占比最高（见图 2-47）。这或许与寒暑假消费热潮的刺激有关。从订单月同比走势来看，到店消费中，12 月订单月同比涨幅显著，达到 95%。此外，在 4 月，受各地促消费活动的影响，到店和外卖订单月同比也有较高增长（见图 2-48）。

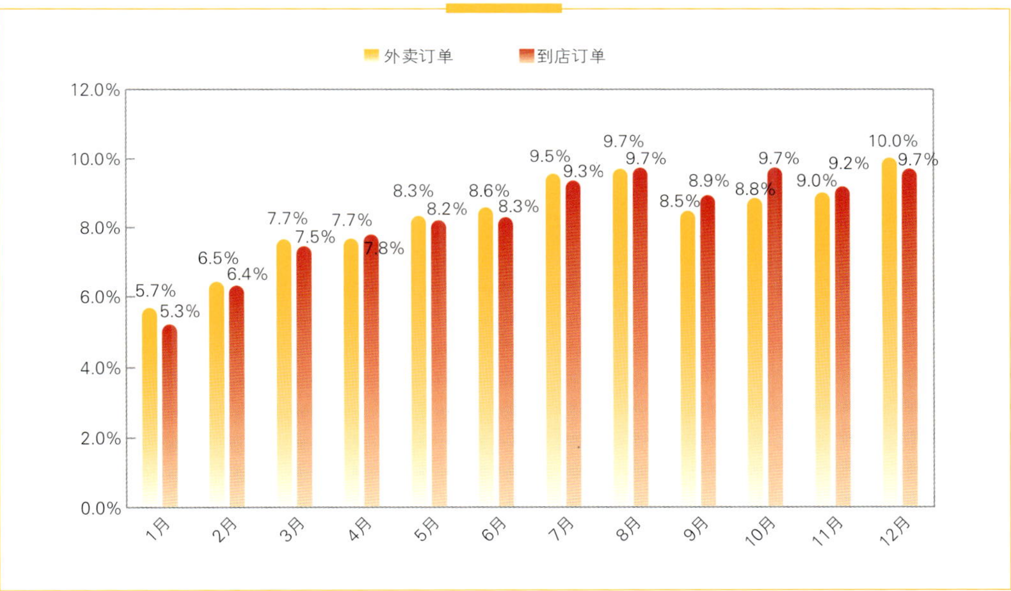


图 2-47　2023 年不同场景下小吃快餐订单月度分布

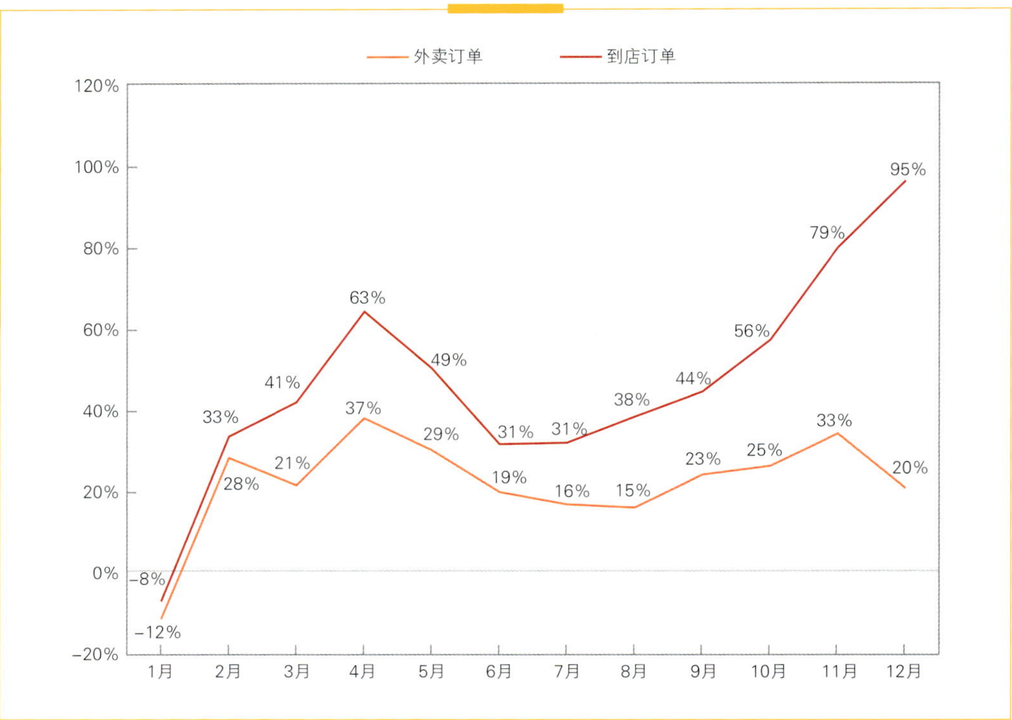


图 2-48　2023 年不同场景下小吃快餐订单月同比走势

## 3.11~30 元仍是人均消费主流区间，61 元以上区间具有较大潜力

美团数据显示，在 2023 年小吃快餐外卖与到店人均消费占比中，11~30 元仍是主要人均消费区间，61 元以上人均消费占比低。从小吃快餐外卖人均消费分布变化来看，11~20 元区间增幅最大，为 0.3 个百分点；从到店人均消费分布变化来看，31~60 元区间增幅最大，为 2.6 个百分点。可见在 61 元以上区间，小吃快餐还有较大发展空间待开拓（见图 2-49、图 2-50）。

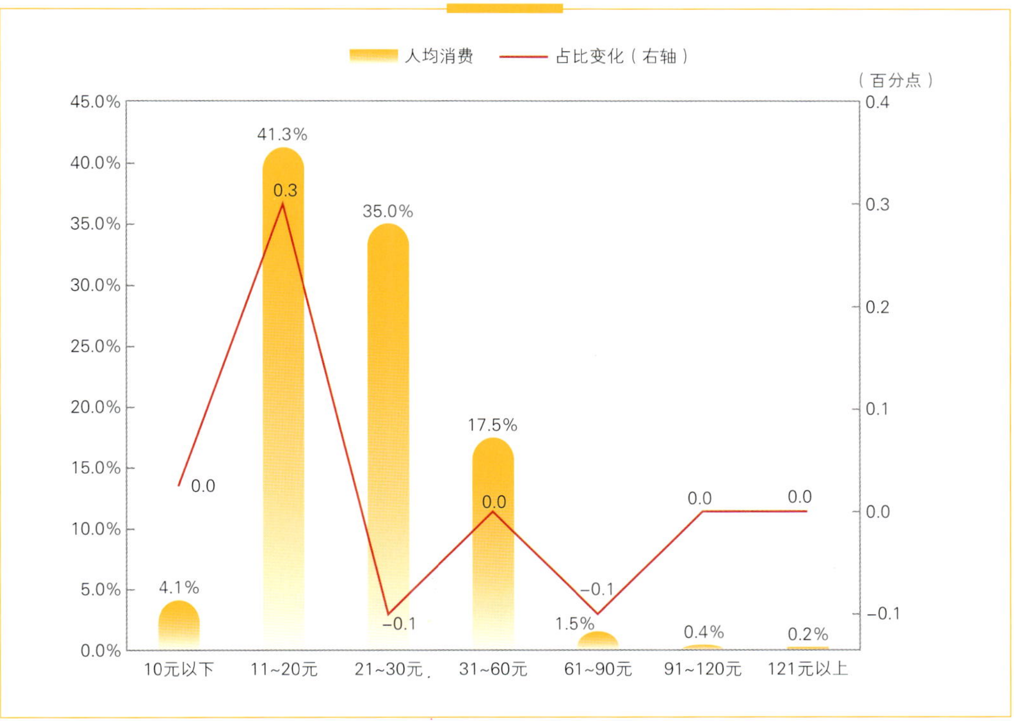


图 2-49　2023 年小吃快餐外卖人均消费占比及年度变化

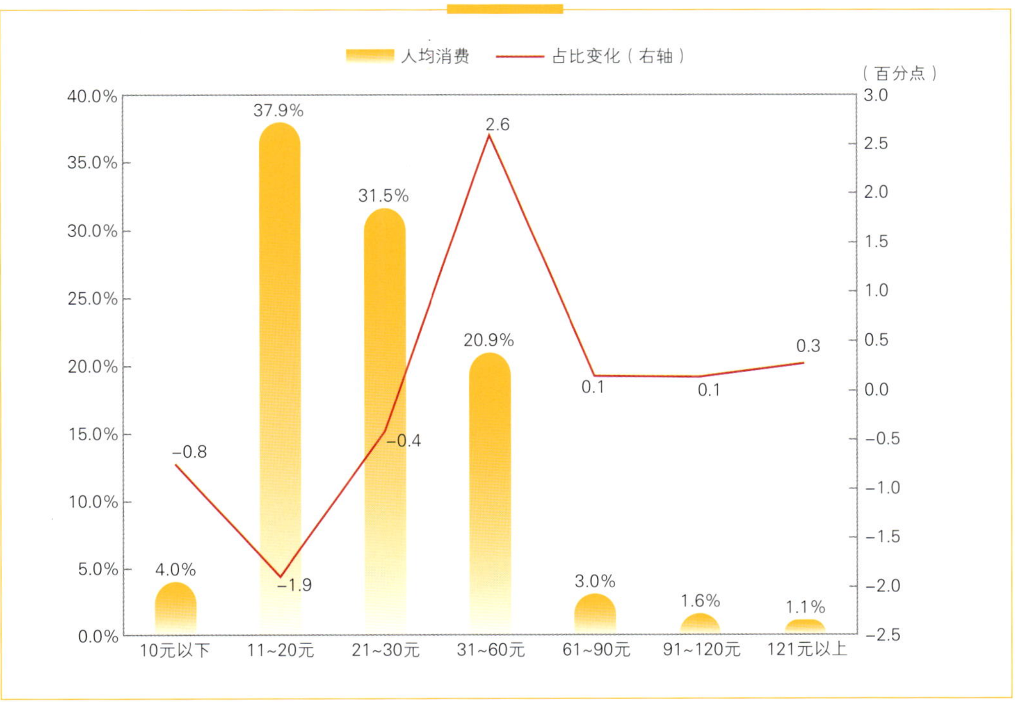


图 2-50　2023 年小吃快餐到店人均消费占比及年度变化

## 4. 快餐简餐卫冕在线门店数首位，地方小吃在线门店增长最快

美团数据显示，在2022—2023年小吃快餐不同细分品类在线门店数排名中，位居前三的是快餐简餐、地方小吃与面条。从细分品类在线门店数变化情况来看，地方小吃、米粉、麻辣烫、西式快餐/汉堡、米线、国外小吃等品类门店在2023年实现增长（见图2-51）。

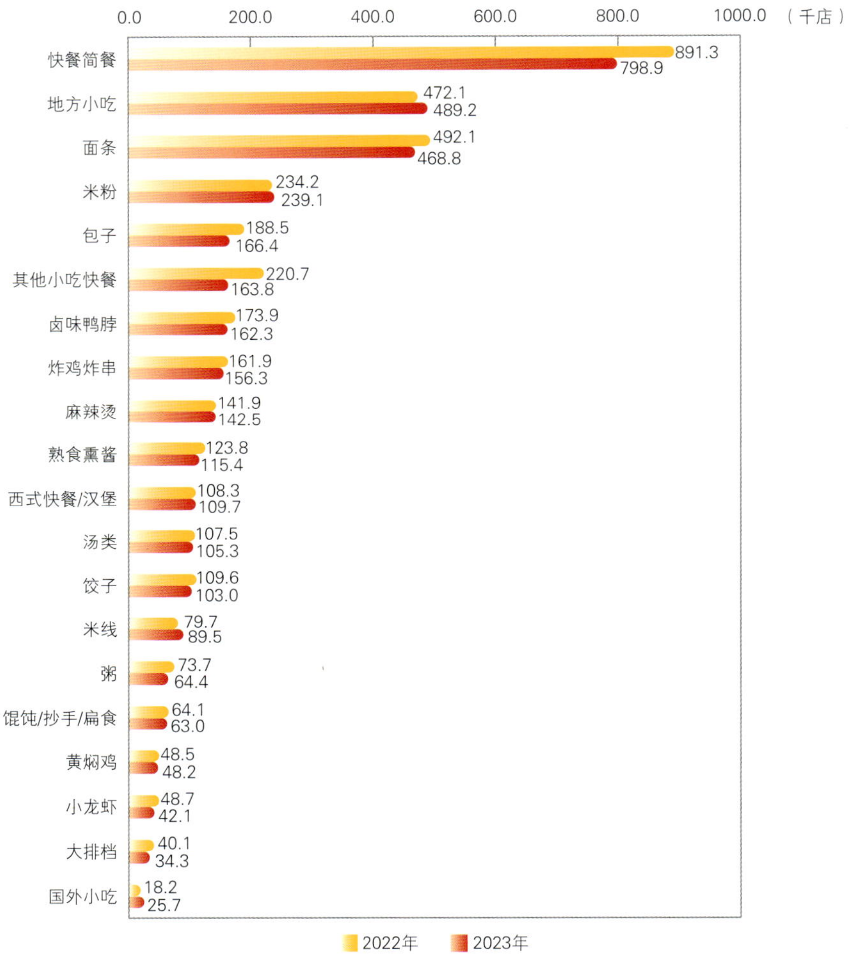


图2-51　2022—2023年小吃快餐在线门店数排名前二十细分品类

## 5. 快餐简餐、面条领跑订单量，西式快餐 / 汉堡成为增长最快的细分品类

美团数据显示，在 2023 年小吃快餐外卖消费订单量排名中，位居前三的分别是快餐简餐、西式快餐 / 汉堡与地方小吃，其中快餐简餐消费订单量占 22.7%；而西式快餐 / 汉堡、饺子和米线订单增长较快，其中西式快餐 / 汉堡增幅达到了 34.4%（见图 2–52）。在到店消费订单量排名中，位居前三的是面条、快餐简餐与地方小吃；西式快餐 / 汉堡同样是增长最快的细分品类，增幅达到了 188.9%，西式快餐 / 汉堡的便利性满足了人们对方便快捷的饮食消费的需求（见图 2–53）。

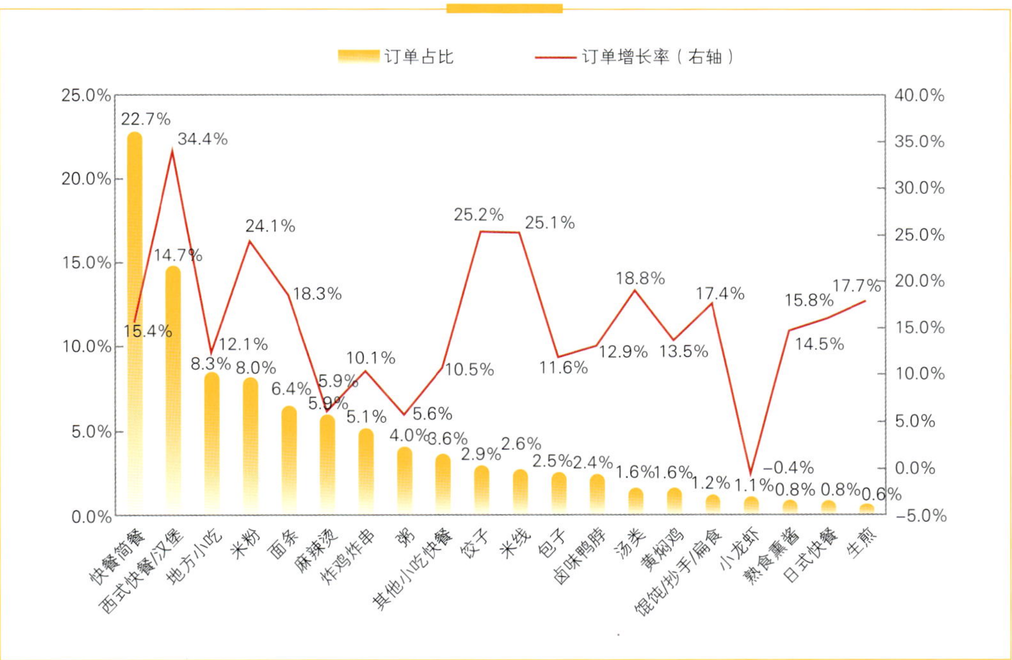


图 2–52 2023 年小吃快餐外卖订单排名前二十品类及订单增长

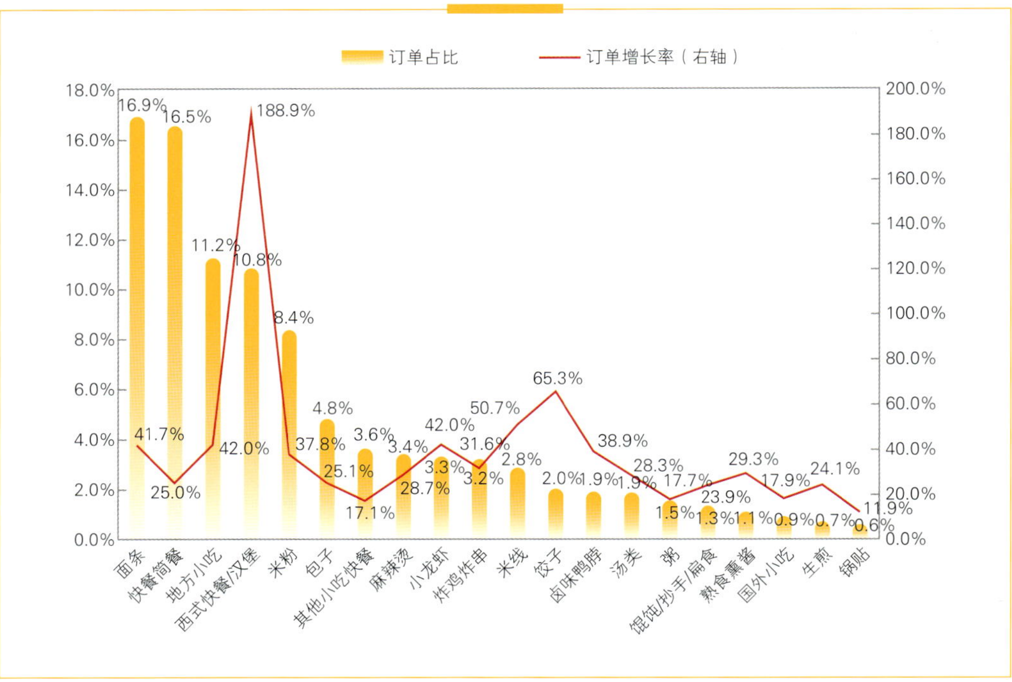


图 2-53　2023 年小吃快餐到店订单排名前二十品类及订单增长

## 6. 小龙虾领跑人均消费，地方小吃到店人均消费走高

美团数据显示，在 2023 年，无论是外卖还是到店，人均消费金额最高的品类都是小龙虾。从人均消费增长来看，小龙虾成为外卖订单中人均消费增长最快的细分品类，而在到店消费中增长最快的细分品类是地方小吃（见图 2-54、图 2-55）。近年来，小龙虾凭借其独特的风味受到越来越多消费者的喜爱，消费者也愿意为这种美味支付更高的价格。

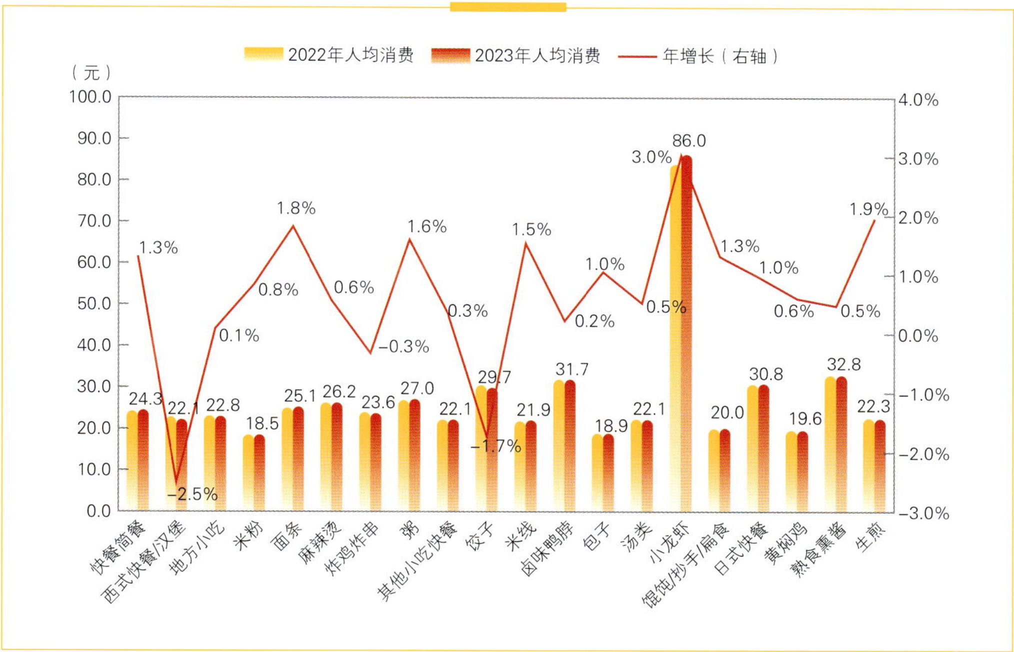


图 2-54　2022—2023 年小吃快餐外卖订单排名前二十品类人均消费及增长

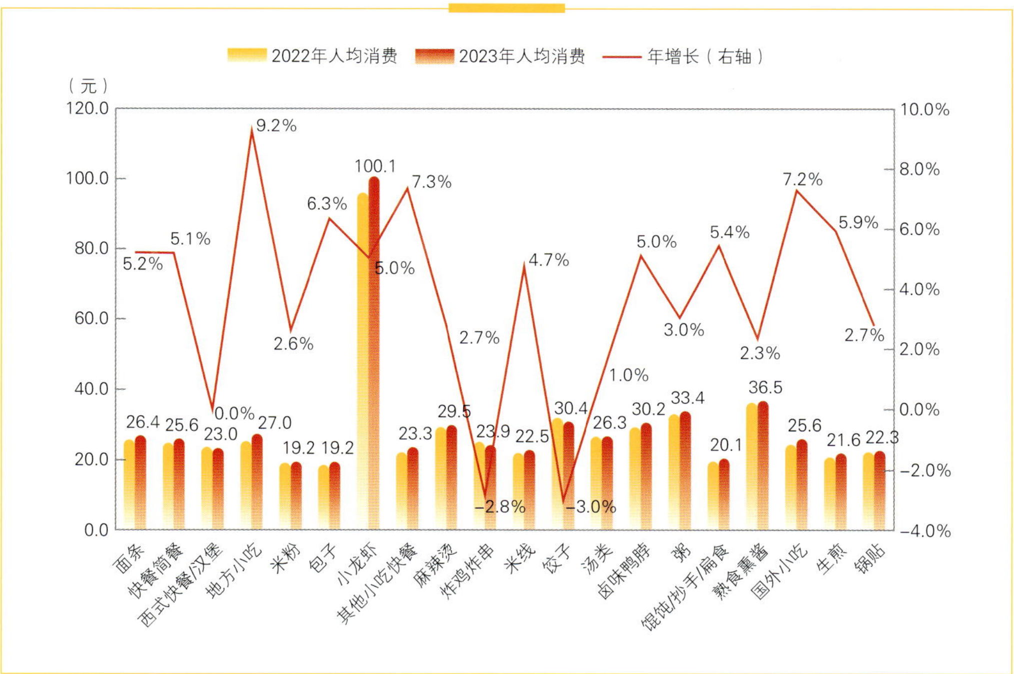


图 2-55　2022—2023 年小吃快餐到店订单排名前二十品类人均消费及增长

# 六、饮品数据概览

## 1. 饮品到店订单年同比涨幅 66.1%，饮品消费开始追求环境和氛围

美团数据显示，在 2022—2023 年饮品在线订单年同比涨幅中，总在线订单涨幅为 42.6%，其中到店订单涨幅更高达 66.1%（见图 2-56）。可以看出，在饮品消费方面，随着消费活力的提升，消费者到店消费意愿更强。

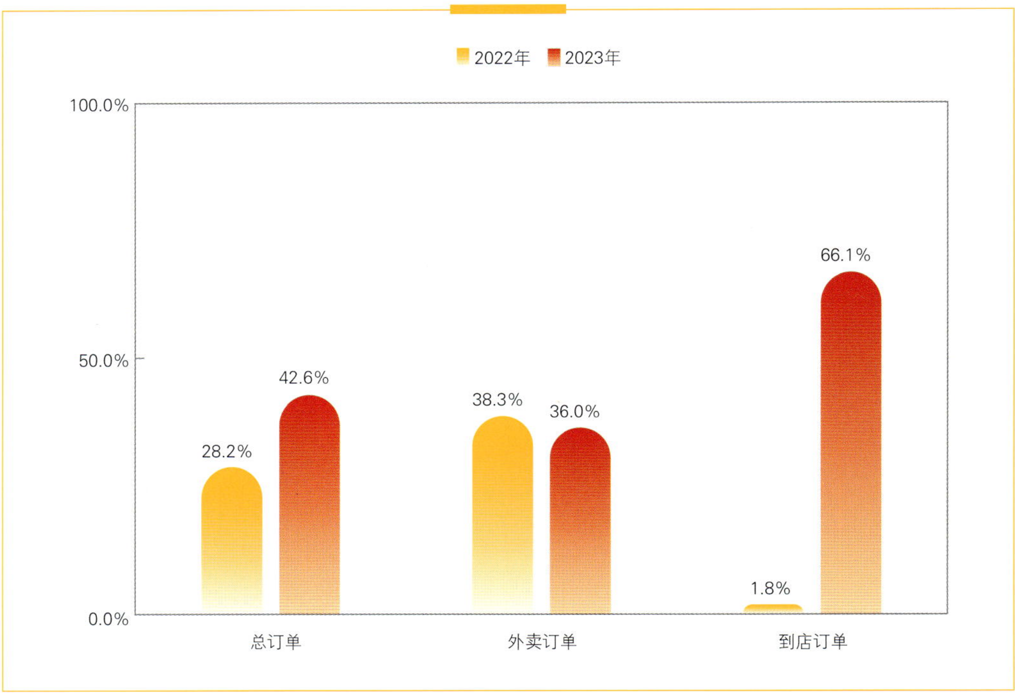


图 2-56　2022—2023 年饮品在线订单年同比涨幅

## 2. 8 月为饮品消费旺季，12 月饮品到店订单月同比涨幅达 189%

美团数据显示，2023 年饮品在线订单月度分布中，外卖与到店订单月度分布呈相同趋势，均从 1—8 月逐月稳步上升，并在 8 月达到峰值后开始下降（见图 2-57）。从订单月同比走势来看，外卖和到店订单的月同比都在 12 月达到最高涨幅，其中外卖订单 12 月涨幅达到 61%，到店订单 12 月涨幅达到 189%。饮品口味的丰富性和产品形式的多样性正让其打破季节的限制，在冬季延续消费热度（见图 2-58）。

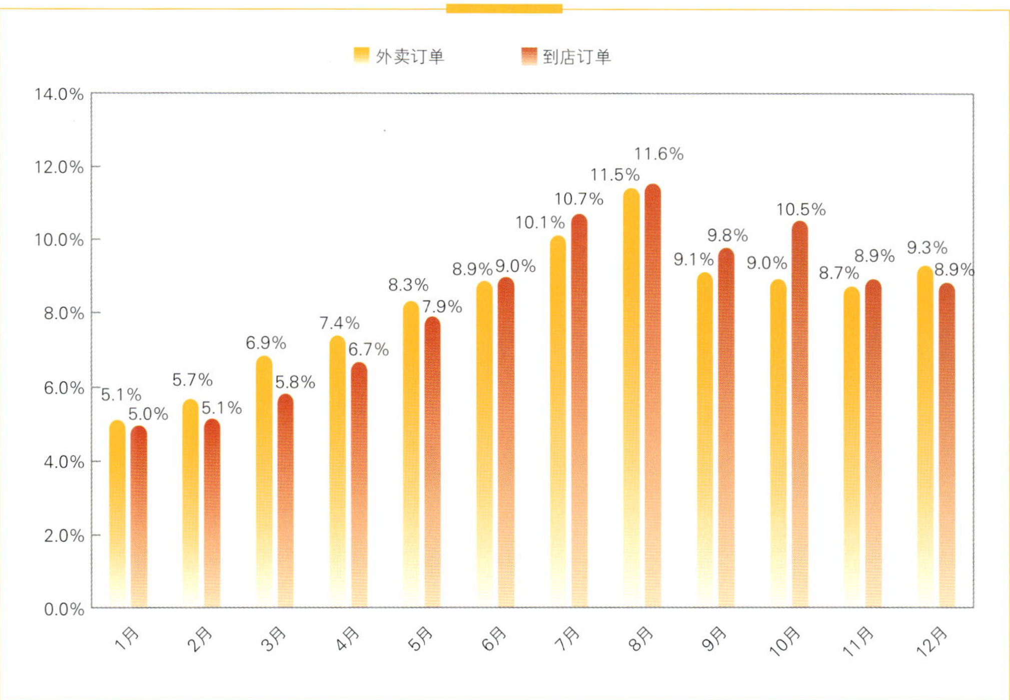


图 2-57　2023 年不同场景下饮品品类订单月度分布

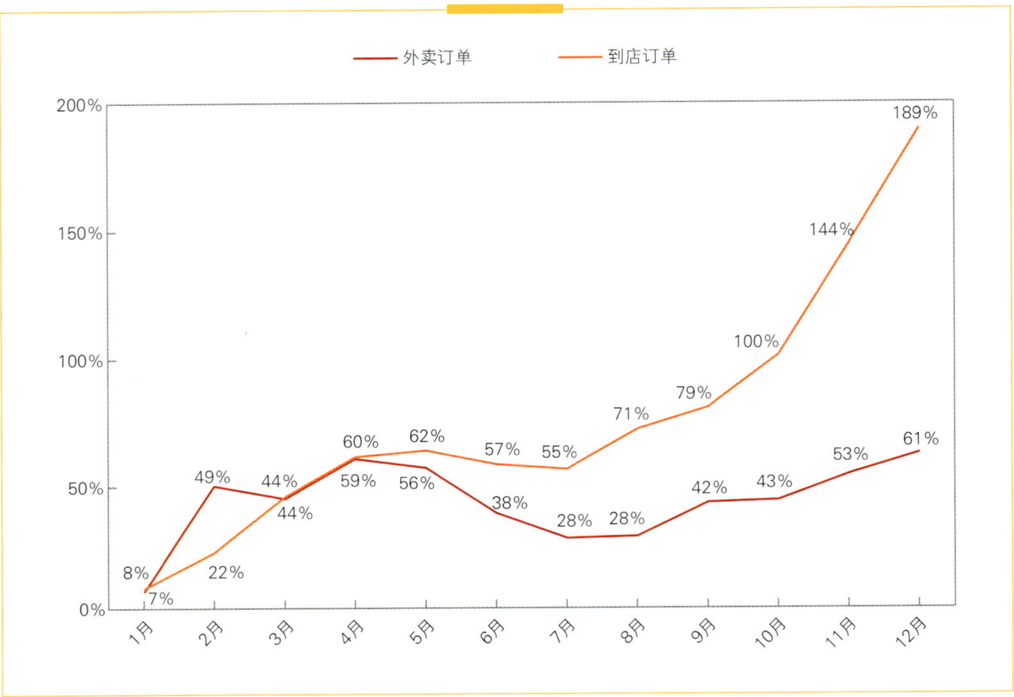


图 2-58　2023 年不同场景下饮品订单月同比走势

## 3. 饮品在线人均消费以 11~20 元为主

美团数据显示，无论是外卖还是到店，饮品主流人均消费区间都集中在 11~20 元，但从分布变化来看，该区间占比在外卖和到店场景下都呈现了不同程度的下滑。与之相比，外卖场景中，21~30 元区间占比增长了 1.1 个百分点；到店场景中，10 元以下的订单占比增长了 6.7 个百分点（见图 2-59、图 2-60）。由此可见，消费者在饮品消费上既追求实惠便宜，也追求品质感。

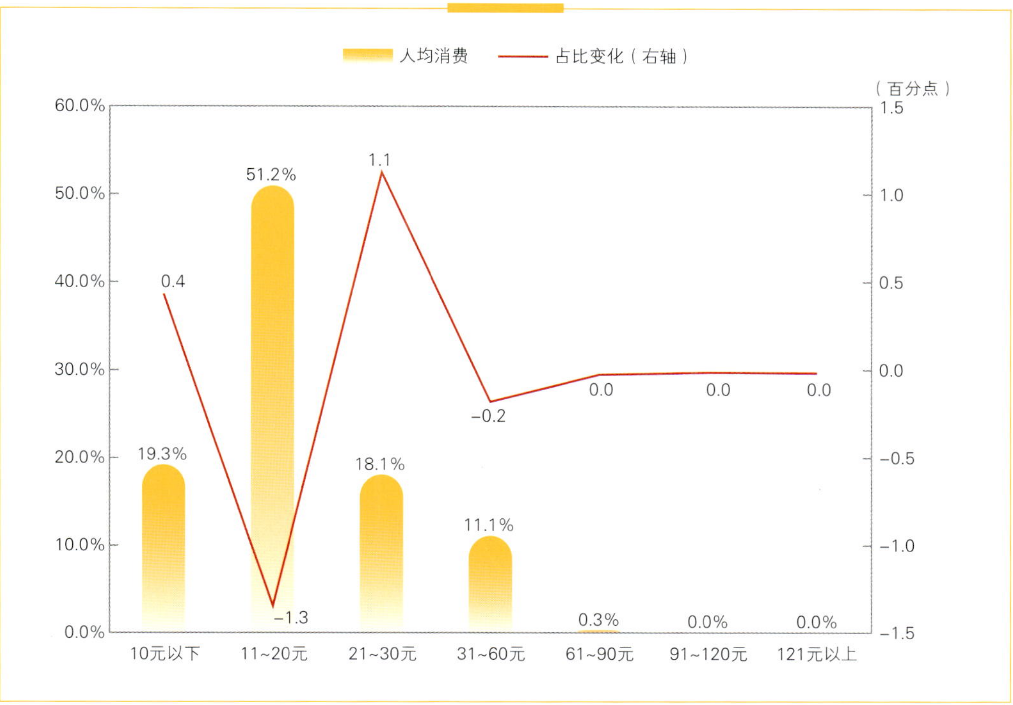


图 2-59　2023 年饮品外卖人均消费占比及年度变化

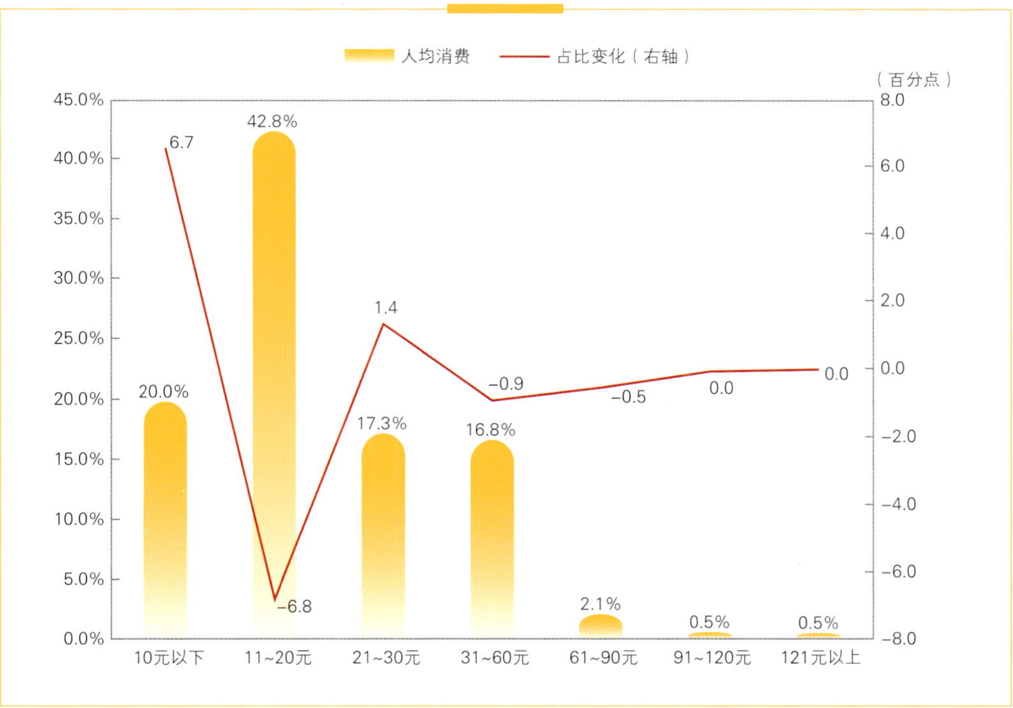


图 2-60　2023 年饮品到店人均消费占比及年度变化

## 4. 广东饮品门店数领跑全国，北上广深在线交易量领先

美团数据显示，在 2023 年饮品店在线门店数排名前十城市中，广州、深圳、佛山、东莞均位于广东，其中广州在线门店数位列第一，达 2.19 万家。而在线交易量方面，上海、广州、深圳、北京四个一线城市位居前列（见表 2-8）。不难看出，广东饮茶文化鲜明，一线城市也因庞大的在线消费群体成为饮品消费主阵地。

**表 2-8　2023 年饮品店在线交易量及门店数城市分布情况**

| 在线交易量 top10 城市 | 在线门店数 top10 城市 | 门店数（千店） |
|---|---|---|
| 上海市 | 广州市 | 21.9 |
| 广州市 | 上海市 | 17.1 |
| 深圳市 | 深圳市 | 15.2 |
| 北京市 | 成都市 | 13.8 |
| 成都市 | 佛山市 | 12.5 |
| 杭州市 | 东莞市 | 12.4 |
| 苏州市 | 北京市 | 11.3 |
| 重庆市 | 重庆市 | 11.2 |
| 佛山市 | 杭州市 | 10.1 |
| 南京市 | 苏州市 | 9.5 |

## 5. 咖啡在线门店数增长明显，冰淇淋、凉茶小幅微跌

美团数据显示，在2022—2023年饮品细分品类在线门店数分布中，奶茶/果汁门店仍处于领先位置，以33.3万家居细分品类之首。2023年门店增幅最高的是咖啡厅，较上年增加约4.2万家。同时，冰淇淋、凉茶等品类在线门店数则出现微跌趋势（见图2-61）。

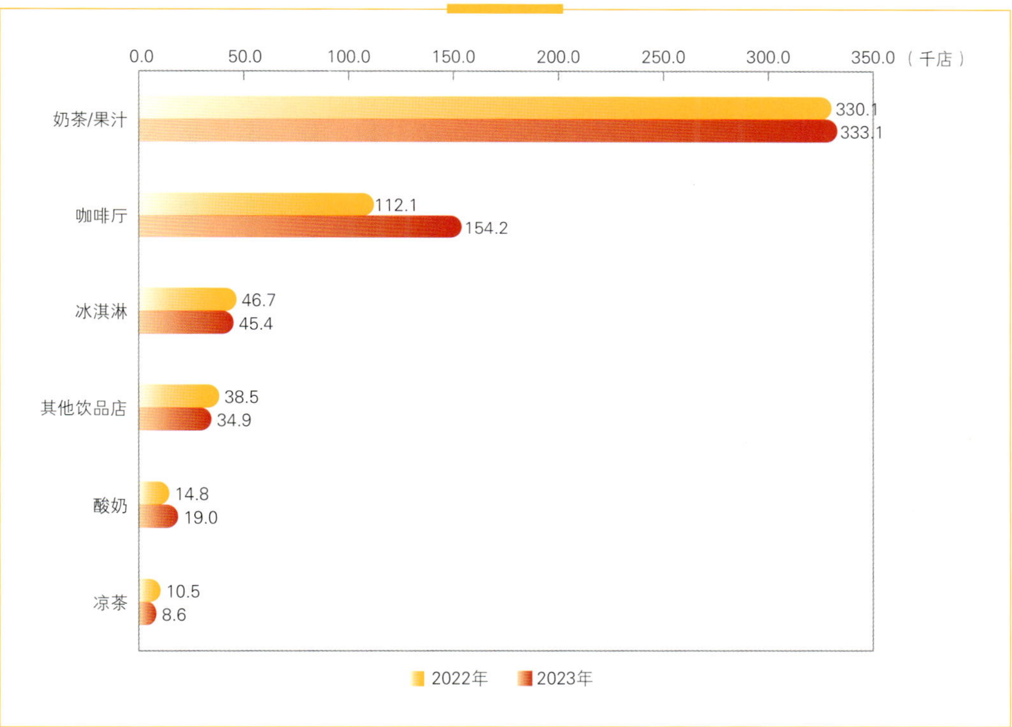


图2-61　2022—2023年饮品细分品类在线门店数

# 七、烘焙数据概览

## 1. 面包甜点到店订单增长迅速，外卖订单增速回落

美团数据显示，2023年面包甜点在线总订单较上年同比增长12.8%，其中到店订单增长迅速，达到21.7%，相较之下，外卖订单增速出现回落（见图2-62）。可以看出，随着烘焙行业数字化营销与外卖模式的普及，在线交易保持稳定增长。

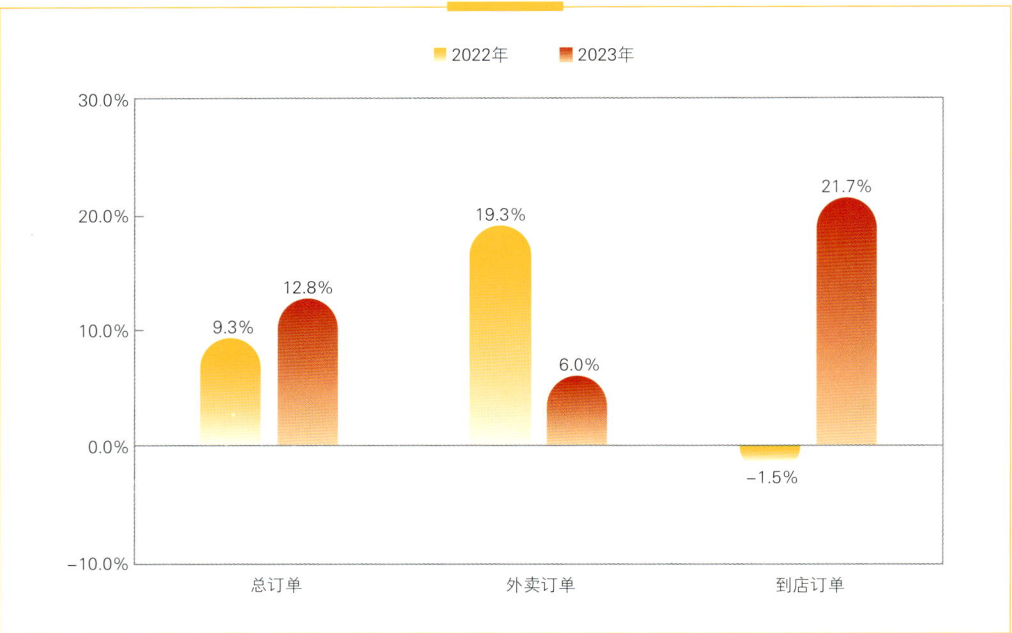


图2-62　2022—2023年面包甜点在线订单年同比增长

## 2. 面包甜点品类涨幅阶段性波动，受外部因素影响显著

美团数据显示，在外卖和到店场景下，2023 年面包甜点品类在线订单月度分布都呈波动上升趋势，下半年订单相较上半年更高，12 月订单占比达到最高（见图 2-63）。单月增长方面，受优化疫情防控因素推动，外卖订单在 2 月增长显著，达到 29%，而到店订单则因圣诞节、跨年等节日因素影响，12 月同比增长达到了 85%（见图 2-64）。

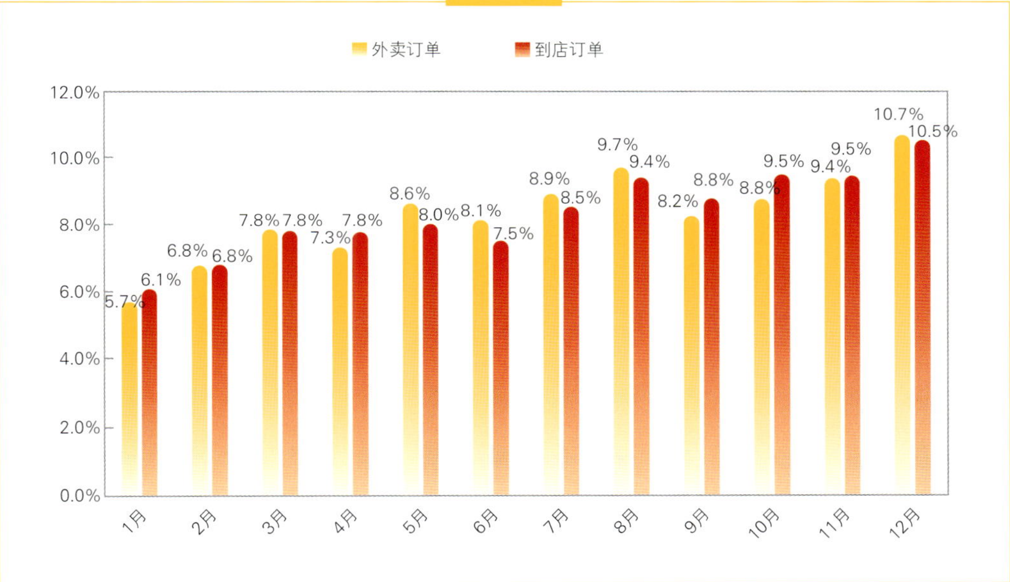


图 2-63　2023 年不同场景下面包甜点品类订单月度分布

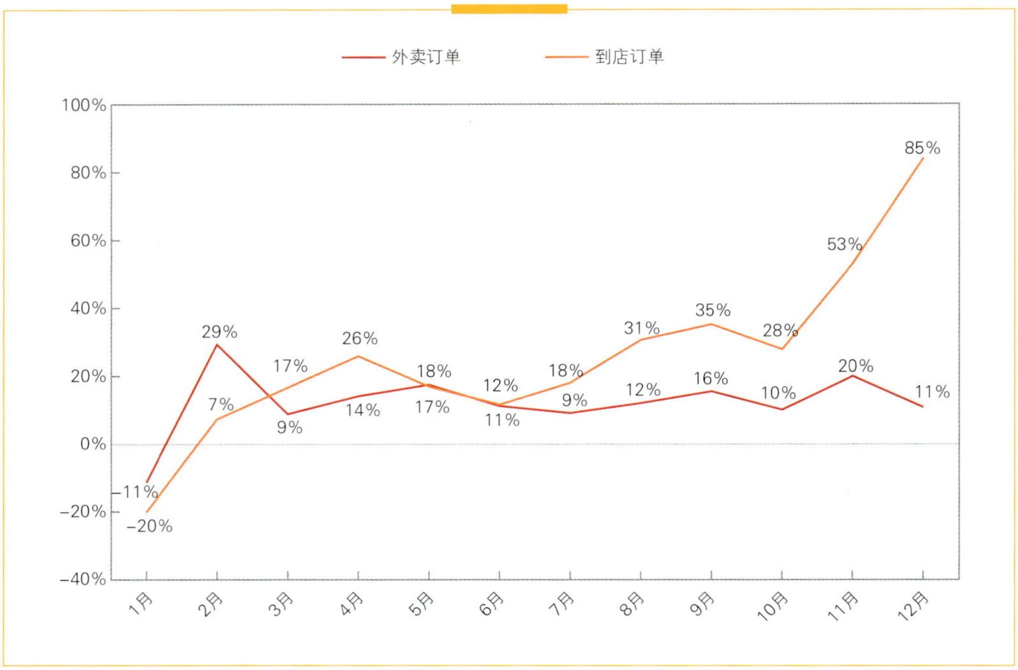


图 2-64　2023 年不同场景下面包甜点品类订单月同比走势

## 3. 11~60 元为面包甜点主流人均消费区间

美团数据显示，从 2023 年面包甜点外卖人均消费占比及年度变化来看，主流人均消费在 11~60 元区间，其中 31~60 元区间占比位居第一，达 34.7%；21~30 元区间占比则同比增长更高，年同比上涨了 1.3 个百分点（见图 2-65）。从 2023 年面包甜点到店人均消费占比及年度变化来看，31~60 元区间占比仍然最高，且占比增速领先其他区间，年同比上涨了 2.7 个百分点（见图 2-66）。

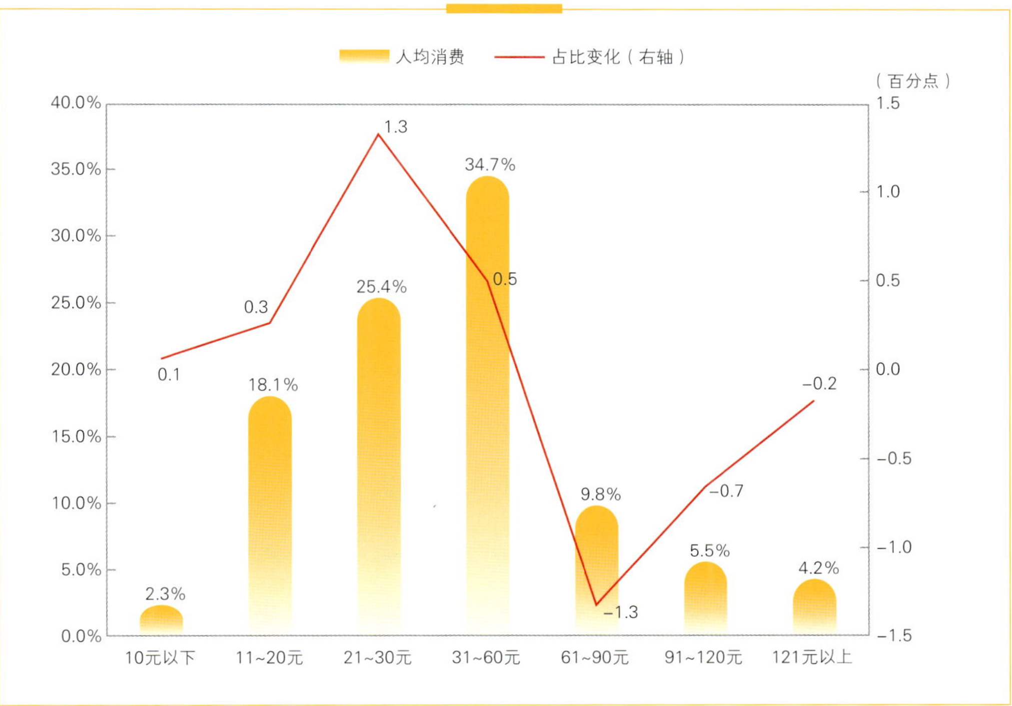


图 2-65　2023 年面包甜点外卖人均消费占比及年度变化

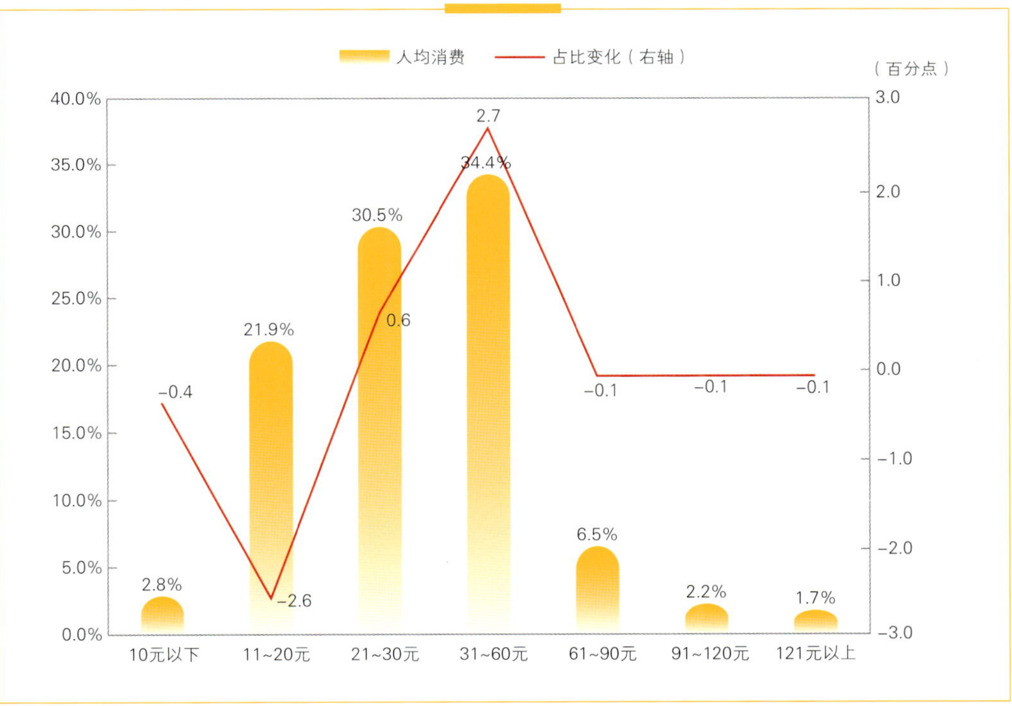


图 2-66　2023 年面包甜点到店人均消费占比及年度变化

## 4. 广州在线门店数量最多，面包甜点更受高线城市喜爱

美团数据显示，在2023年面包甜点在线门店数排名前十城市中，门店数排名前五的城市依次是广州、重庆、成都、深圳、上海。而在线交易量方面，北京、上海、深圳、广州四座一线城市位居前四，成都、杭州、重庆等紧随其后（见表2-9）。不难看出，面包甜点目前在一线、新一线等高线城市更受欢迎。

**表2-9　2023年面包甜点在线交易量及门店数城市分布情况**

| 在线交易量 top10 城市 | 在线门店数 top10 城市 | 门店数（千店） |
|---|---|---|
| 北京市 | 广州市 | 10.8 |
| 上海市 | 重庆市 | 10.0 |
| 深圳市 | 成都市 | 8.7 |
| 广州市 | 深圳市 | 7.5 |
| 成都市 | 上海市 | 7.1 |
| 杭州市 | 佛山市 | 6.4 |
| 重庆市 | 东莞市 | 6.0 |
| 南京市 | 北京市 | 5.9 |
| 苏州市 | 青岛市 | 5.3 |
| 武汉市 | 郑州市 | 5.2 |

## 5. 面包蛋糕在线门店数保持领先

美团数据显示，在 2023 年面包甜品细分品类在线门店数中，面包蛋糕分类遥遥领先于中式糕饼、西式甜品、传统甜品等，门店数近 23.9 万家，但相比 2022 年在线门店数出现了一定幅度的减少（见图 2-67）。

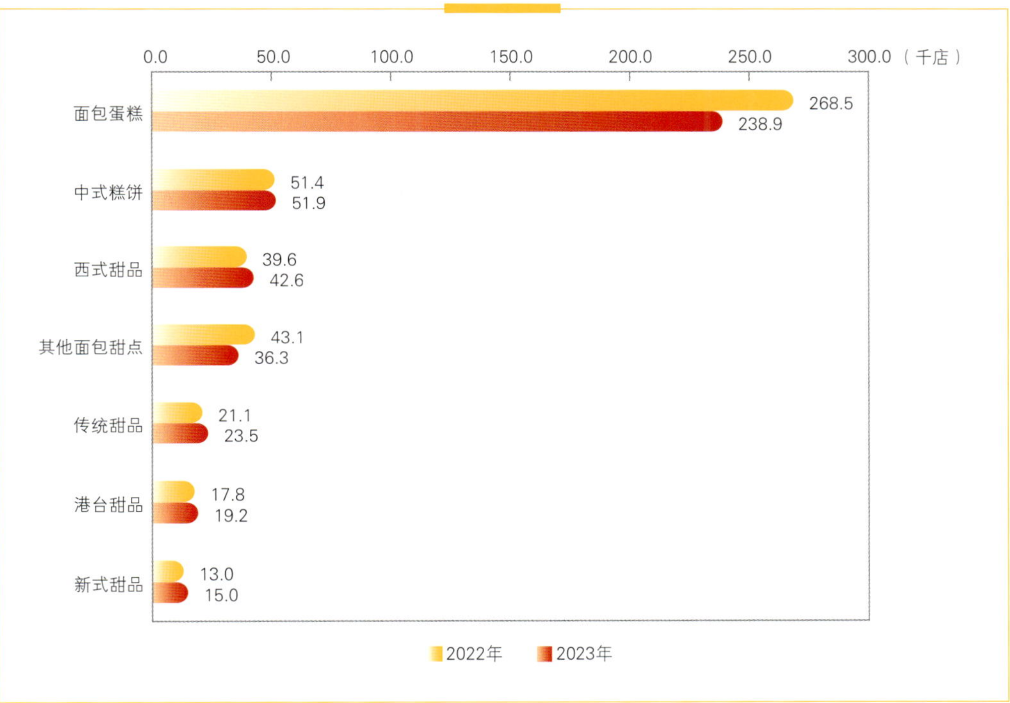


图 2-67　2022—2023 年面包甜点细分品类在线门店数

# 八、国际美食数据概览

## 1. 国际美食在线订单数加速恢复，到店订单增幅明显

美团数据显示，在 2022—2023 年国际美食在线订单年同比涨幅中，2023 年总在线订单同比上涨 21.2%，其中到店订单涨幅明显，达到了 41.2%，外卖订单增幅则出现了一定程度回落，仍有市场恢复空间（见图 2-68）。

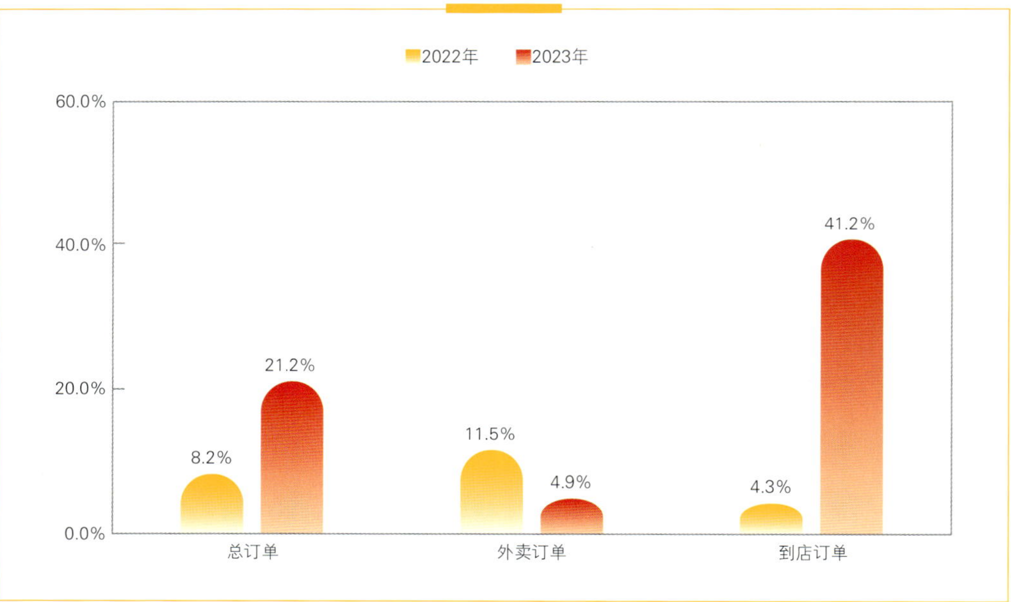


图 2-68　2022—2023 年国际美食在线订单年同比涨幅

## 2. 夏季为国际美食消费高峰，4 月和 12 月到店订单增幅明显

美团数据显示，从 2023 年国际美食在线订单月分布来看，全年整体分布呈现波动形，其中 7—8 月达订单分布高峰（见图 2-69），暑期、七夕等节假日引导的消费旺季提升了消费群体对国际美食的消费需求。在月同比走势上，4 月和 12 月国际美食到店订单月同比涨幅较大，分别达到了 93% 和 114%（见图 2-70）。

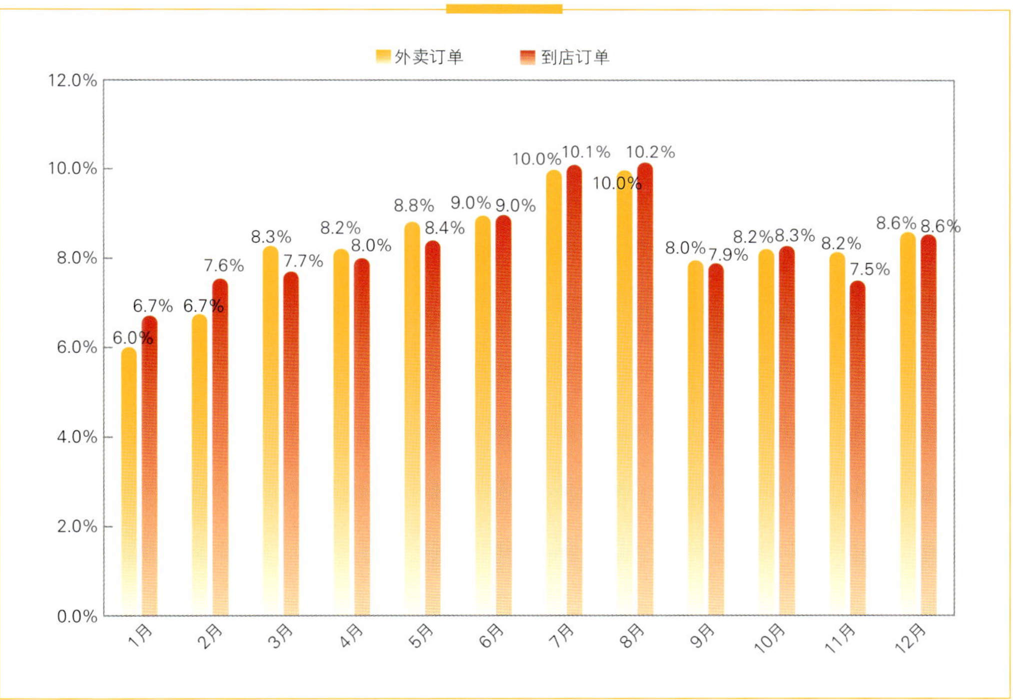


图 2-69　2023 年不同场景下国际美食餐厅订单月度分布

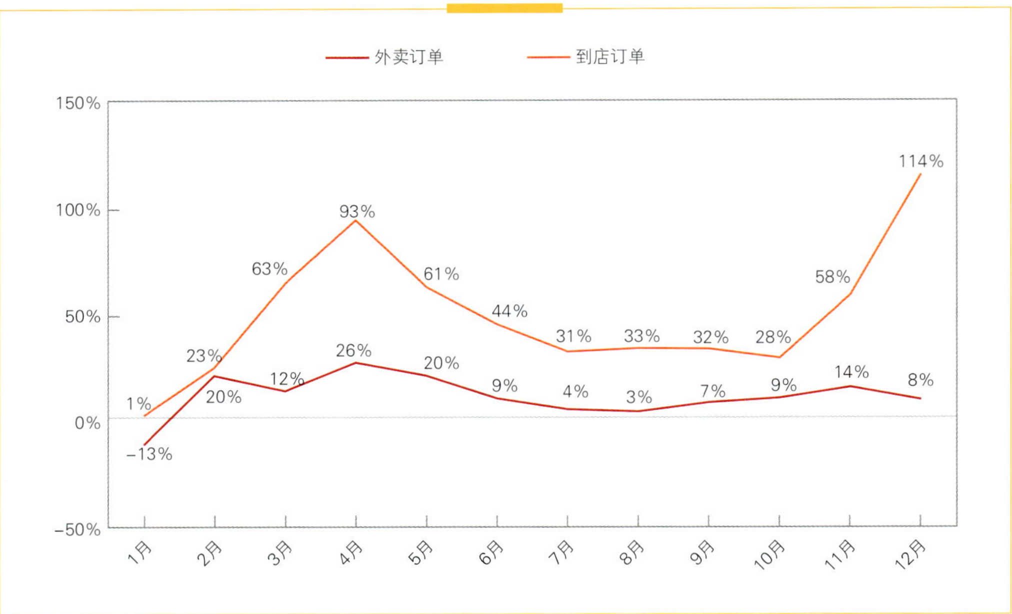


图 2-70　2023 年不同场景下国际美食餐厅订单月同比走势

## 3. 西餐仍为外卖首选，日本菜居到店订单首位

美团数据显示，2022—2023 年国际美食细分品类外卖订单量分布中，西餐占比最高，2023 年稳定上升至 58.3%。从各品类外卖订单涨幅来看，地方特色鲜明的东南亚菜同比涨幅最高，达到 19.5%（见图 2-71）。在到店订单量分布中，日本菜占比居首位，2022 年占比为 47.6%，2023 年小幅度回落至 44.5%（见图 2-72）。日本核污染水排放问题一定程度影响到消费者对日料的消费意愿。

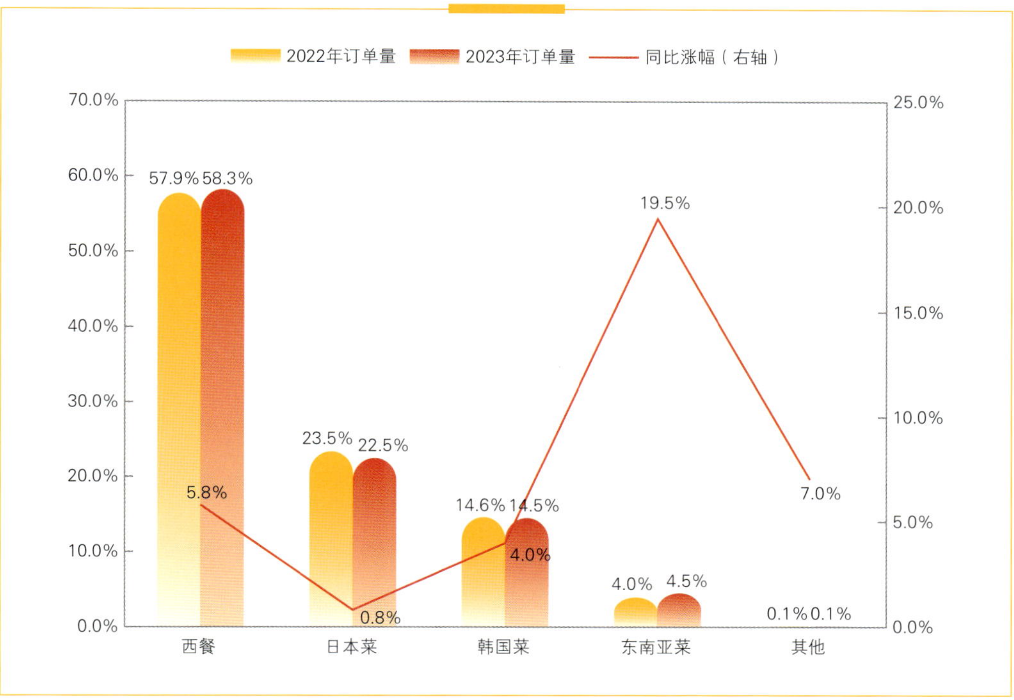


图 2-71　2022—2023 年国际美食外卖订单量在线分布及同比涨幅

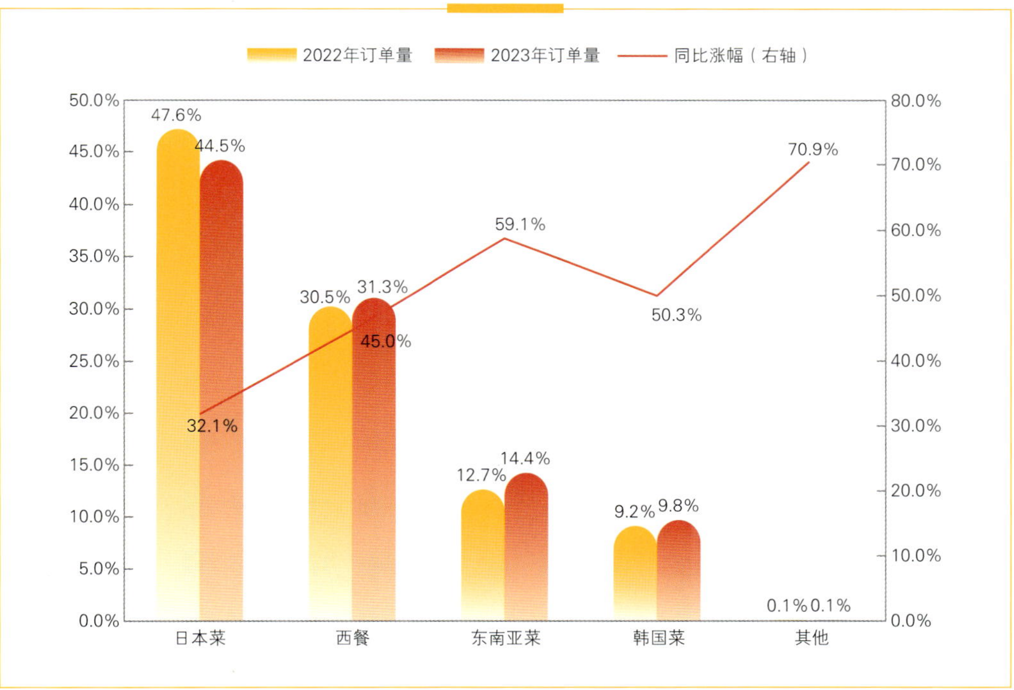


图 2-72　2022—2023 年国际美食到店订单量在线分布及同比涨幅

## 4. 日本菜到店人均消费增至 164 元，国际美食外卖人均消费保持稳定

美团数据显示，在 2022—2023 年国际美食细分品类到店人均消费情况中，日本菜从 2022 年的 159 元上升至 2023 年的 164 元，居细分品类人均消费首位；从到店人均消费涨幅来看，韩国菜从 74 元上升至 80 元，年同比增长了 7.6%，涨幅居各细分品类首位（见图 2-73）。从 2022—2023 年国际美食细分品类外卖人均消费情况来看，除东南亚菜外，其他细分品类有微增（见图 2-74）。国际美食整体外卖人均消费水平相对稳定。

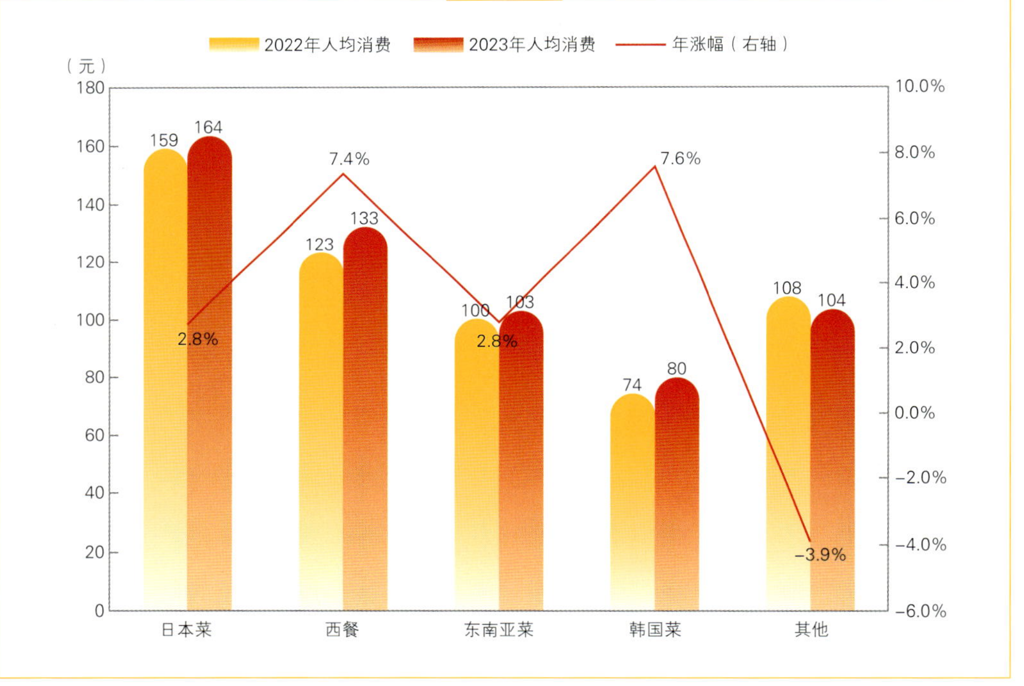


图 2-73　2022—2023 年国际美食到店人均消费情况

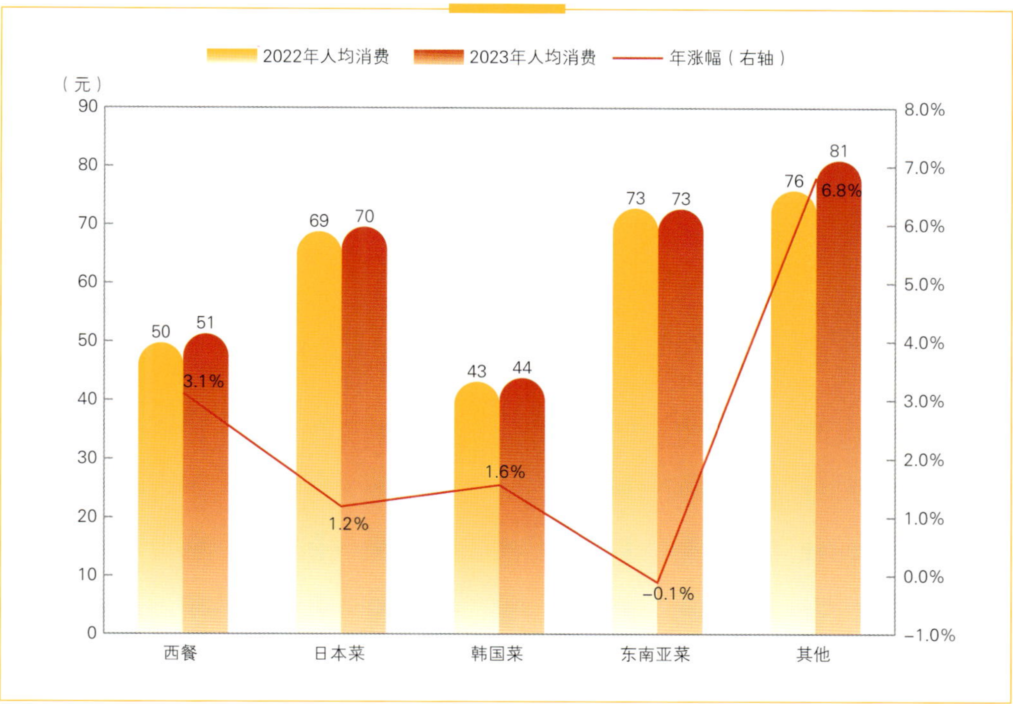


**图 2-74　2022—2023 年国际美食外卖人均消费情况**

# 03

# 连锁餐饮发展

## 一、中国餐饮连锁化率持续提升①

美团数据显示，2021—2023 年中国餐饮连锁化率持续提升，从 2021 年的 18% 升至 2023 年的 21%，品牌连锁化发展仍在提速（见图 3-1）。

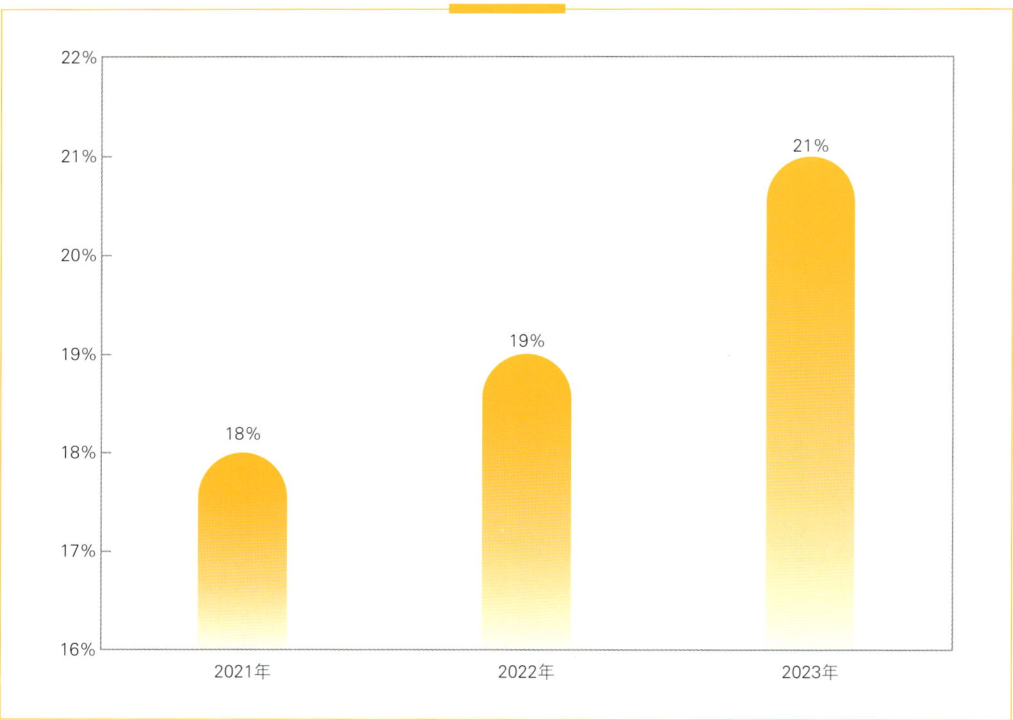


图 3-1　近 3 年中国餐饮门店连锁化率

①连锁门店数据口径说明：同一品牌下，门店数 >2，视为连锁品牌；连锁化率 = 全国餐饮连锁品牌下门店数量总和 / 全国餐饮行业门店数总和 ×100%；品类连锁化率 = 品类连锁品牌下门店数量总和 / 全国品类门店数总和 ×100%。

## 二、万店品牌连锁门店占比达 1.6%，大连锁持续扩张

美团数据显示，从 2023 年品牌连锁门店数区间等级分布来看，3~10 家店的品牌连锁门店数占餐饮大盘门店数的比例相较 2022 年有所下降；10 店以上的品牌连锁门店数占餐饮大盘门店数的比例相较 2022 年则有较明显的提升，其中 101~500 家规模区间的品牌连锁门店数占大盘的比例提升了 1.4 个百分点，501~1000 家规模区间和 1001~5000 家规模区间的品牌连锁门店数占大盘的比例均提升了 0.4 个百分点，11~100 家规模区间的品牌连锁门店数占大盘的比例提升了 0.2 个百分点，5001~10000 家规模区间和万店以上规模区间的品牌连锁门店数占大盘的比例均提升了 0.1 个百分点。万店以上规模的品牌连锁门店数占比已达到 1.6%（见图 3-2）。

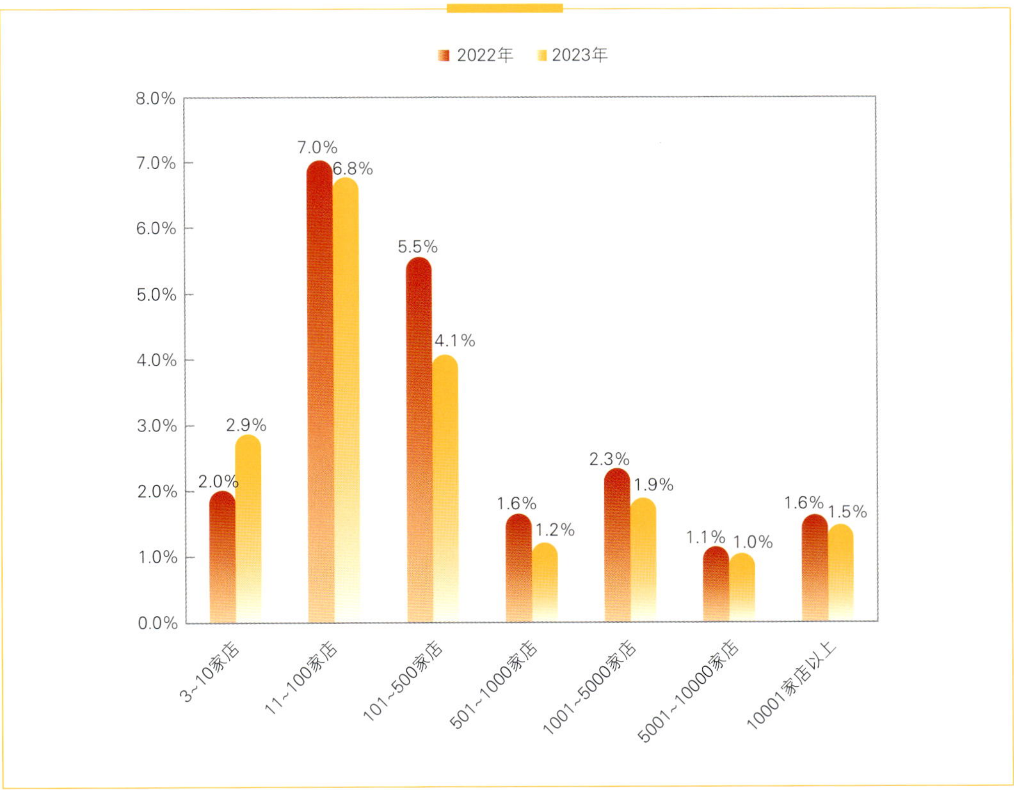


图 3-2 2022—2023 年品牌连锁门店数区间等级分布（占大盘的比例）

从 2023 年不同规模区间的品牌连锁门店数年同比涨幅来看，501~1000 家规模区间的品牌连锁门店数增长最快，涨幅达 38%；其次是 101~500 家规模区间和 1001~5000 家规模区间的品牌连锁门店数同比涨幅分别为 37.7% 和 25.9%（见图 3-3）。基于更高的产品标准化程度、更稳定的供应链和更成熟的运营经验以及餐饮数字化工具的加持，大连锁正在持续扩张。

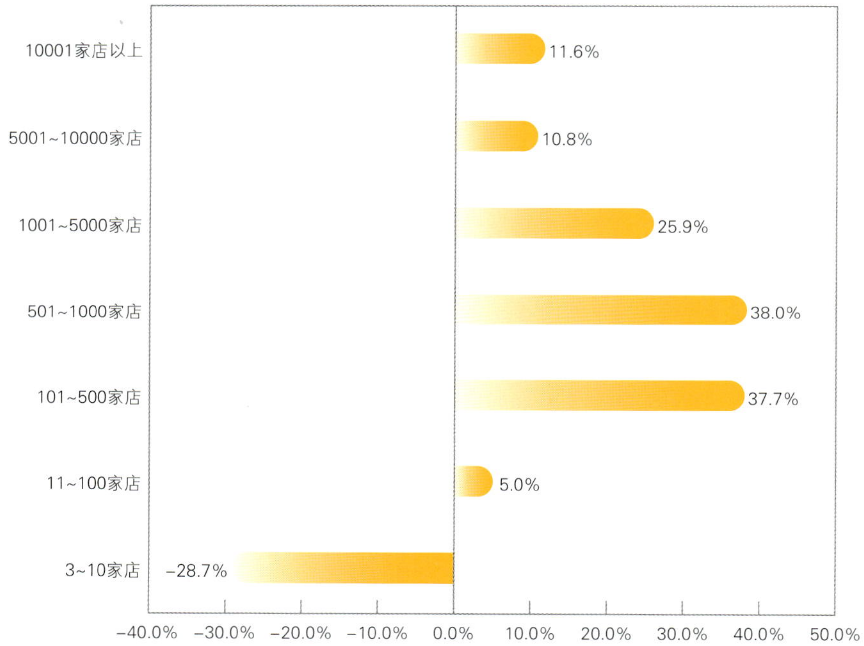


图 3-3　2023 年不同规模区间的品牌连锁门店数年同比涨幅

## 三、饮品连锁化率达 49%，小吃快餐撑起连锁门店半边天

美团数据显示，2023 年各餐饮品类连锁化率位列前三的依次为饮品店、面包甜点和国际美食，其中饮品店的连锁化率进一步提升至 49%。从 2022—2023 年各品类连锁化率的变化情况来看，各餐饮品类的连锁化率在 2023 年都稳步提升，其中自助餐品类提升了 9 个百分点，饮品店品类提升了 5 个百分点，面包甜点、火锅、八大菜系等品类提升了 4 个百分点，国际美食、小吃快餐、烧烤等品类提升了 3 个百分点（见图 3-4）。

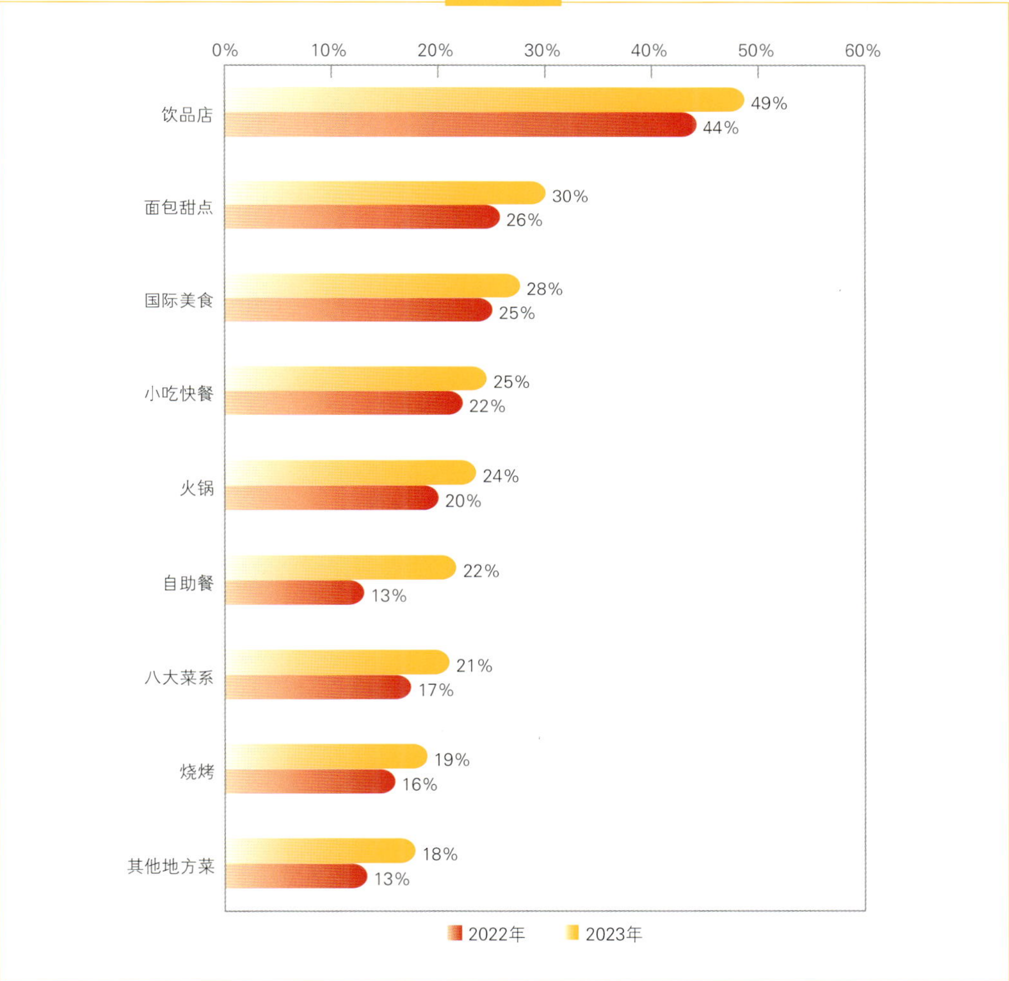


图 3-4　2022—2023 年各品类连锁化率

从2022—2023年连锁餐饮门店品类分布情况来看，小吃快餐品类依然稳居门店数第一，占比在2023年为连锁店总数的48%。值得关注的是，饮品店、烧烤、特色菜和自助餐的连锁门店数占总连锁门店数的比例在2023年都提升了1个百分点（见图3-5）。

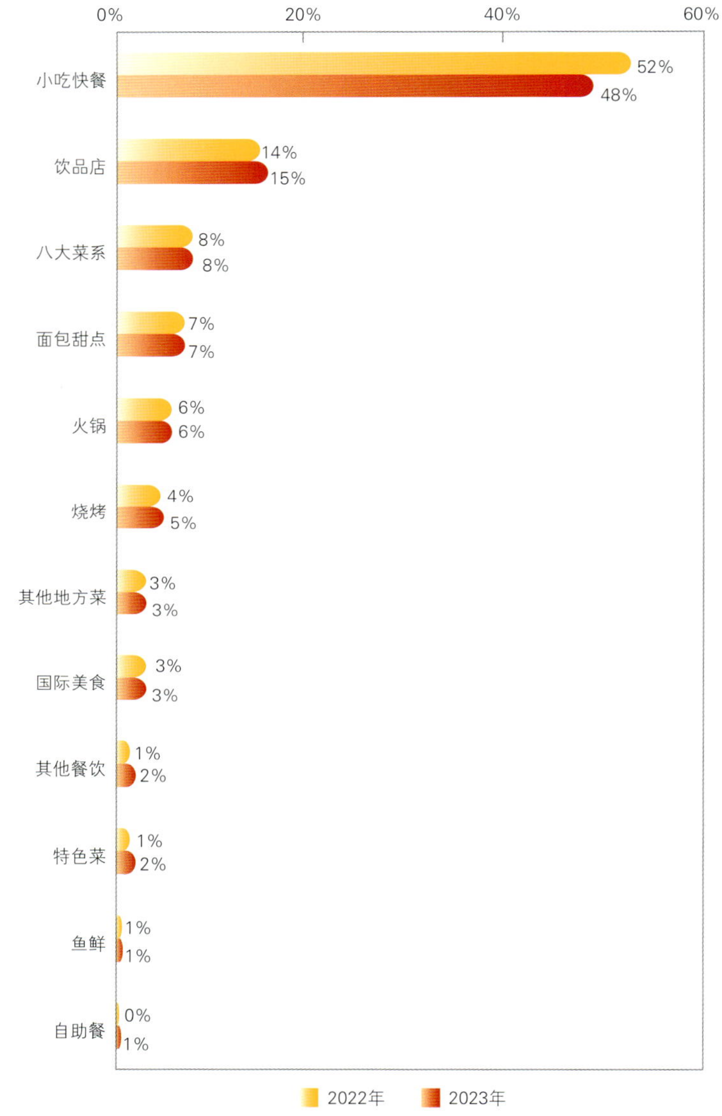


图3-5　2022—2023年连锁餐饮门店品类分布

## 四、四线及以上城市连锁化率超过 20%

美团数据显示，在 2022—2023 年餐饮连锁门店地域分布中，新一线城市连锁门店分布比例最高，达到 23%，其次为二线城市和三线城市。从连锁门店地域分布变化来看，2023 年，二线城市和三线城市连锁门店分布均下降了 0.2 个百分点，四线城市连锁门店分布下降了 0.1 个百分点，五线城市连锁门店分布提升了 0.2 个百分点，下沉市场巨大的消费空间有待进一步拓展（见图 3-6）。

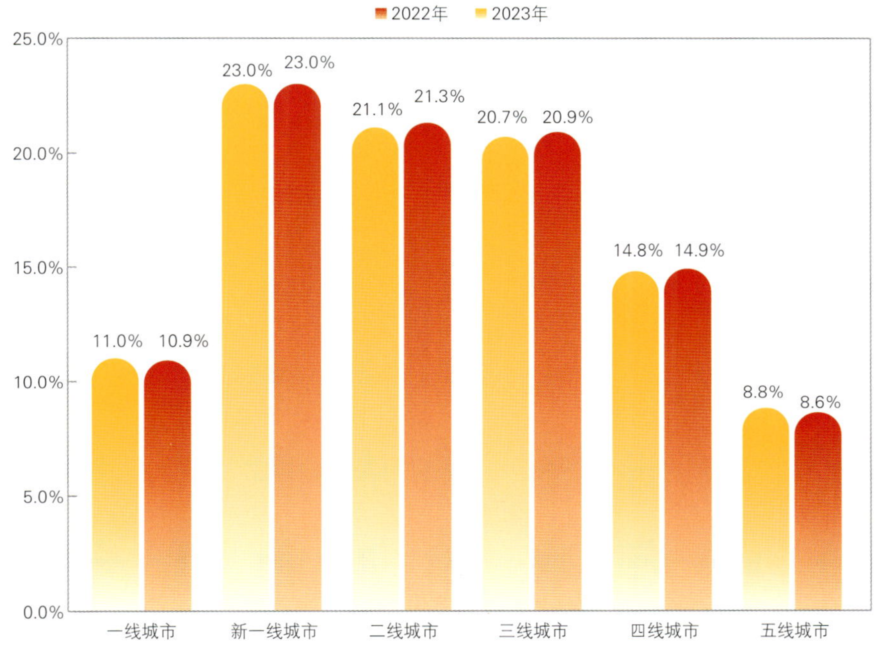


图 3-6 2022—2023 年餐饮连锁门店地域分布

从2022—2023年不同等级城市连锁门店占当地门店数的比例来看（以下称城市连锁化率），各等级城市的连锁化率都有所增长，2023年四线及以上城市的连锁化率均达20%以上，其中一线城市最高，达到28.1%。从城市连锁化率的变化来看，三线及以上城市的餐饮连锁化率均提升了超过3个百分点，分别为3.2个、3.6个、3.9个和3.4个百分点（见图3-7）。

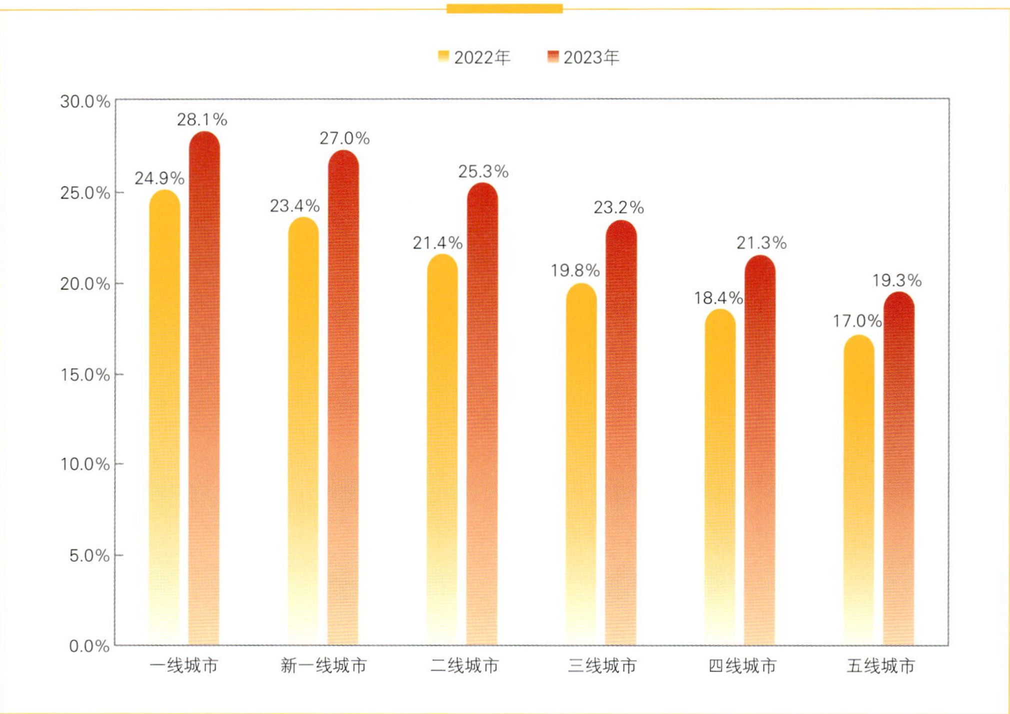


图3-7　2022—2023年不同等级城市连锁门店占当地门店数的比例（城市连锁化率）

# 04

# 精致餐饮发展

# 一、精致餐饮发展总览

追求美好生活是永远的进行时。中国精致餐饮的定义是以食客为中心，通过味觉、视觉、触觉、听觉、嗅觉达到情感共鸣，并精益求精地服务食客体验的餐厅。疫情后，中国精致餐饮需求稳步回升，但行业竞争加剧。在市场规模方面，2023年中国精致餐饮行业保持稳健增长，消费者精致餐饮需求依旧旺盛。在门店数量方面，2023年精致餐饮门店数量持续增长，竞争日趋加剧。在客单价方面，2023年客单价小幅下降，消费者追求仪式感与质价比兼顾（见图4-1）。

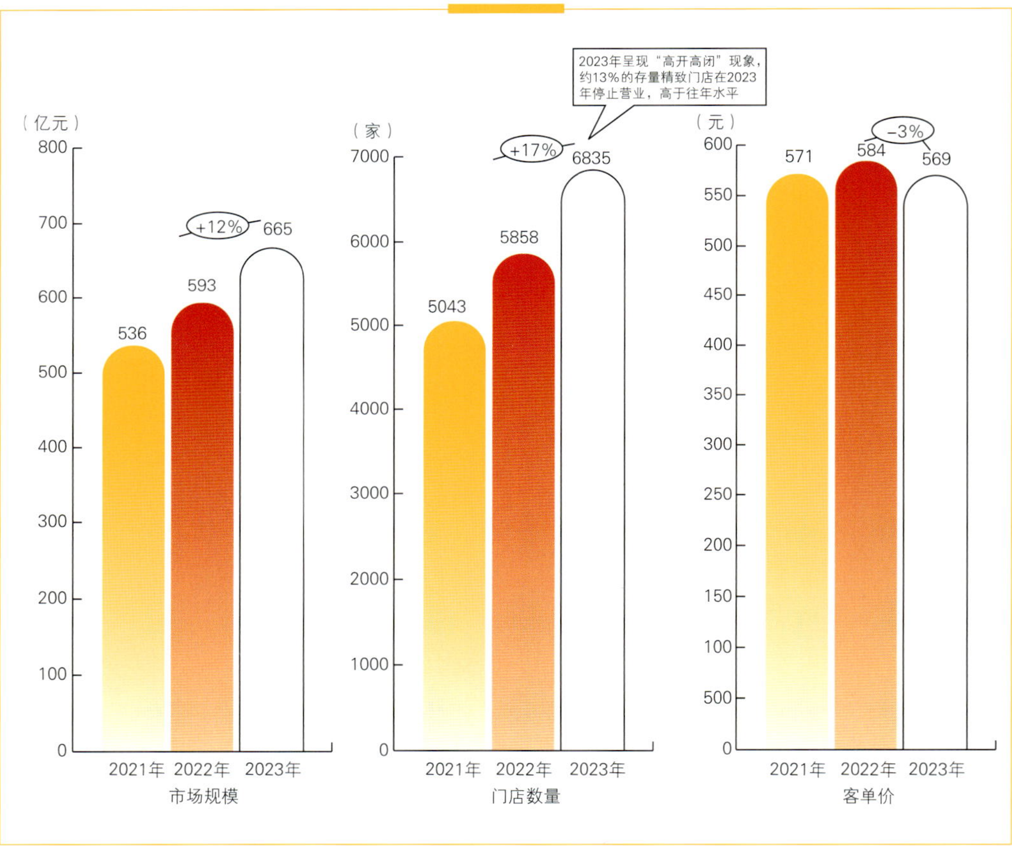


**图4-1 中国精致餐饮行业现状**

# 二、区位分析

## 1. 华东继续领跑全国，华南与西南增长不俗

各地区精致餐饮门店数量及变化：华东地区精致餐饮门店数占全国比例超过 40%，且同比增速 21%，规模、增速增长“双领先”。此外，华南与西南地区亦取得不俗增长，门店增速 17%（见图 4-2）。

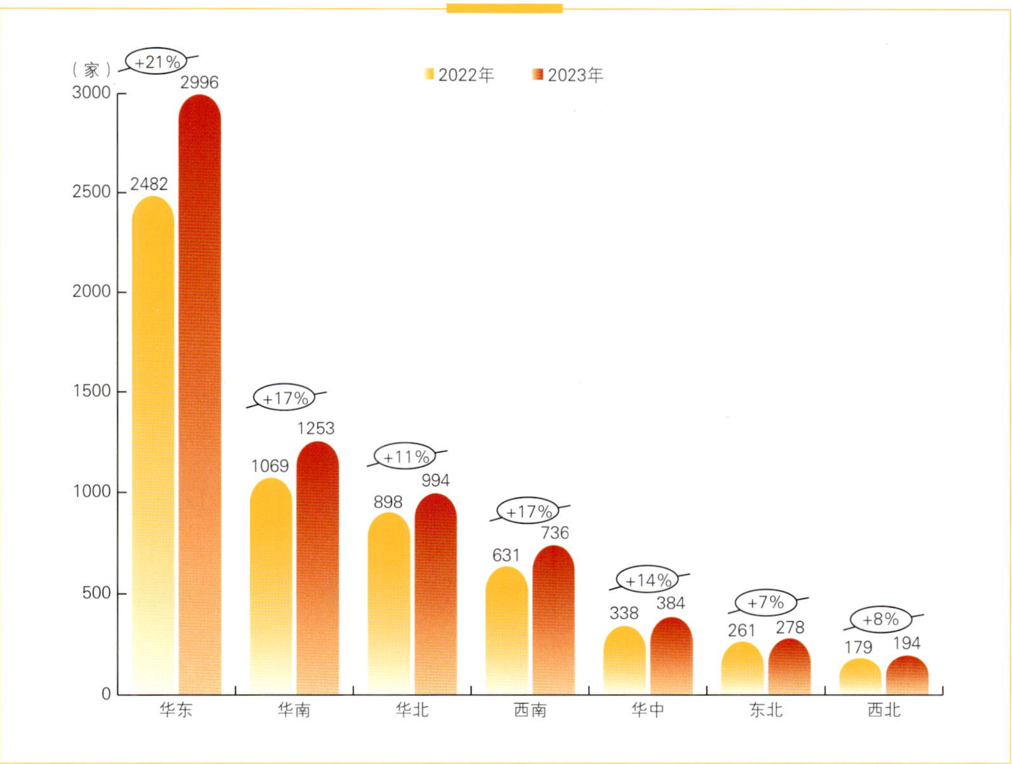


图 4-2　2023 年中国各地区精致餐饮门店数量及变化

## 2. 领先城市活力不减，新锐城市增速喜人

TOP 城市精致餐饮门店数与增速：领先城市持续稳定发展，广州、杭州在高门店基数上仍呈现不俗增长；新锐城市表现亮眼，进一步释放增长潜力，其中以无锡、苏州、常州为代表的华东城市拉动华东区域增长（见图 4-3）。

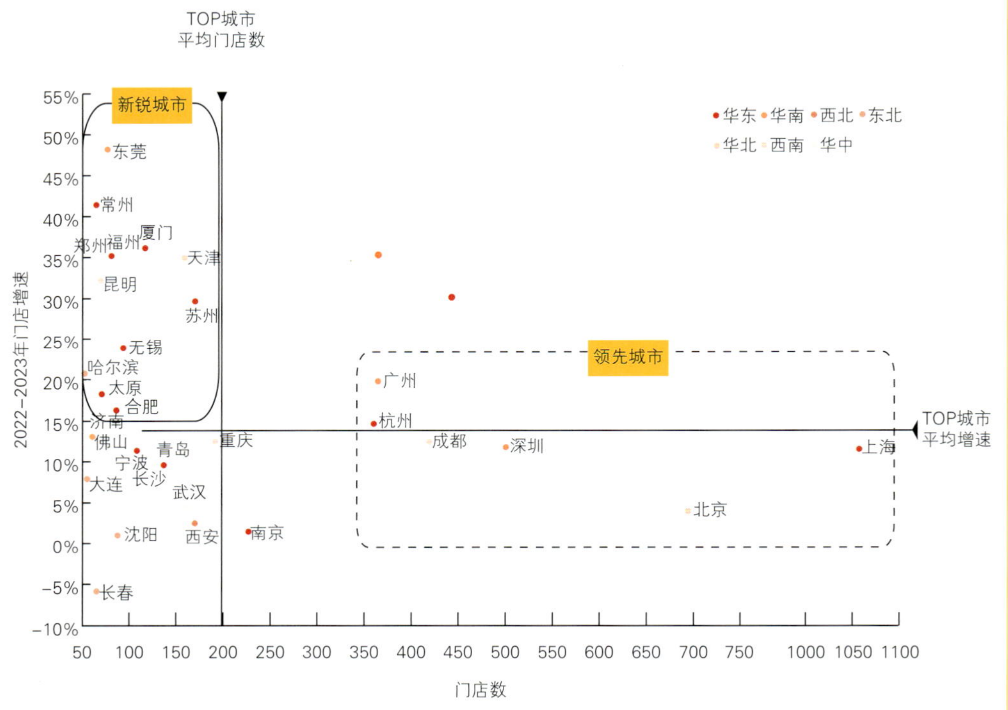


图 4-3　中国精致餐饮市场城市分析

注：领先城市是指精致餐饮门店数在 300 家以上的城市，包括上海、北京、深圳、成都、广州与杭州。新锐城市是指精致餐饮门店数在 200 家以下，但是门店增速超过 15% 的城市。

# 三、菜系分析

## 1. 中餐门店数量居首位，发展显著提速

在品类门店数量与增速方面，中餐是中国精致餐饮市场门店数最多的品类，2023 年发展进一步提速（见图 4-4）。

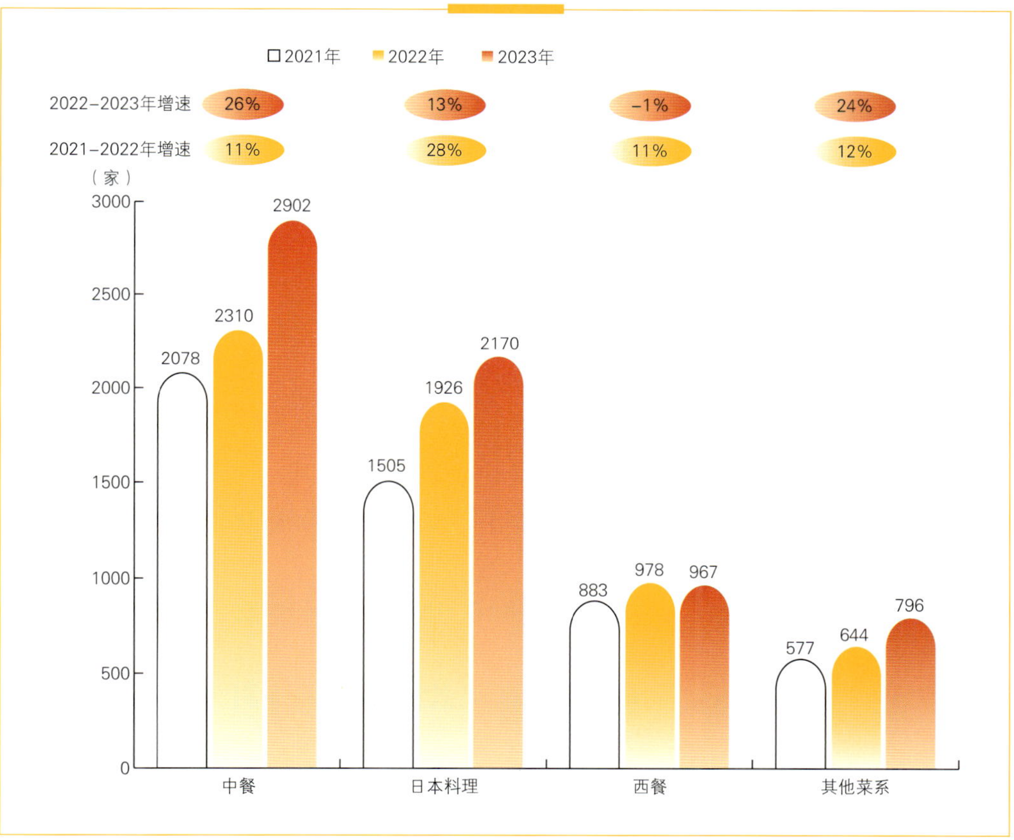


图 4-4 中国精致餐饮市场门店分析

注：其他菜系包括东南亚菜、韩国菜、融合菜等。

## 2. TOP 中餐菜系稳定增长，更多地方菜进入视野

在中餐菜系门店数与增速方面，2023 年粤菜持续领跑精致中餐，本帮苏浙菜增长势头良好，并且以闽菜、湘菜为代表的更多地方菜系迎来快速发展，彰显中国精致餐饮市场的多元化发展趋势（见图 4-5）。

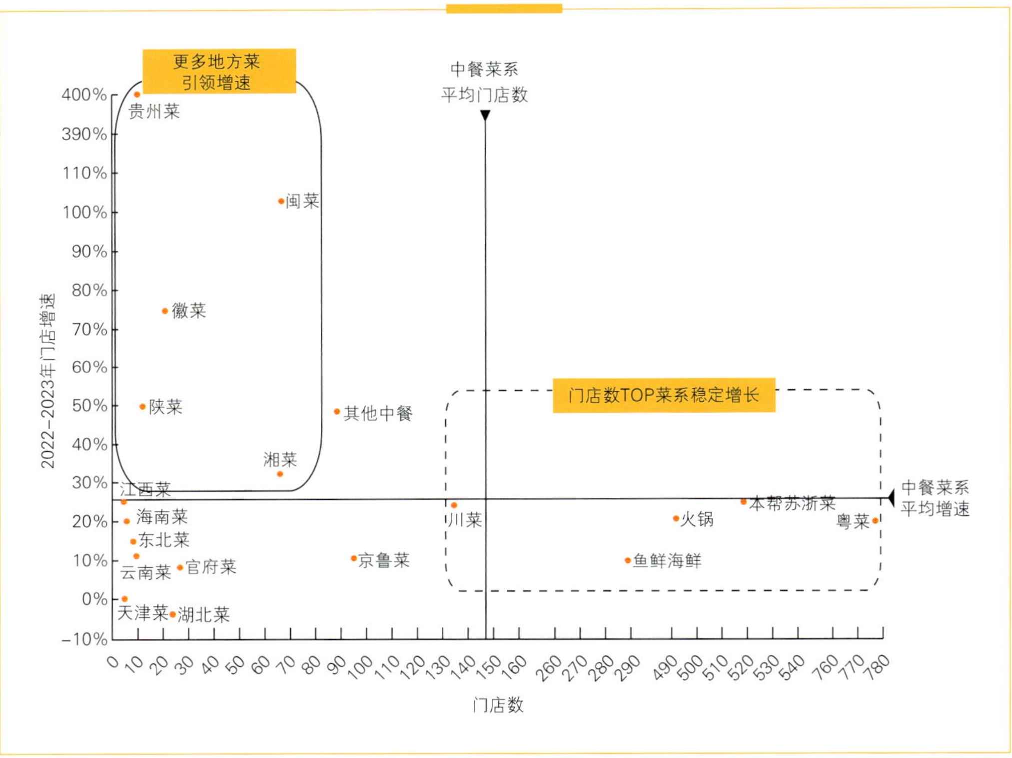


图 4-5　中国精致餐饮市场菜系分析

注：其他中餐包括中式烧烤、西北菜、河南菜等品类。

# 四、消费者需求

## 口味至上，精致餐饮亦重视服务与氛围

精致餐饮 vs 大众餐饮消费者细分评价维度提及率差异：口味为王贯穿大众餐饮与精致餐饮消费，同时精致餐饮对于服务态度与环境氛围的关注度更高（见图 4-6）。

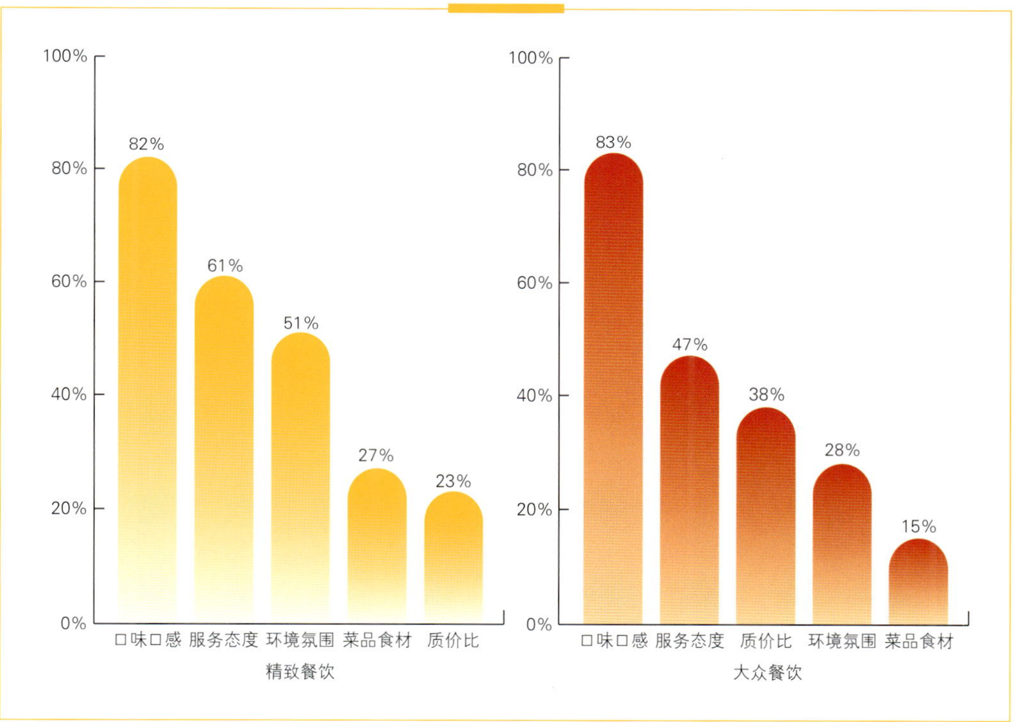


图 4-6　餐饮消费者提及率 TOP5 维度

注：提及率是指在消费者的评价内容中涉及相关维度的比率。

# 05

# 消费者篇

# 一、消费者数据总览

## 1. 女性消费者仍占主流，男女占比稳定

美团数据显示，2023 年在线餐饮消费者性别分布中，男性占比 45.6%，女性占比 54.4%，女性仍为主流在线餐饮消费者。相较 2022 年，在线餐饮消费中男女性比例呈现稳定态势（见图 5-1）。

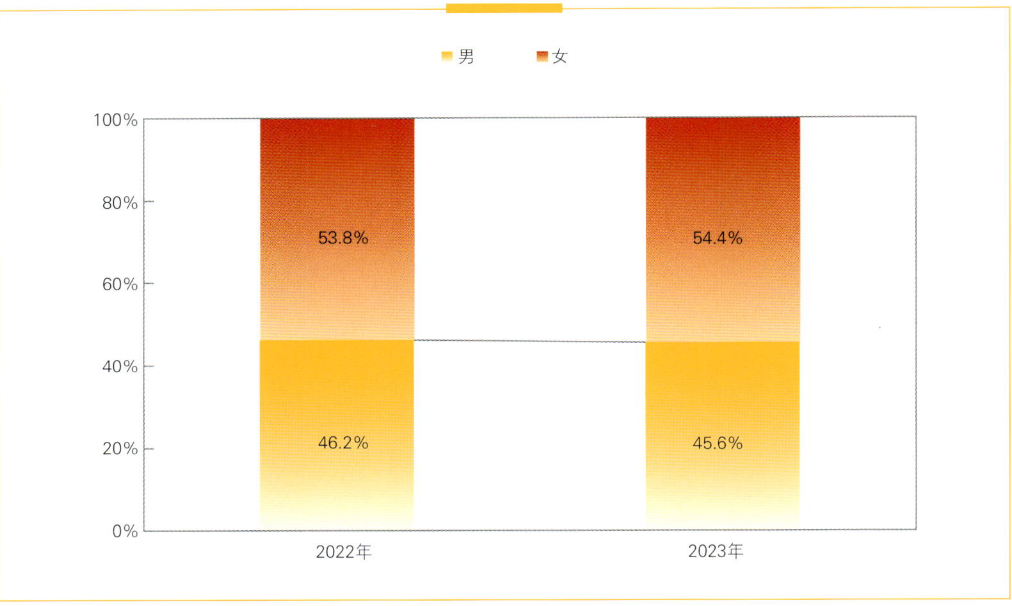


图 5-1　2022—2023 年在线餐饮消费者性别分布

## 2. 31~35 岁人群在线餐饮消费占比最高，61~65 岁人群订单涨幅达 95.2%

美团数据显示，在 2023 年在线餐饮消费者年龄分布中，31~35 岁消费人群在线餐饮消费占比最高，达 27.3%，较 2022 年降低 0.4 个百分点，呈稳定占比状态；26~30 岁消费人群分布居次位，占比达 23.9%；21~25 岁消费人群占比达 20.6%，居第三位（见图 5-2）。

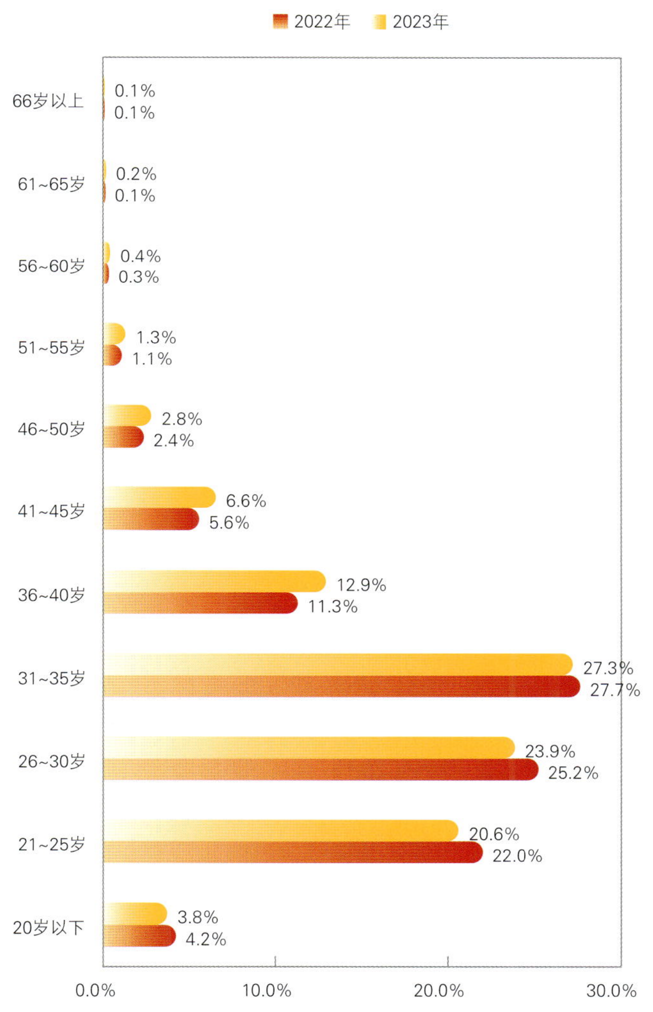


图 5-2　2022—2023 年在线餐饮消费者年龄分布

在2023年不同年龄消费者在线餐饮订单年涨幅情况中，中老年人在线消费订单数涨幅上涨显著。其中，61~65岁消费人群在线订单数涨幅最高，达95.2%；56~60岁与66岁以上消费人群在线订单涨幅均达到或超过60%；46~55岁消费人群在线订单数涨幅均超过50%（见图5-3）。随着“银发经济”的持续崛起，中老年人在线消费呈现高活力和参与广的特征，市场潜力可观。

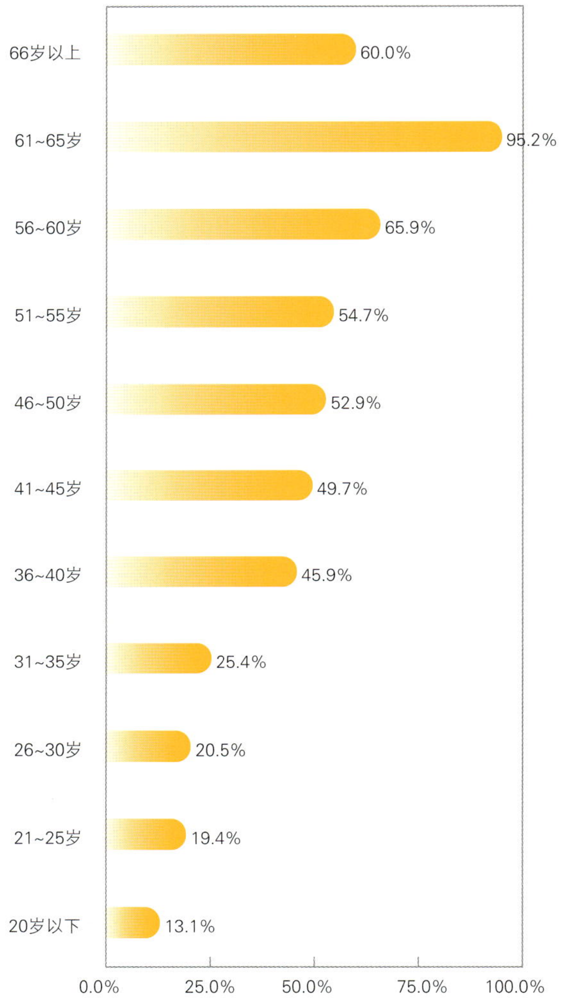


图5-3 2023年不同年龄消费者在线餐饮订单年涨幅

## 3. 男女外卖人均消费水平相当，2023 年均小幅下降

美团数据显示，在 2022—2023 年不同性别外卖人均消费情况中，男性外卖人均消费水平略低于女性，但消费水平较为贴近。2022 年，男性外卖人均消费为 28.5 元，女性为 28.7 元。2023 年，男性外卖人均消费为 27.7 元，女性为 28.2 元。从 2023 年来看，不同性别的消费者人均消费均有小幅下降，外卖消费更趋于理性（见图 5-4）。

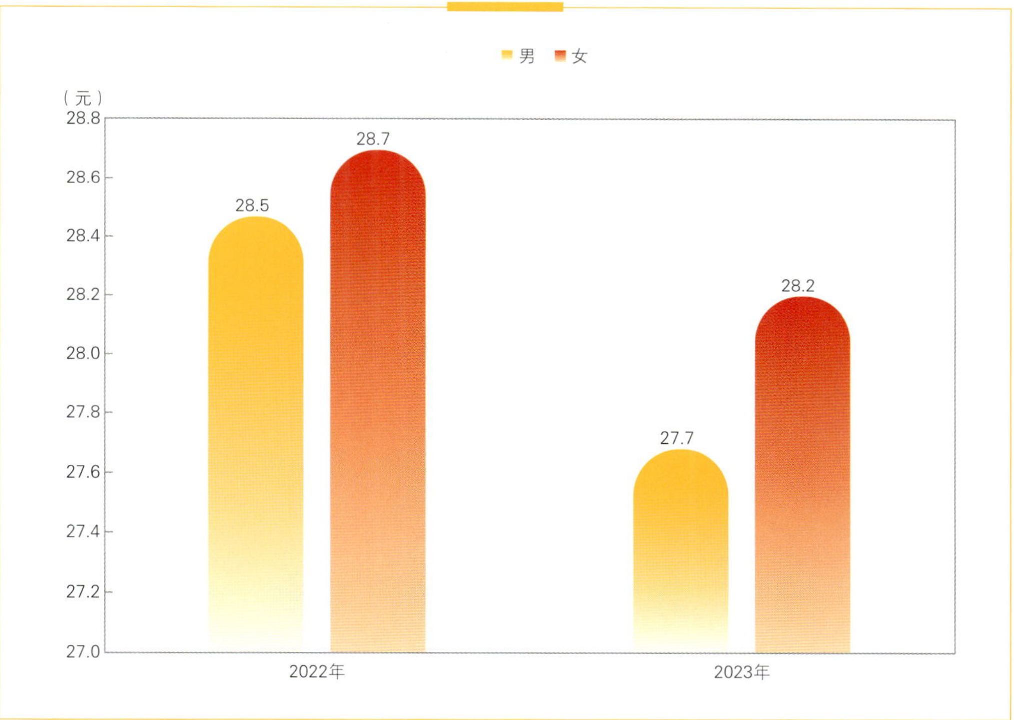


图 5-4　2022—2023 年不同性别消费者外卖人均消费情况

## 4. 到店人均消费稳步上涨，男性到店人均消费更高

美团数据显示，在2022—2023年不同性别消费者到店人均消费情况中，男性到店人均消费高于女性。2022年，男性到店人均消费为68.6元，女性为60.8元。2023年，男性到店人均消费为70.2元，女性为62.6元。总体来看，2023年随着整体线下消费活力与消费体验的提升，男女到店人均消费均呈上涨趋势（见图5-5）。

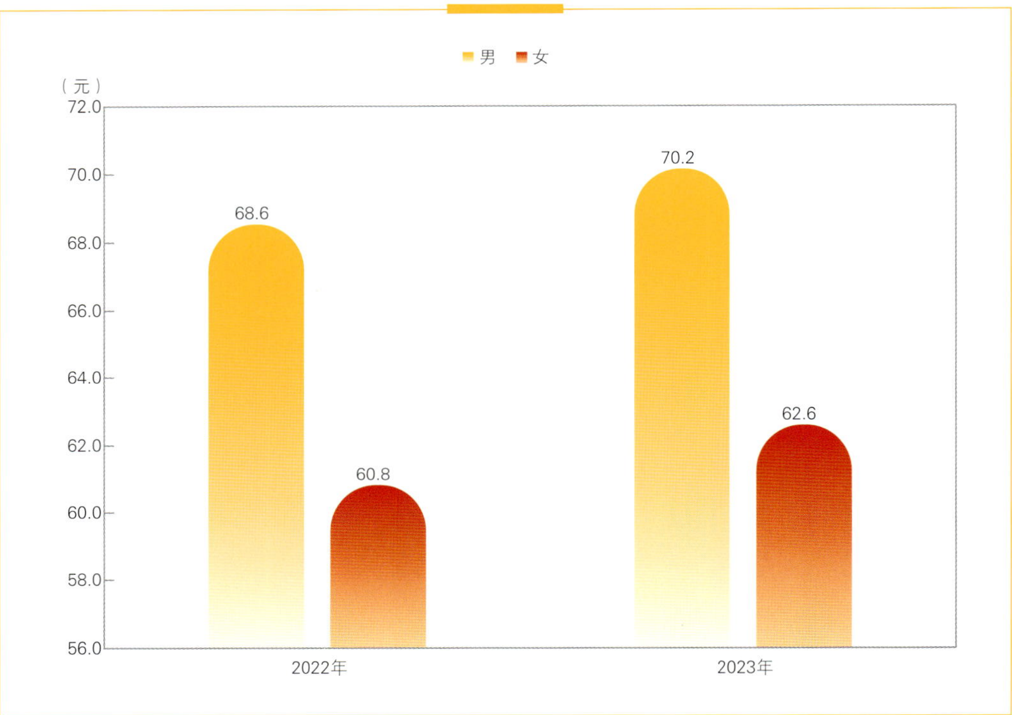


图5-5　2022—2023年不同性别消费者到店人均消费情况

## 5. 56~65 岁人群人均消费水平最高，中老年群体成为在线消费的新力量

美团数据显示，在 2022—2023 年不同年龄消费者外卖人均消费水平中，中老年人群消费水平整体偏高。其中，61~65 岁人群的外卖人均消费水平达 36.9 元，41~60 岁人群的外卖人均消费水平在 33.3~36.1 元，66 岁以上人群的外卖人均消费水平达 35.3 元（见图 5-6）。

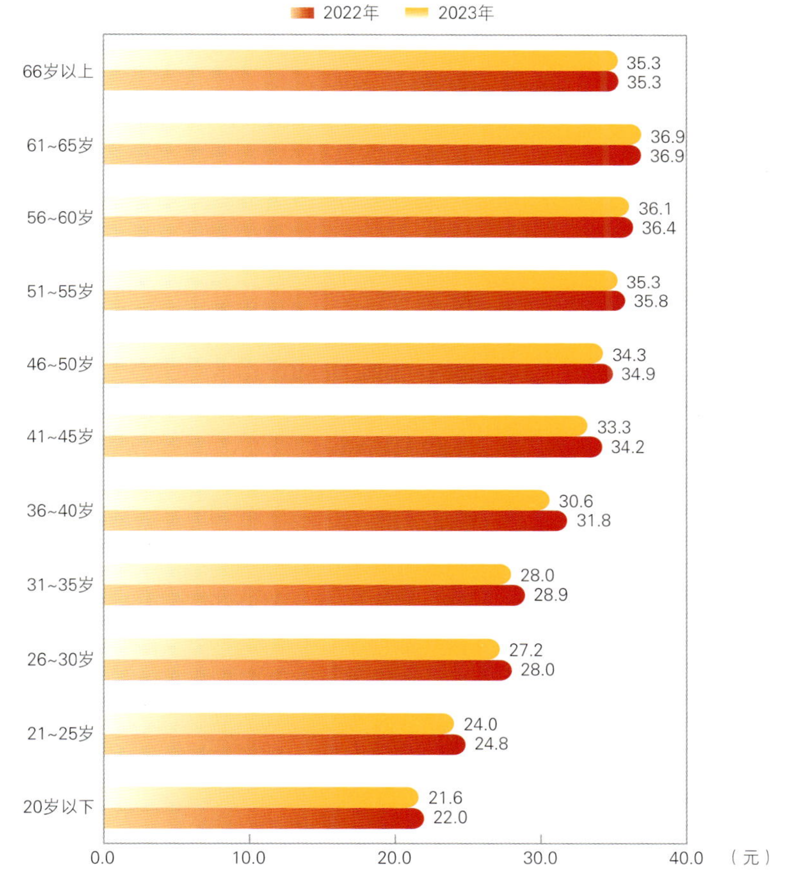


图 5-6　2022—2023 年不同年龄消费者外卖人均消费情况

从 2022—2023 年不同年龄消费者到店人均消费水平来看，中老年人群消费水平整体居高。2023 年，41~50 岁人群的到店人均消费水平超过 70 元，51~65 岁以上人群的到店人均消费水平超过 75 元，其中，61~65 岁人群的到店人均消费水平达 80.2 元（见图 5-7）。老年人对健康需求与餐饮品质的追求，让其稳居人均消费最高的群体。

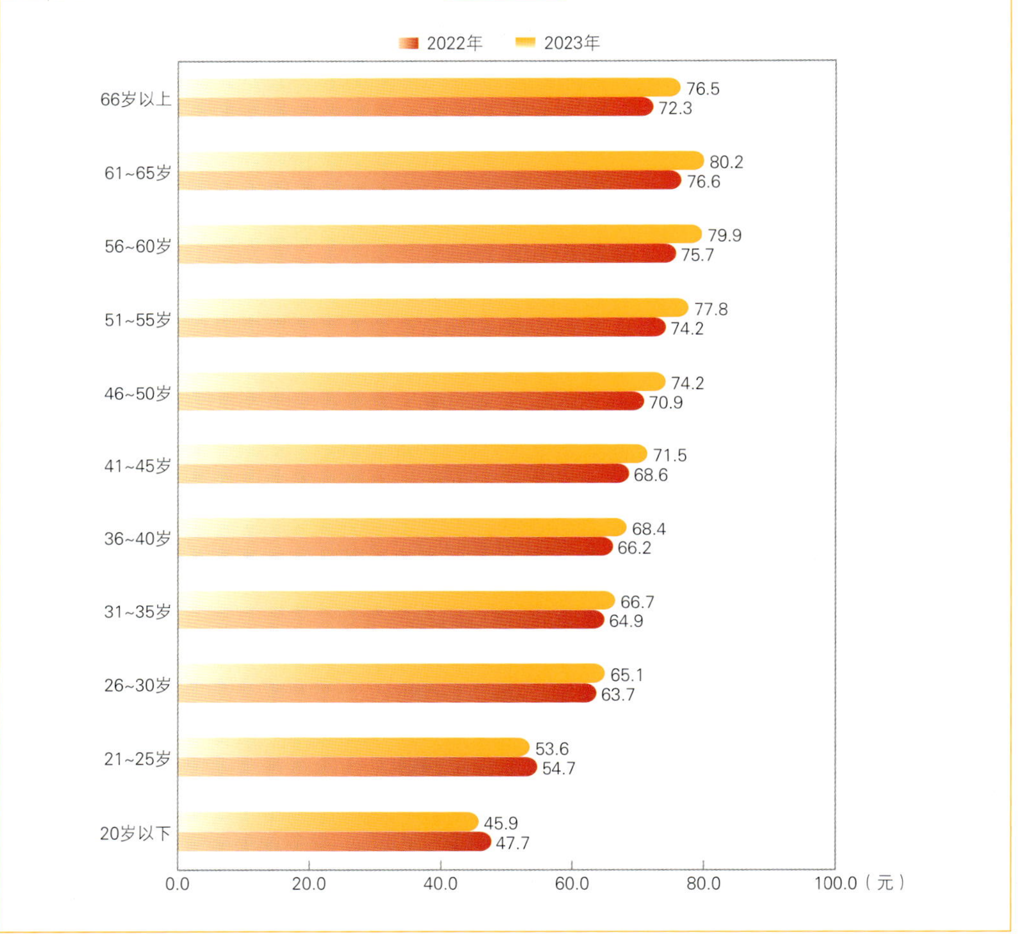


图 5-7　2022—2023 年不同年龄消费者到店人均消费情况

## 6. 一线城市人均消费能力稳定，2023 年到店人均消费达到 73.5 元

美团数据显示，在 2022—2023 年不同城市等级外卖人均消费变化中，一线城市外卖人均消费最高，在 2023 年达到 36.9 元。新一线、二线、三线、四线、五线城市近两年的外卖人均消费水平相对持平，五线城市在 2023 年人均消费为 21.3 元（见图 5-8）。

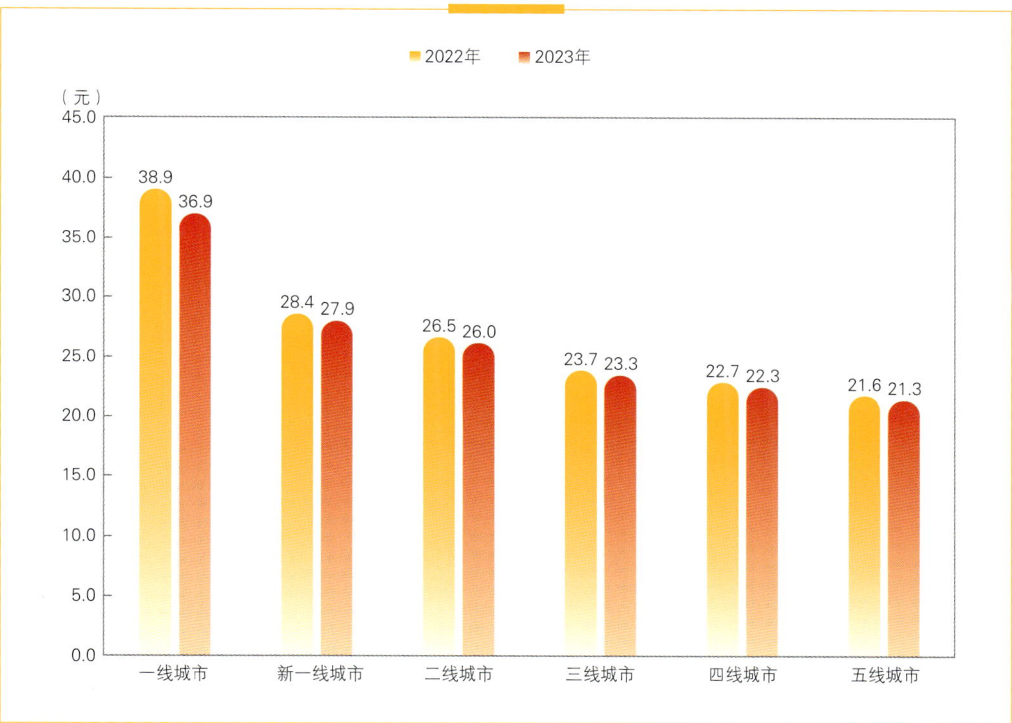


图 5-8　2022—2023 年不同城市等级餐饮消费者外卖人均消费情况

从2022—2023年不同城市等级到店人均消费变化可以看出，全线城市到店消费均有小幅度攀升，一线城市的到店人均消费最高，在2023年达到73.5元（见图5-9）。

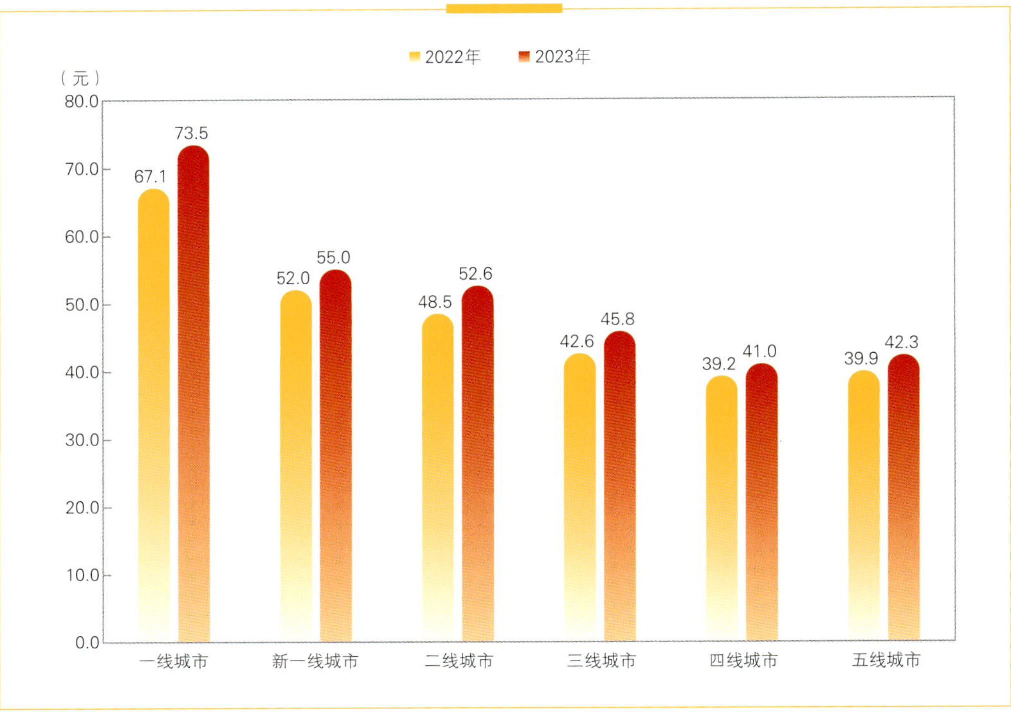


图5-9　2022—2023年不同城市等级餐饮消费者到店人均消费情况

## 7. 30元以下为外卖主要消费区间，2023年该区间消费占比达74.3%

美团数据显示，在2023年外卖人均消费区间分布中，30元以下的消费区间占比最大，并呈现占比逐年增长的趋势，占比比上年上升了1.7个百分点；31元以上的消费区间则呈现占比下降的趋势，人均消费区间逐渐从31元以上向30元以下转移（见图5-10）。

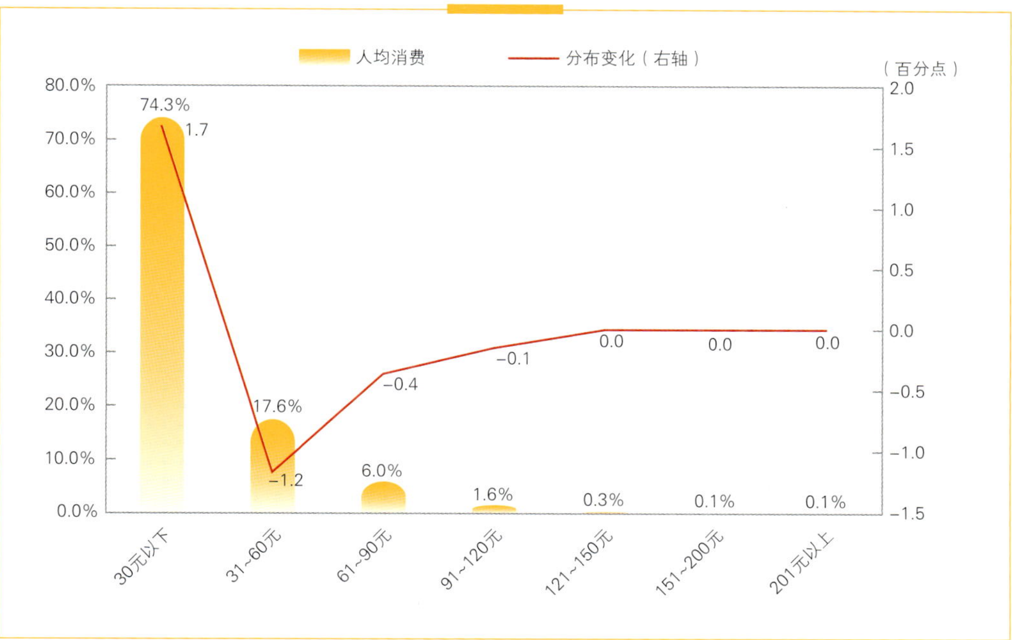


图 5-10　2023 年外卖场景下消费者人均消费分布及变化

## 8. 90 元以下为到店人均消费主流区间，91~120 元的人均消费区间占比上涨

美团数据显示，在 2023 年到店人均消费区间分布中，90 元以下的人均消费区间占主流；其中，30 元以下区间占 38.8%，31~60 元区间占 23.0%，61~90 元区间占 21.6%。从不同消费区间的分布变化情况来看，60 元以下区间占比呈下降趋势，61 元以上区间均呈微涨的趋势，其中，91~120 元区间涨幅最高，达 1.5 个百分点（见图 5-11）。

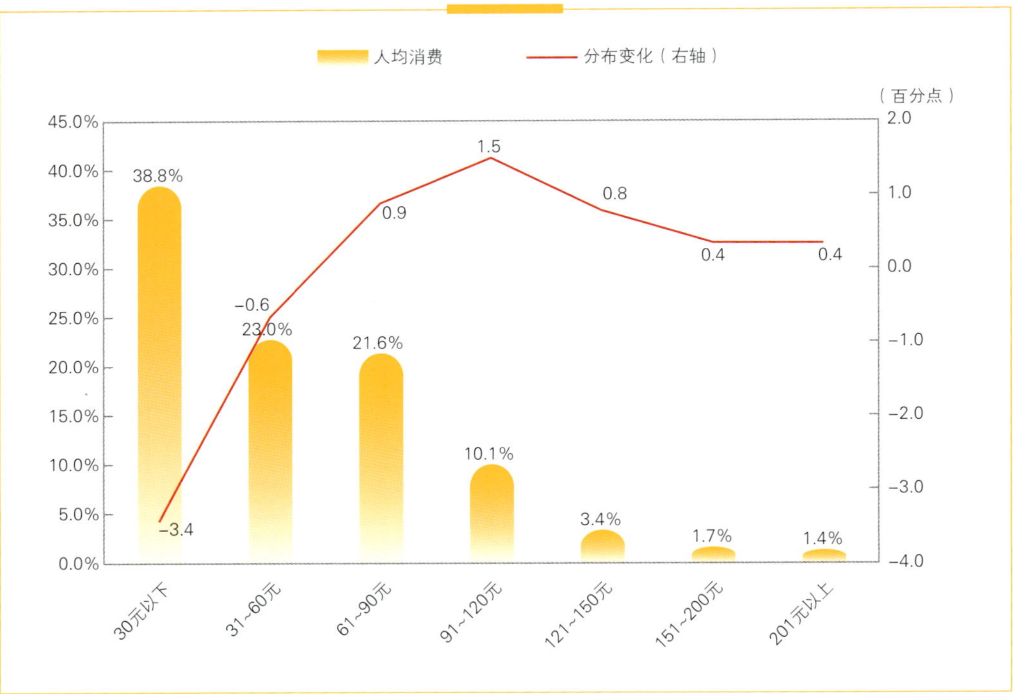


图 5-11　2023 年到店场景下消费者人均消费分布及变化

## 9. 21~25 岁消费者的在线年度消费频次最高

美团数据显示，在 2022—2023 年不同年龄段消费者在线餐饮年消费频次中，26~35 岁消费者的在线年度消费频次呈现逐年递增趋势，36 岁以上消费者在线年度消费频次则逐年收缩。其中，21~25 岁消费者的在线年消费频次最高，2023 年为 62（见图 5-12）。

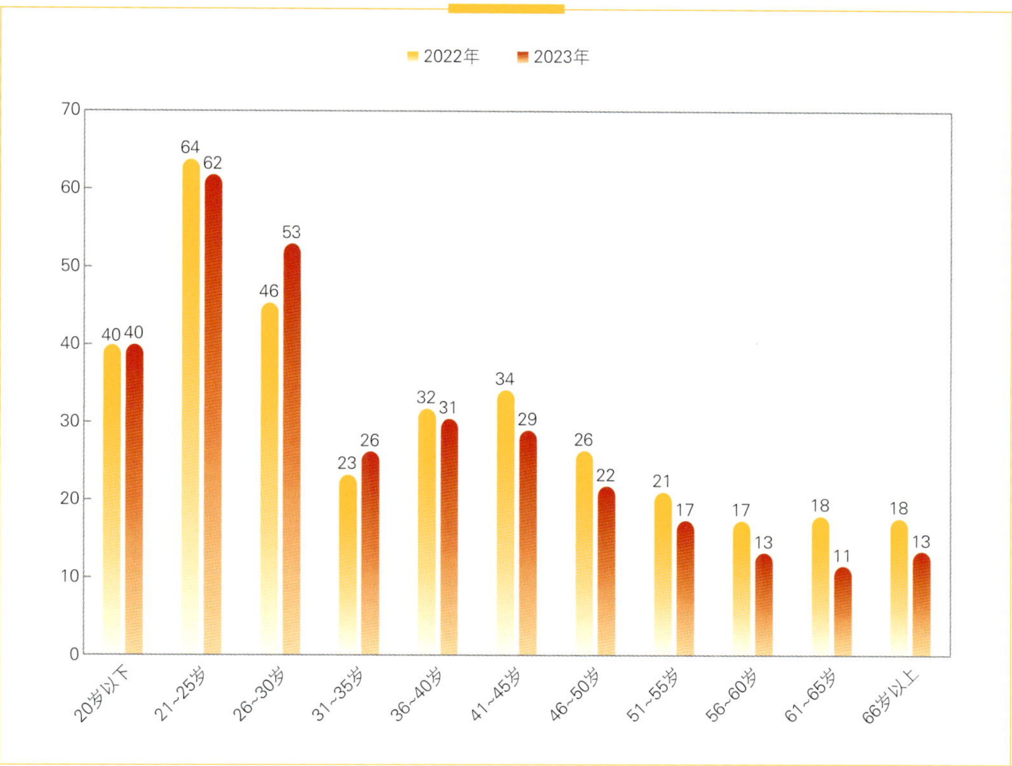


图 5-12 2022—2023 年不同年龄段消费者在线餐饮年消费频次

## 二、女性餐饮消费者数据概览

### 1. 年轻女性成为饮品消费主力，小吃快餐赢得各年龄段喜爱

美团数据显示，在不同年龄女性群体到店消费偏好品类前五名中，小吃快餐成为各年龄段喜爱的主流消费。20 岁以下的女性更偏爱饮品，51 岁以上女性则更青睐八大菜系。小吃快餐由于其品种丰富、口味适用性强、便捷易食用的属性，赢得了各年龄段女性消费者的喜爱（见表 5-1）。

**表 5-1　2023 年不同年龄段女性群体到店消费偏好品类前五名**

| 年龄段 | 20 岁以下 | 21~30 岁 | 31~40 岁 | 41~50 岁 | 51 岁以上 |
|---|---|---|---|---|---|
| 1 | 饮品店 | 火锅 | 小吃快餐 | 小吃快餐 | 八大菜系 |
| 2 | 小吃快餐 | 小吃快餐 | 火锅 | 八大菜系 | 小吃快餐 |
| 3 | 火锅 | 饮品店 | 饮品店 | 火锅 | 火锅 |
| 4 | 自助餐 | 八大菜系 | 八大菜系 | 饮品店 | 其他地方菜 |
| 5 | 八大菜系 | 烧烤 | 国际美食 | 国际美食 | 国际美食 |

## 2. 新一线城市女性消费订单占比最高，一线城市女性消费增幅居首位

美团数据显示，在 2022—2023 年女性餐饮消费订单地域分布中，新一线城市的女性消费订单占比更高，2023 年的占比达 25.9%。从近两年不同城市等级下女性在线消费订单年同比涨幅来看，随着消费活力的恢复，一线城市在线消费订单年涨幅最高，达 37.6%，其余地域线上消费订单涨幅均超过 20%，女性在线消费力日渐崛起（见图 5-13）。

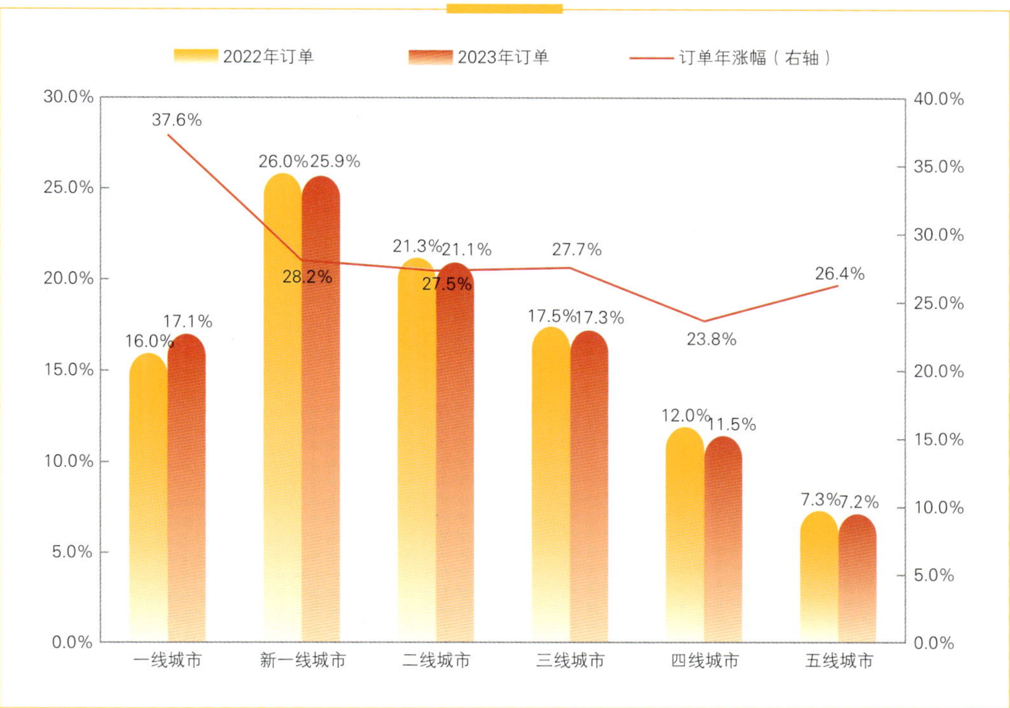


图 5-13 2022—2023 年女性餐饮消费订单地域分布及订单年涨幅

## 3. 31~35 岁女性在线消费占比最高，中老年线上消费习惯逐年养成

美团数据显示，在 2022—2023 年女性餐饮消费订单年龄分布中，31~35 岁女性占比最高，26~30 岁女性次之。但从近两年女性不同年龄群体在线消费订单年同比涨幅中可以看出，56 岁以上女性的在线消费订单年同比涨幅显著，其中，61~65 岁女性涨幅达 98.2 个百分点，中老年线上消费习惯逐年养成（见图 5-14）。

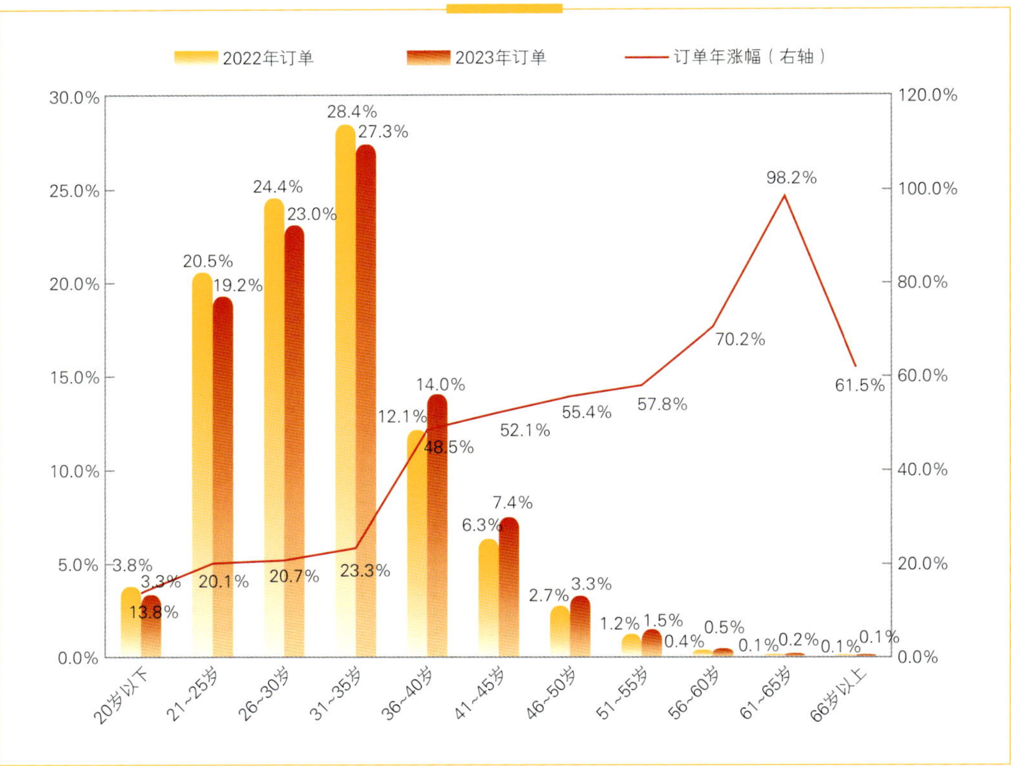


图 5-14　2022—2023 年女性餐饮消费订单年龄分布及订单年涨幅

## 4. 56~65 岁女性人均消费更高，到店人均消费达 78 元

美团数据显示，在 2022—2023 年不同年龄女性外卖人均消费中，外卖人均消费随着年龄的增长而呈现上升趋势，中老年群体消费水平较高。2023 年，51 岁以上女性的外卖人均消费达 35 元及以上，其中，61~65 岁女性达 37 元，居各年龄段外卖人均消费首位；20 岁以下女性的外卖人均消费为 22 元（见图 5-15）。

从 2022—2023 年不同年龄女性到店人均消费走势来看，到店人均消费也随着年龄的增长而上涨。在 2023 年，51 岁以上女性的到店在线人均消费范围为 74~78 元，20 岁以下女性的到店在线人均消费为 44 元（见图 5-16）。

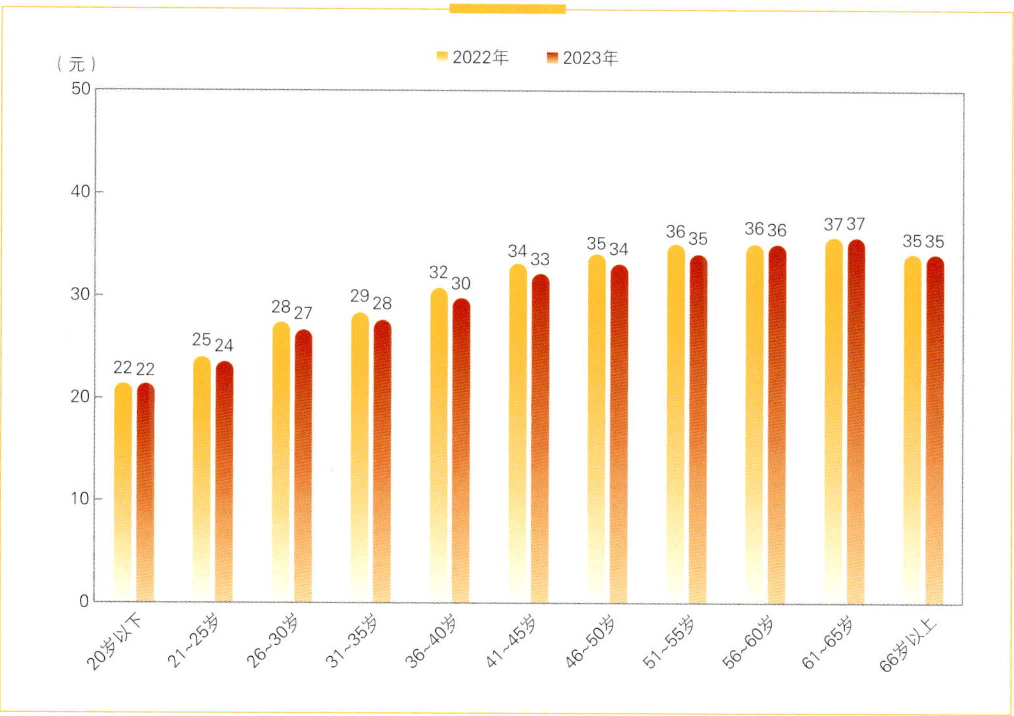


图 5-15　2022—2023 年不同年龄女性外卖人均消费情况

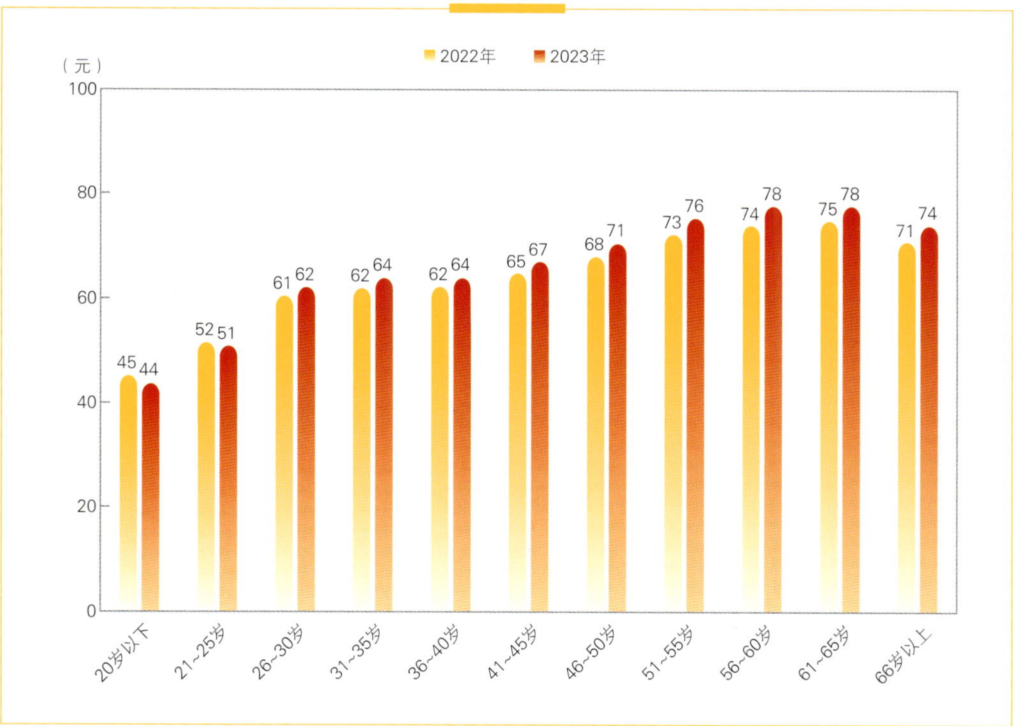


图 5-16　2022—2023 年不同年龄女性到店人均消费情况

## 5. 一线城市女性人均消费最高，各线城市到店人均消费整体呈上升态势

美团数据显示，在 2022—2023 年不同地域女性人均消费中，不论是外卖还是到店，一线城市均居首位，消费水平最高；其中，2023 年外卖人均消费为 38 元，到店人均消费为 85 元（见图 5-17、图 5-18）。随着线下消费活力提升，不同地域女性到店人均消费整体呈上升态势，各线城市 2022—2023 年人均消费均有提升。

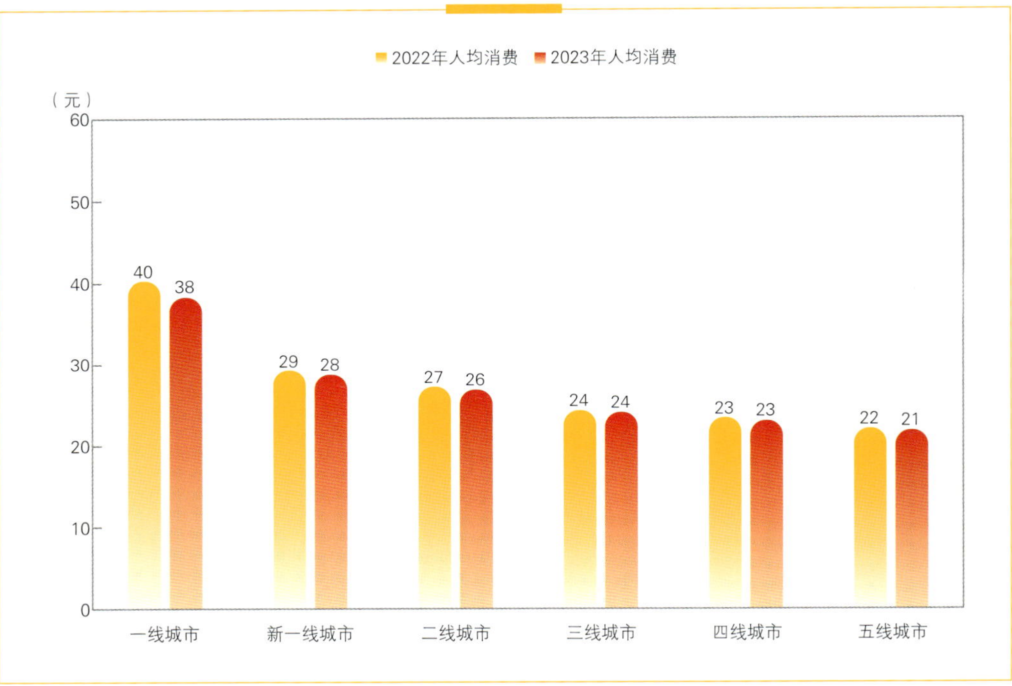


图 5-17　2022—2023 年不同地域女性外卖人均消费情况

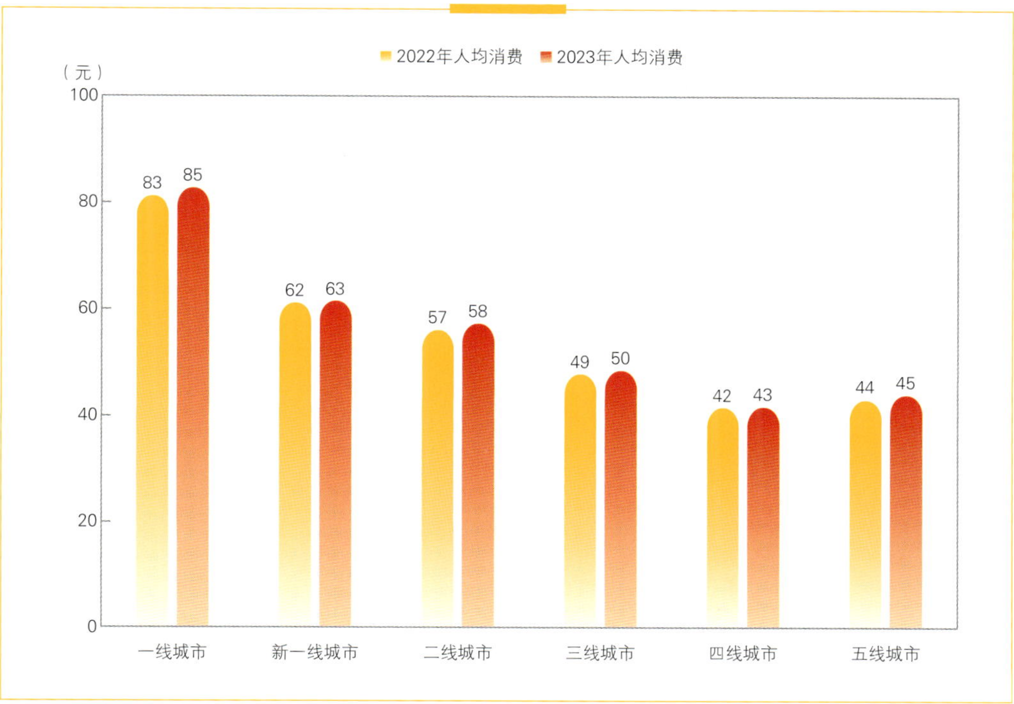


图 5-18　2022—2023 年不同地域女性到店人均消费情况

## 三、男性餐饮消费者数据概览

### 1. 21~40 岁男性青睐火锅，41 岁以上男性偏爱八大菜系

美团数据显示，在 2023 年不同年龄男性群体到店消费偏好品类前五名中，火锅因性价比高、食材可选择性强等原因，成为 21~40 岁年龄段青睐的主流消费，小吃快餐排名其次；20 岁以下与 41 岁以上男性更喜爱八大菜系（见表 5-2）。

**表 5-2　2023 年不同年龄段男性群体到店消费偏好品类前五名**

| 年龄段 | 20 岁以下 | 21-30 岁 | 31-40 岁 | 41-50 岁 | 51 岁以上 |
|---|---|---|---|---|---|
| 1 | 八大菜系 | 火锅 | 火锅 | 八大菜系 | 八大菜系 |
| 2 | 小吃快餐 | 小吃快餐 | 小吃快餐 | 小吃快餐 | 小吃快餐 |
| 3 | 火锅 | 八大菜系 | 八大菜系 | 火锅 | 火锅 |
| 4 | 其他地方菜 | 饮品店 | 饮品店 | 饮品店 | 其他地方菜 |
| 5 | 国际美食 | 烧烤 | 烧烤 | 国际美食 | 国际美食 |

## 2. 新一线城市男性在线消费占比最高，一线城市男性消费涨幅达 31.6%

美团数据显示，在 2022—2023 年男性餐饮消费订单地域分布中，新一线城市男性占比最高，2023 年占比达到 29.6%，其次为一线城市男性，2023 年占比达到 22.8%。在 2023 年不同地域男性在线消费订单年同比涨幅中，一线城市在 2023 年同比涨幅最高，达 31.6%，二线城市紧随其后，同比涨幅为 25.2%（见图 5-19）。

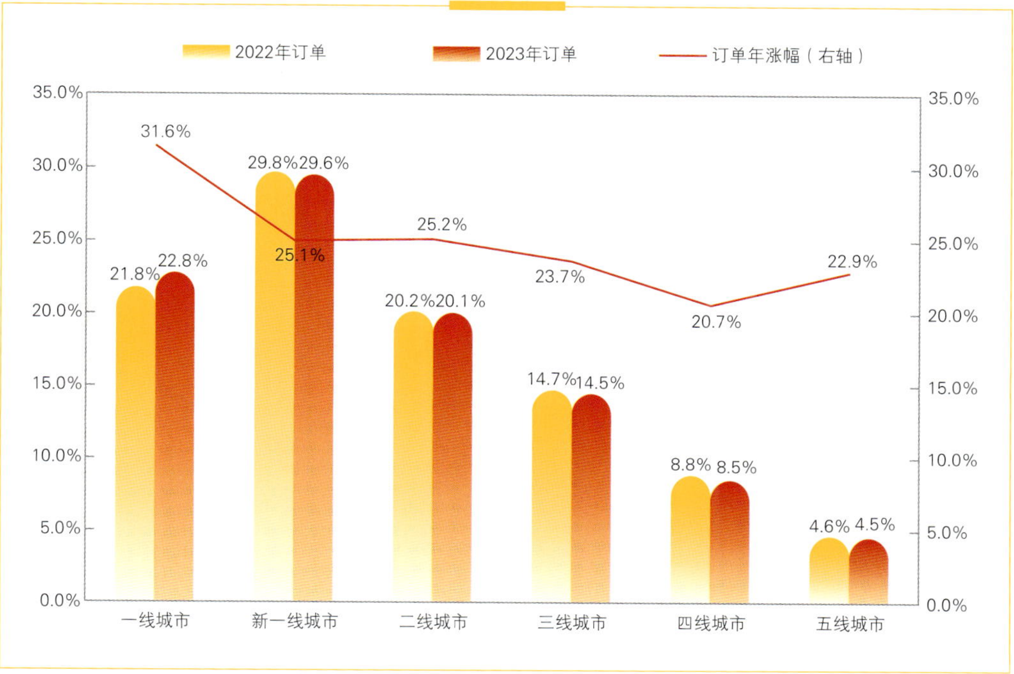


图 5-19　2022—2023 年男性餐饮消费订单地域分布及订单年涨幅

## 3. 31~35 岁男性在线消费占比最高，41 岁以上男性在线消费涨幅明显

美团数据显示，在 2022—2023 年男性餐饮消费订单年龄分布中，31~35 岁区间占比最高，26~30 岁区间次之。从近两年不同年龄男性在线消费订单年同比涨幅中可以看出，61~65 岁区间的在线消费订单年同比涨幅最高，2023 年同比涨幅为 95.5%，41~45、46~50、51~55 与 56~60 岁区间也分别有 46.0%、49.8%，51.4% 与 61.9% 的增长（见图 5-20）。中老年男性的消费实力不容小觑。

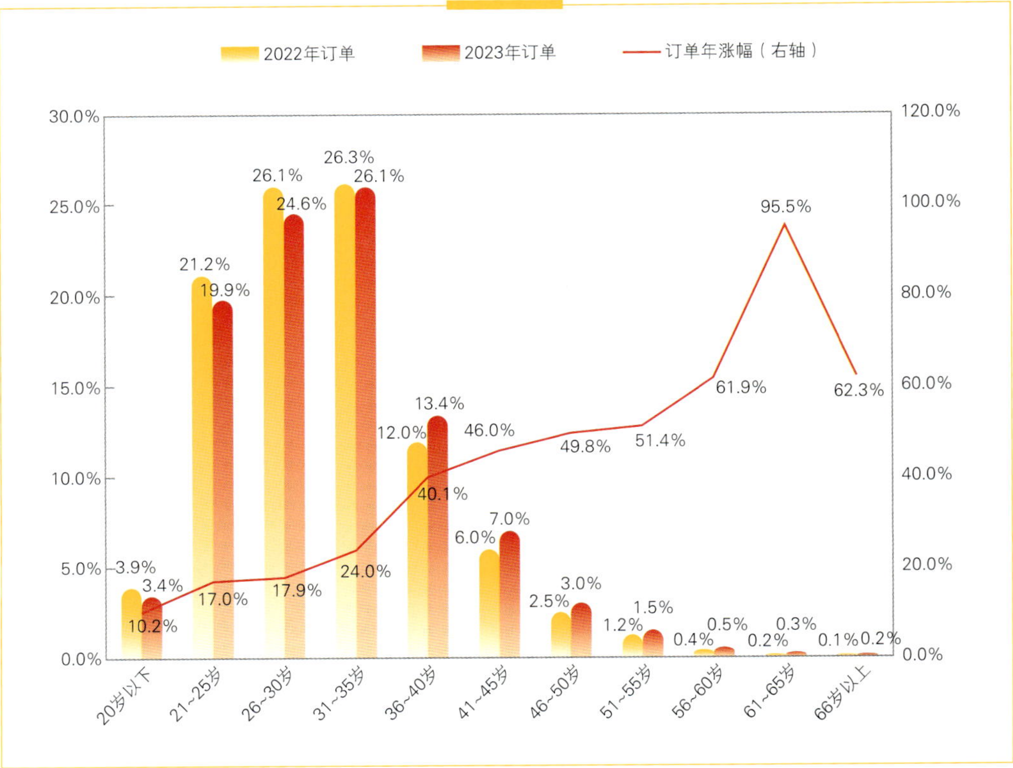


**图 5-20　2022—2023 年男性餐饮消费订单年龄分布及订单年涨幅**

## 4. 人均消费随年龄增长而上升，61~65 岁男性消费力强

美团数据显示，无论是外卖还是到店，在 2022—2023 年不同年龄男性人均消费中，人均消费随着年龄增长呈现上升趋势，中老年男性成显著消费点。其中，在 2023 年外卖人均消费中，61~65 岁男性外卖人均消费达 37 元，20 岁以下男性外卖人均消费则为 22 元（见图 5-21）。在 2023 年到店人均消费中，61~65 岁男性到店人均消费达 84 元，20 岁以下男性到店人均消费则为 49 元（见图 5-22）。

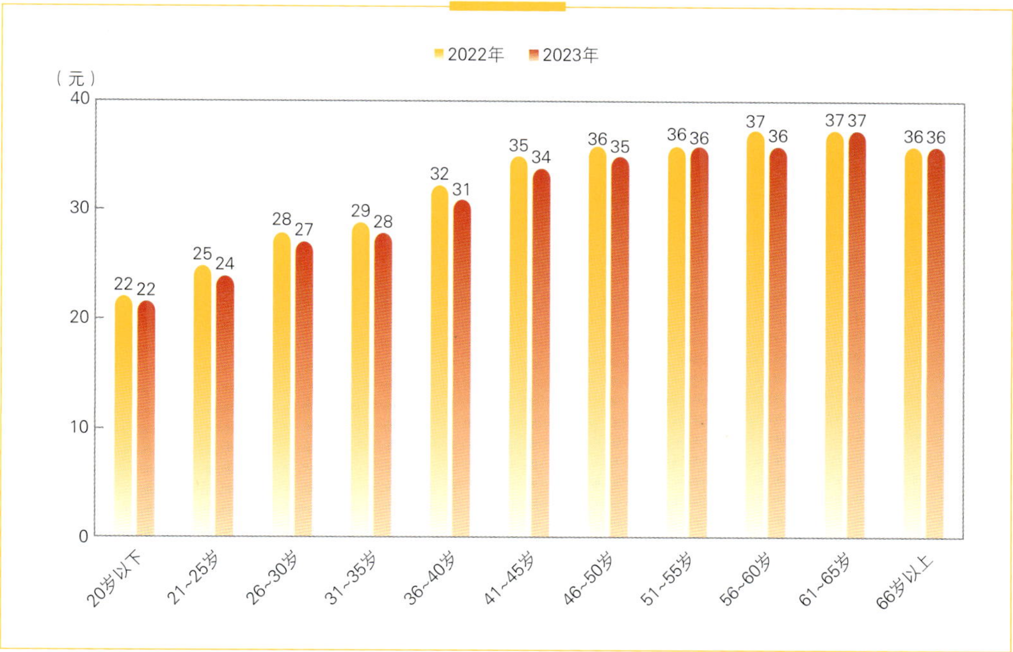


图 5-21　2022—2023 年不同年龄男性外卖人均消费情况

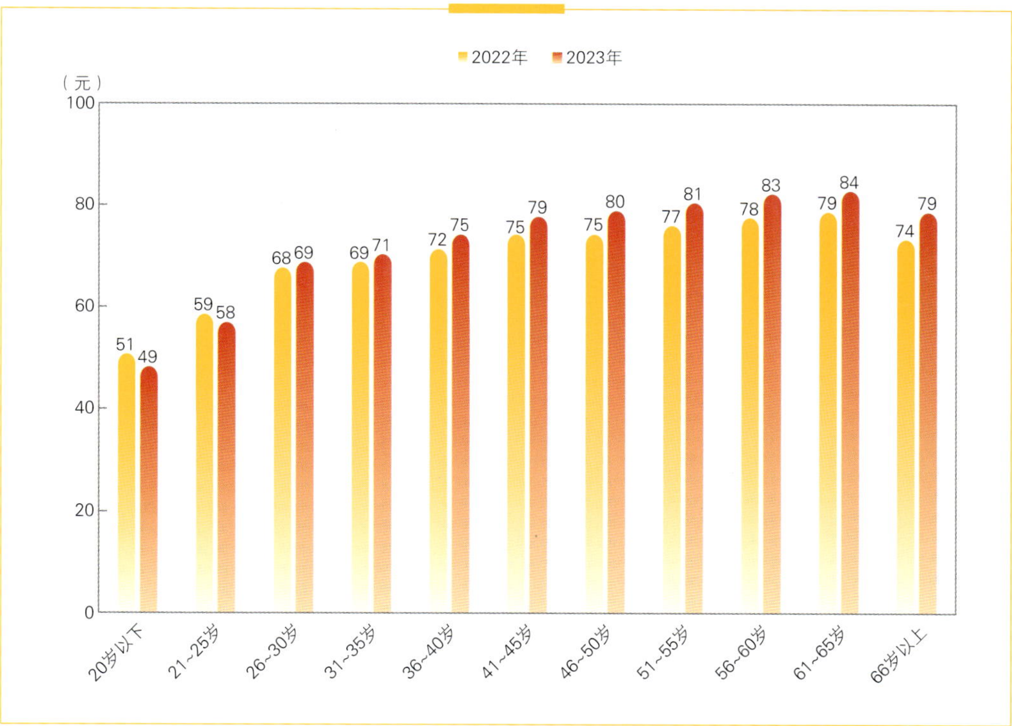


图 5-22　2022—2023 年不同年龄男性到店人均消费情况

## 5. 一线城市男性外卖、到店人均消费水平最高

美团数据显示，在2022—2023年不同地域男性外卖人均消费情况中，一线城市外卖人均消费水平最高，2023年的人均消费为36元，其他地区消费水平递减（见图5-23）。在2022—2023年不同地域男性到店人均消费情况中，一线城市到店人均消费水平最高，2023年的人均消费为94元，较上年上升3元，其他地区消费水平递减（见图5-24）。

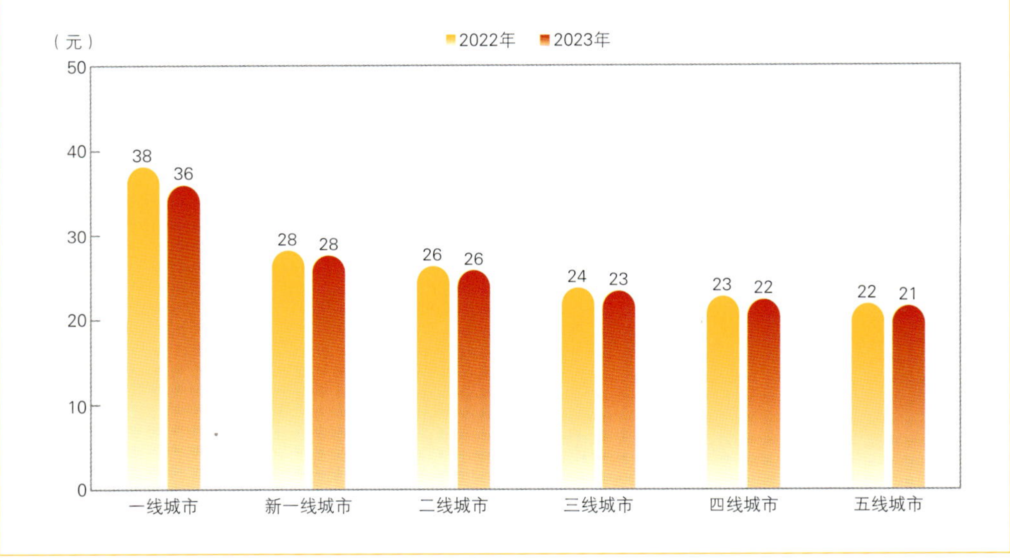


图5-23　2022—2023年不同地域男性外卖人均消费情况

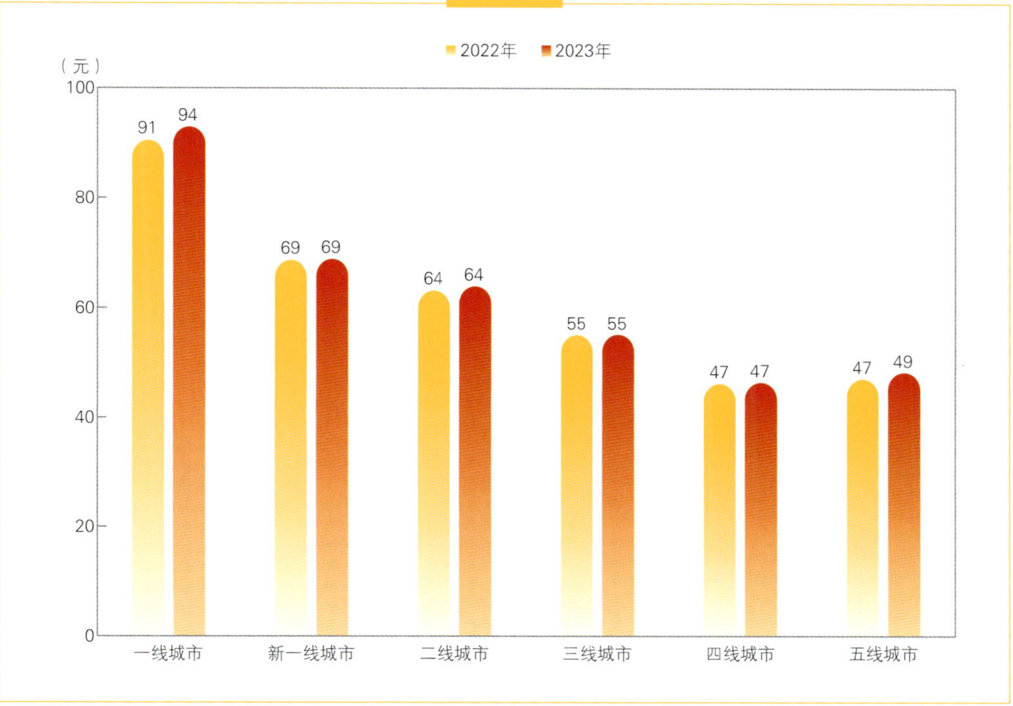


图 5-24　2022—2023 年不同地域男性到店人均消费情况

## 四、青少年餐饮消费者数据概览

### 1. 青少年男性群体在线消费较多，高出女性 3.8 个百分点

美团数据显示，在 2022—2023 年 20 岁以下群体在线餐饮消费性别分布中，男性在线餐饮消费订单分布从 2022 年的 52.4% 下降到 51.9%；女性在线餐饮消费订单分布从 2022 年的 47.6% 上升至 48.1%。整体来看，20 岁以下男性在线消费量整体略高于女性（见图 5-25）。

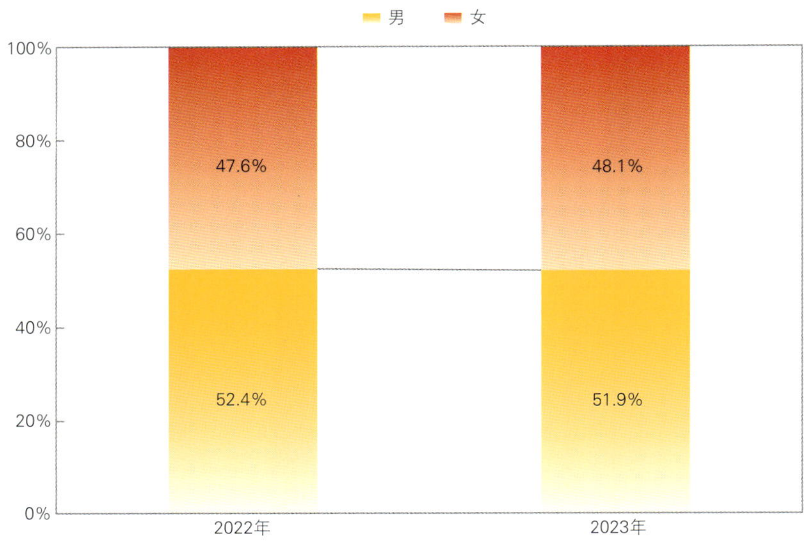


图 5-25　2022—2023 年 20 岁以下群体在线餐饮消费性别分布

## 2. 青少年男性偏向于外卖消费，青少年女性偏向于到店消费

美团数据显示，在 2023 年 20 岁以下群体外卖消费性别分布中，男性略高于女性，占 53%（见图 5-26）；在 2023 年 20 岁以下群体到店消费性别分布中，女性略高于男性，占 57%（见图 5-27）。综合来看，青少年女性偏向于到店消费，而青少年男性更喜爱点外卖。

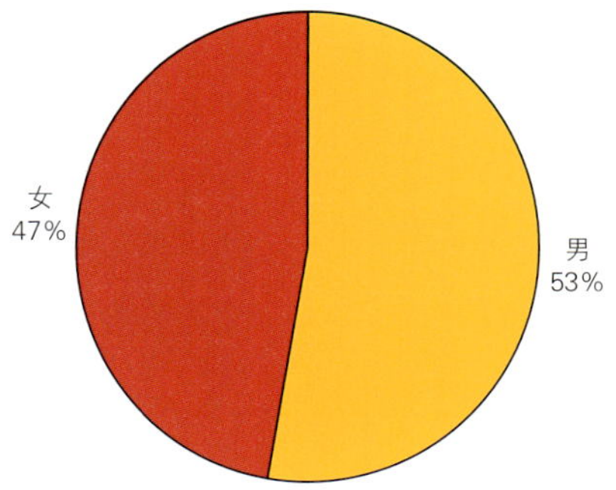


图 5-26　2023 年 20 岁以下群体外卖消费性别分布

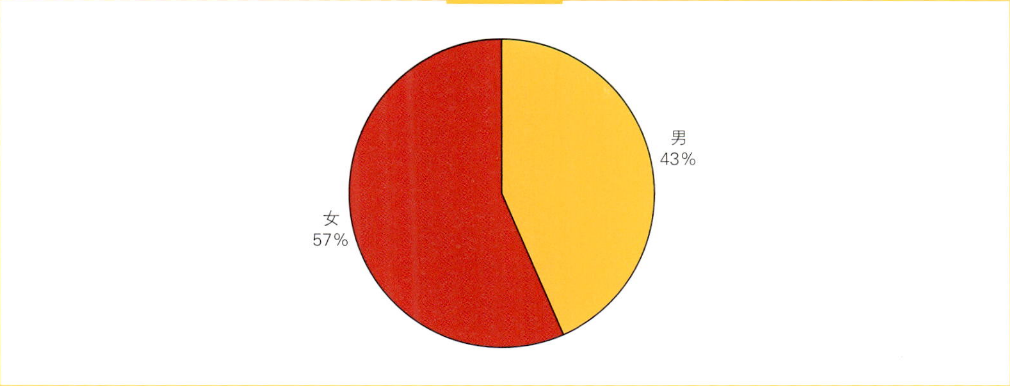


图 5-27　2023 年 20 岁以下群体到店消费性别分布

## 3. 新一线城市青少年消费占比高，一线城市青少年消费力更强

美团数据显示，在 2022—2023 年 20 岁以下群体在线消费订单地域分布中，新一线、二线城市占比更高（见图 5-28）。无论外卖还是到店，不同地域 20 岁以下群体在线人均消费中，一线城市人均消费最高，新一线、二线城市紧随其后（见图 5-29、图 5-30）。由此可见，低线城市的青少年市场还有较大的潜力空间。

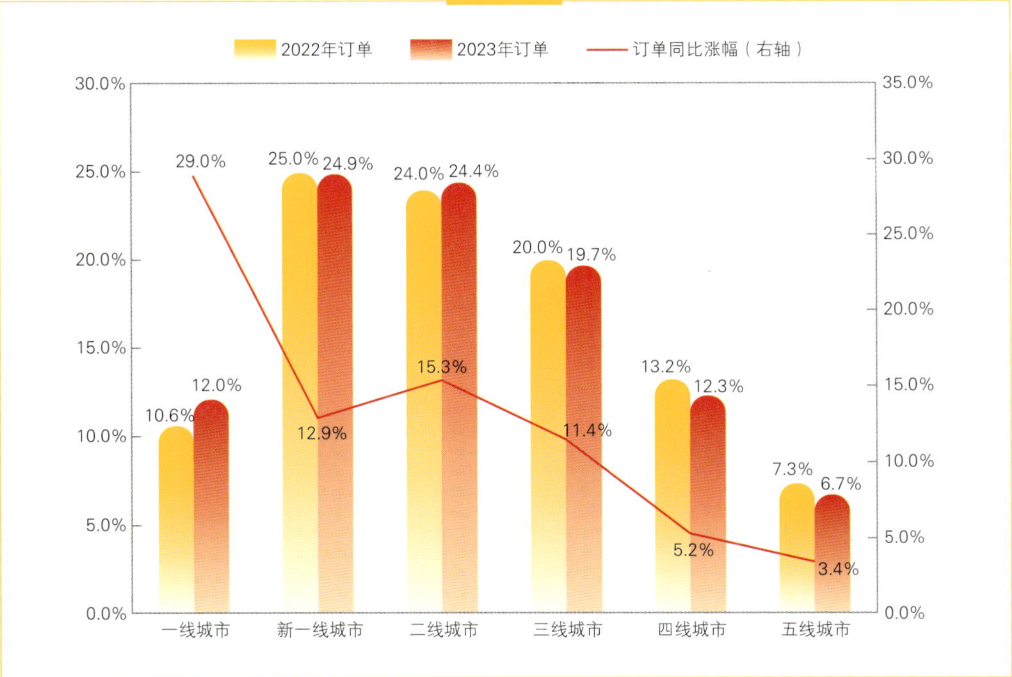


图 5-28　2022—2023 年 20 岁以下群体在线消费订单地域分布及订单涨幅

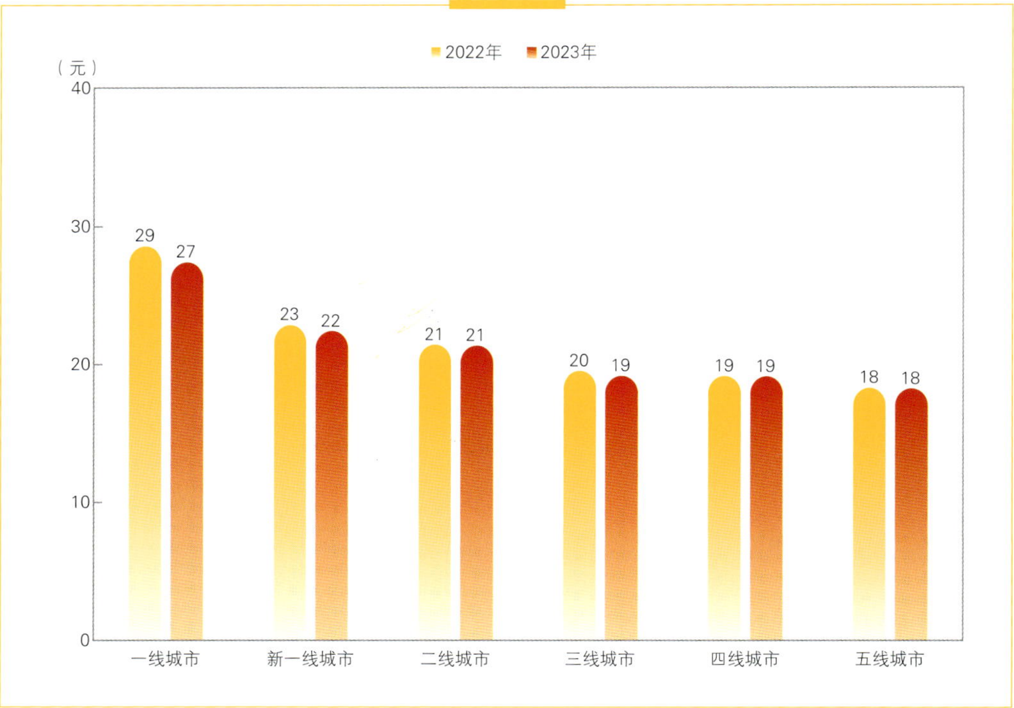


图 5-29　2022—2023 年不同地域 20 岁以下群体外卖人均消费

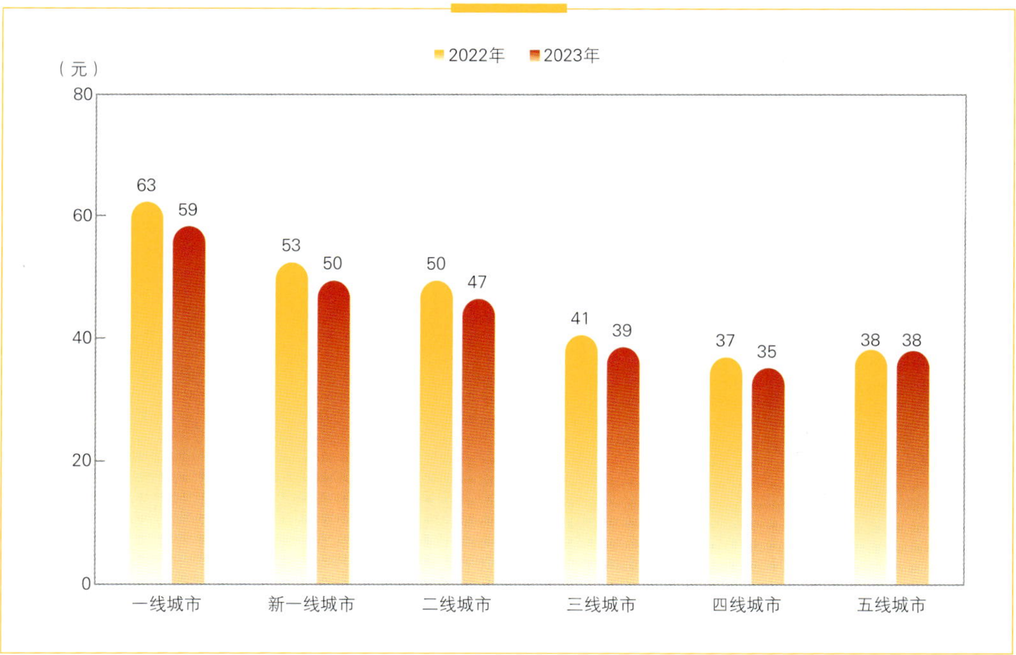


图 5-30　2022—2023 年不同地域 20 岁以下群体到店人均消费

## 4. 青少年在线消费更青睐小吃快餐，饮品店居次位

美团数据显示，在 2023 年 20 岁以下群体在线消费排名前五名的品类中，20 岁以下女性与男性均更偏爱小吃快餐与饮品店。在 20 岁以下男性在线消费品类中，小吃快餐占比 64%，饮品店占比 14%（见图 5-31）；在 20 岁以下女性在线消费品类中，小吃快餐占比 56%，饮品店占比 19%（见图 5-32）。

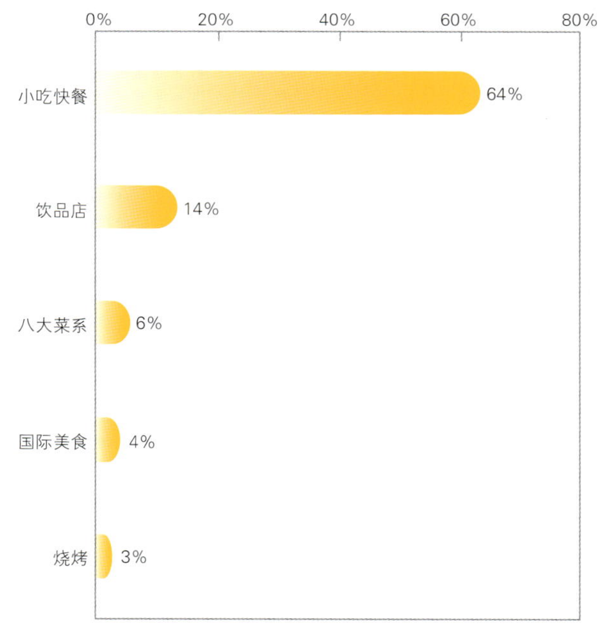


图 5-31　2023 年 20 岁以下男性在线消费品类前五名

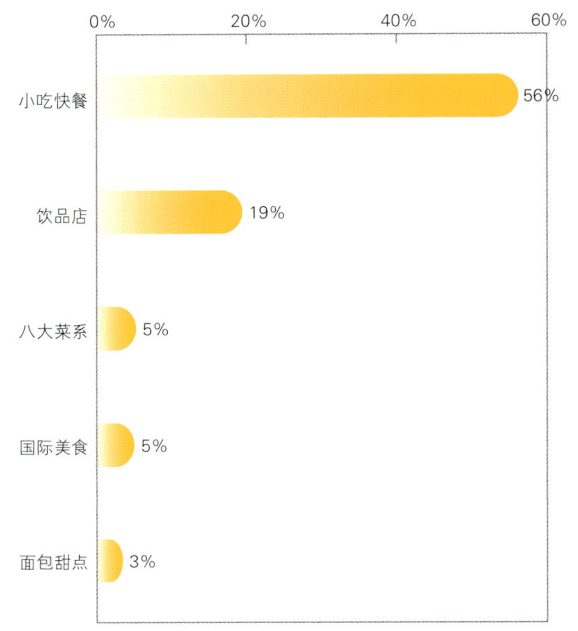


图 5-32　2023 年 20 岁以下女性在线消费品类前五名

## 五、老龄餐饮消费者数据概览

国家统计局 2024 年 1 月 17 日发布的数据显示，截至 2023 年年末，中国 60 周岁及以上老龄群体占全国总人口数的 21.1%，其中 65 周岁及以上的群体占比就达到了 15.4%（见表 5-3）。

表 5-3　2023 年年末人口数及其构成

| 指标 | 年末数（万人） | 比重（%） |
| --- | --- | --- |
| 全国人口 | 140967 | 100.0 |
| 其中：城镇 | 93267 | 66.2 |
| 乡村 | 47700 | 33.8 |
| 其中：男性 | 72032 | 51.1 |
| 女性 | 68935 | 48.9 |
| 其中：0~15 岁（含不满 16 周岁） | 24789 | 17.6 |
| 16~59 岁（含不满 60 周岁） | 86481 | 61.3 |
| 60 周岁及以上 | 29697 | 21.1 |
| 其中：65 周岁及以上 | 21676 | 15.4 |

数据来源：国家统计局。

## 1. 中国老龄化程度加深，60 岁以上女性在线消费高于 60 岁以上男性

国家统计局数据显示，60 岁以上的老龄人口逐年增加，截至 2023 年年末，60 周岁及以上人口数占总人口比重的 21.1%。美团数据显示，从 2022—2023 年 60 岁以上群体在线消费订单的性别分布来看，女性在线消费高于男性且呈现稳步上升的趋势，2023 年 60 岁以上女性在线消费占 59.5%（见图 5-33）。

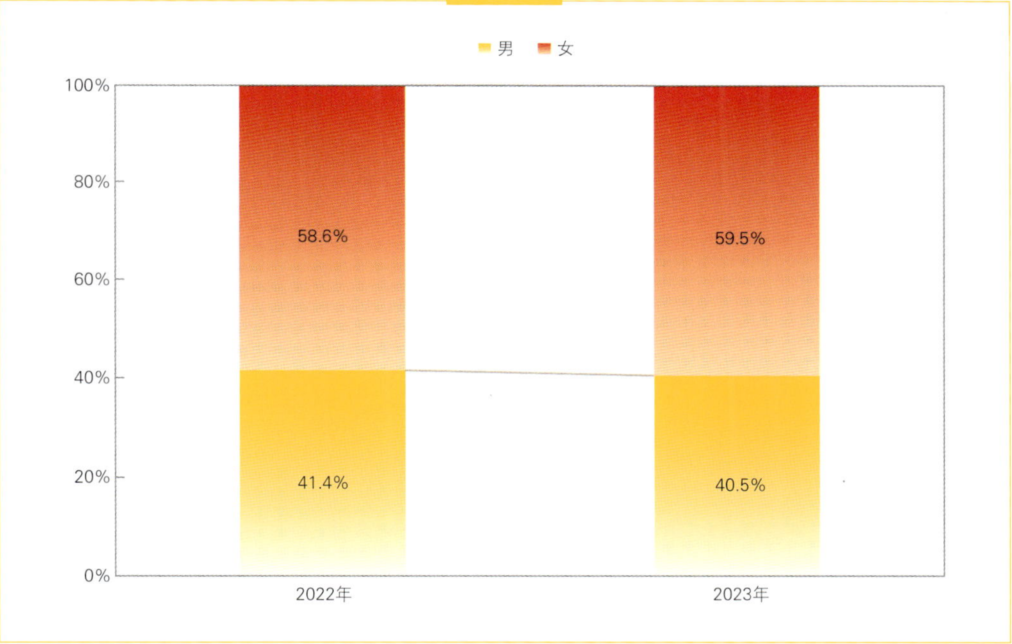


图 5-33　2022—2023 年 60 岁以上群体在线餐饮消费性别分布

## 2. 60 岁以上群体在线消费增长强劲，到店消费水平远高于外卖

美团数据显示，从 2023 年 60 岁以上群体在线餐饮订单量年增长来看，60 岁以上群体在线消费年增长达 85.0%，远超 20 岁以下群体和全国平均水平（见图 5-34）。而在 2022—2023 年 60 岁以上群体在线餐饮人均消费水平中，到店消费均高于外卖，2023 年到店人均消费达 79 元（见图 5-35）。

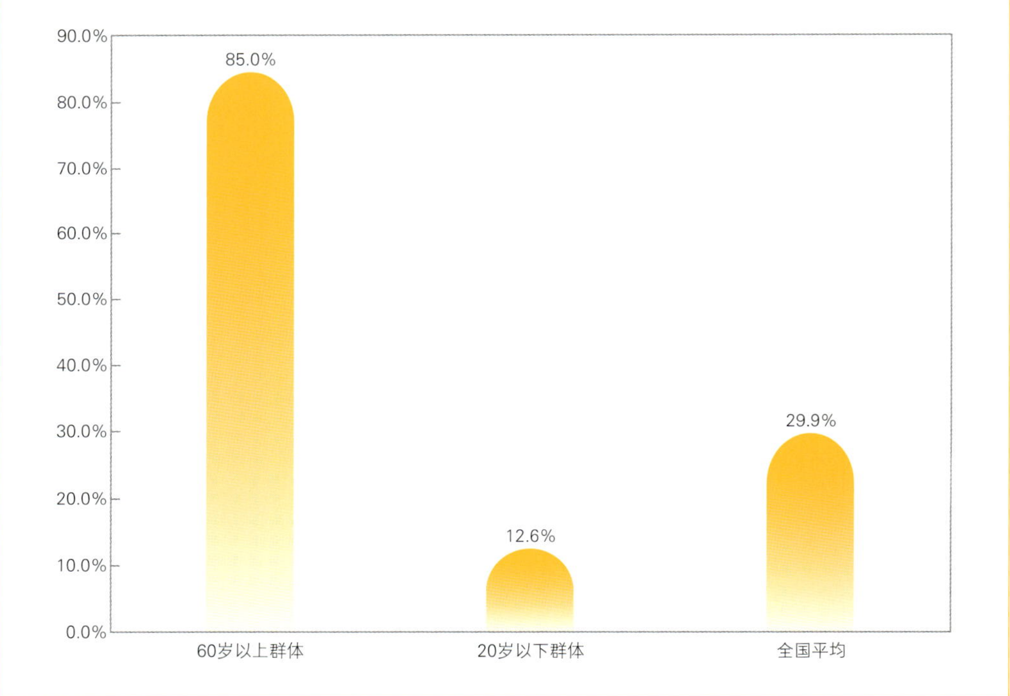


图 5-34　2023 年 60 岁以上群体在线餐饮订单量增长对比

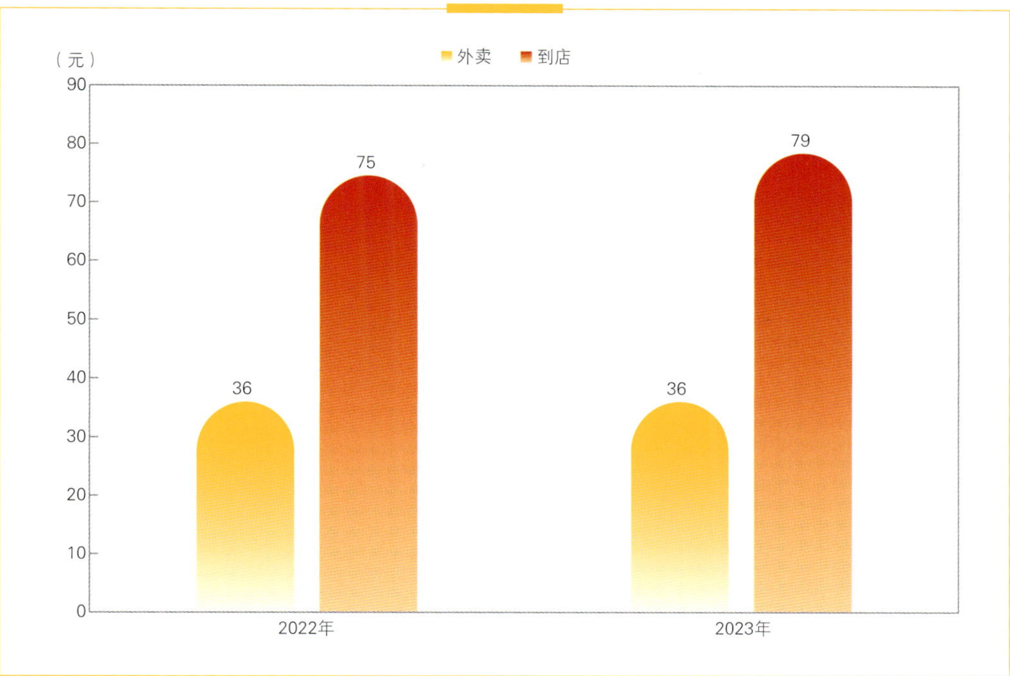


图 5-35　2022—2023 年 60 岁以上群体在线餐饮人均消费

## 3. 一线城市 60 岁以上群体在线消费占比最高，“银发族”成为不容忽视的消费新势力

美团数据显示，在 2022—2023 年 60 岁以上群体在线消费订单地域分布中，2023 年一线城市在线消费占比最高，达到 40.5%。而在涨幅方面，各线城市 60 岁以上群体在线消费订单涨幅均有显著增加，其中，一线城市涨幅 95.4%，位居榜首（见图 5-36）。老人的消费能力不容忽视。

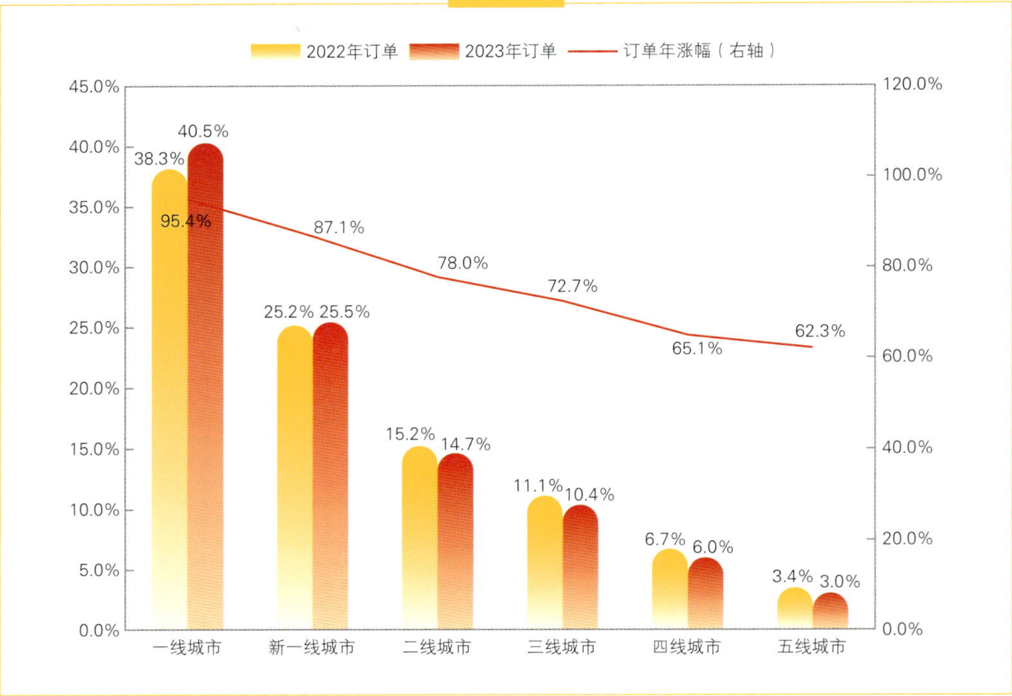


图 5-36　2022—2023 年 60 岁以上群体在线消费订单地域分布及订单涨幅

## 4. 一线城市 60 岁以上群体的外卖、到店消费能力最强

美团数据显示，无论是到店还是外卖，在不同地域 60 岁以上群体人均消费中，一线城市人均消费水平最高，2023 年外卖餐饮人均消费达到 47 元，到店达到 96 元（见图 5-37、图 5-38）。

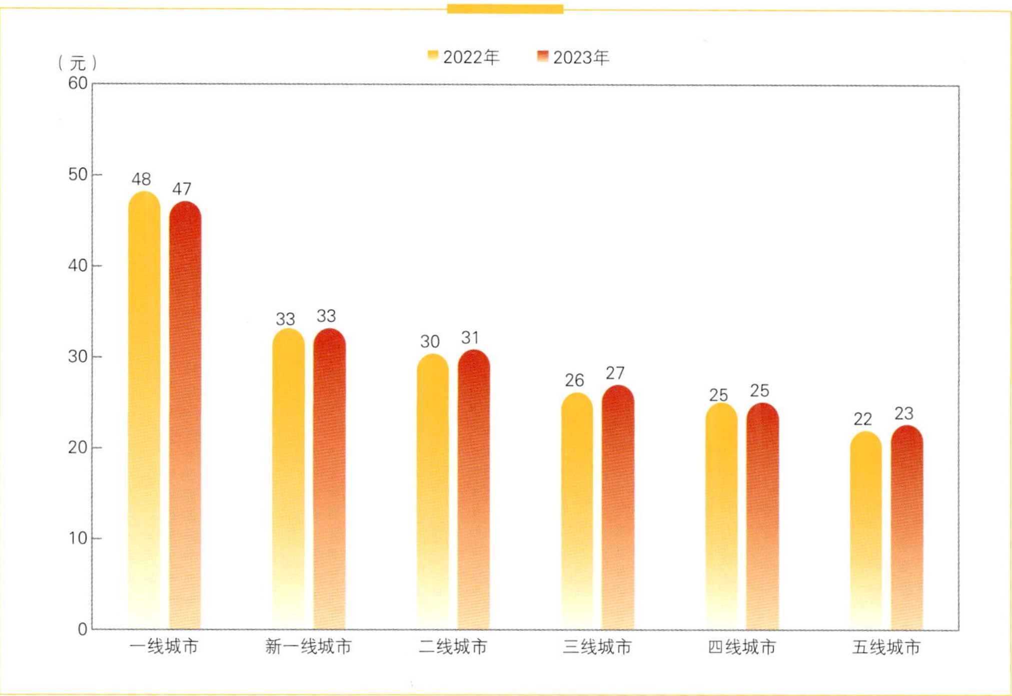


图 5-37　2022—2023 年不同地域 60 岁以上群体外卖餐饮人均消费变化

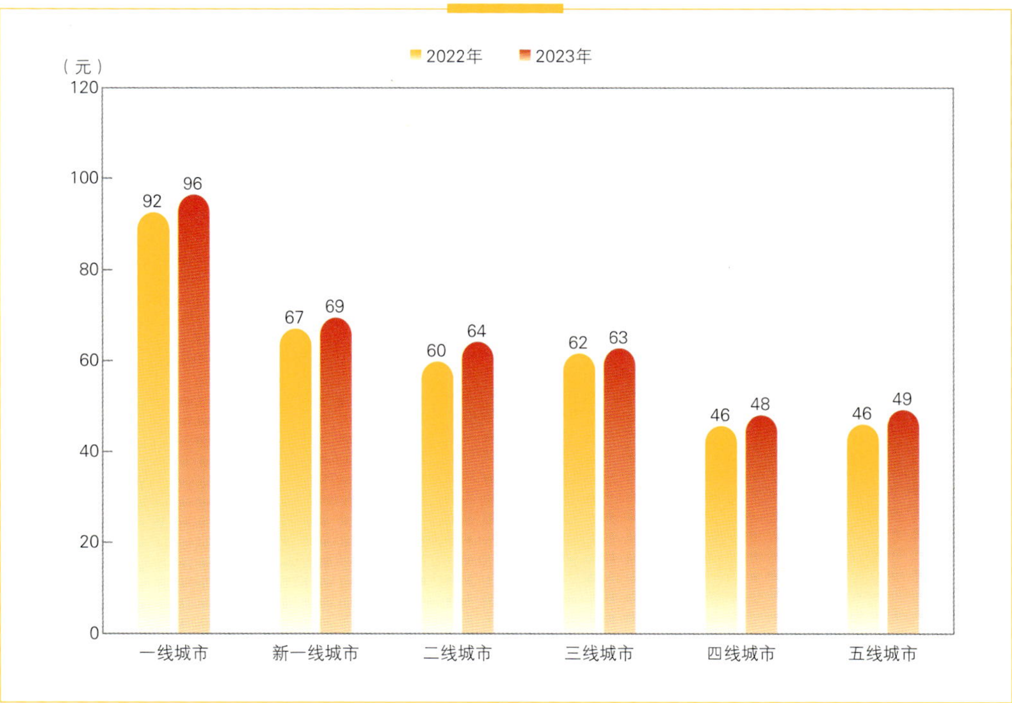


图 5-38　2022—2023 年不同地域 60 岁以上群体到店餐饮人均消费变化

## 5. 60 岁以上老年人更偏爱八大菜系

美团数据显示，在 60 岁以上群体到店餐饮消费前五名的品类中，八大菜系占比最高，为 24%；小吃快餐次之，占比为 18%；其他地方菜占比为 12%（见图 5-39）。

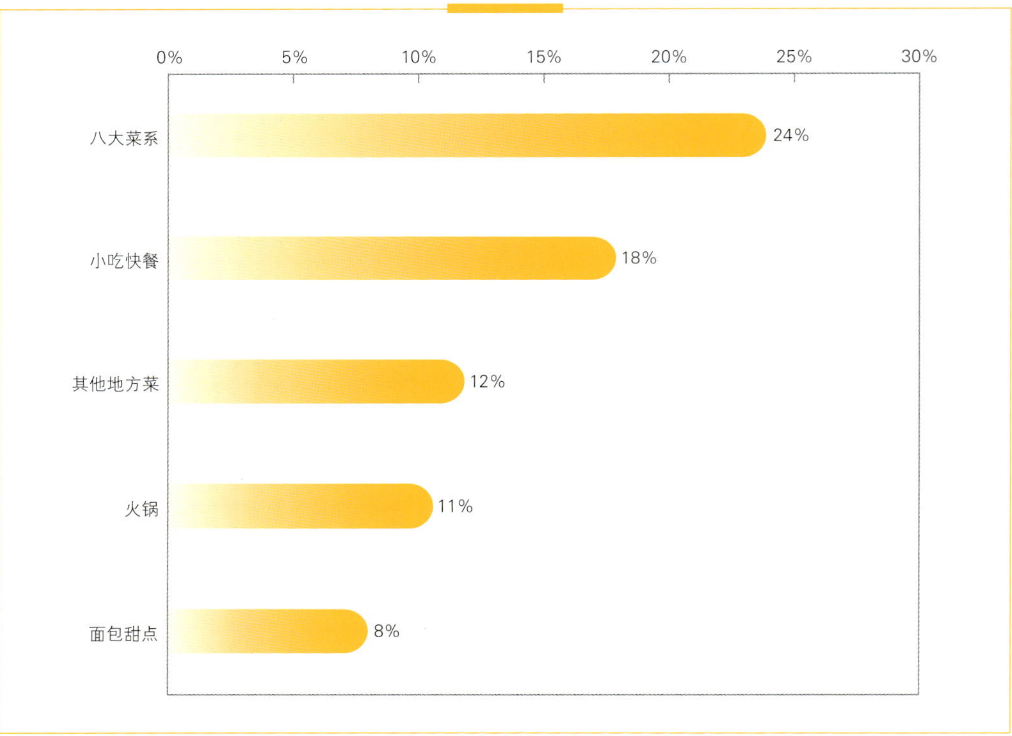


图 5-39　2023 年 60 岁以上群体到店餐饮消费品类前五名